云南大学出版社
YUNNAN UNIVERSITY PRESS

# 群峰

## 昭通作家深度访谈录

曹斌 著

图书在版编目（CIP）数据

群峰：昭通作家深度访谈录/曹斌著. -- 昆明：
云南大学出版社，2020
ISBN 978-7-5482-3869-0

Ⅰ.①群… Ⅱ.①曹… Ⅲ.①作家—访问记—昭通—
现代 Ⅳ.①K825.6

中国版本图书馆CIP数据核字(2019)第283665号

策划编辑：展丽玲
责任编辑：周　飞
封面设计：王嫣一
封面题字：刘平勇

昭通作家深度访谈录
Qunfeng Zhaotong Zuojia Shendu Fangtanlu
曹斌　著

出版发行：云南大学出版社
印　　装：昆明埕煌印务有限公司
开　　本：787mm×1092mm　1/16
印　　张：17.625
字　　数：229千
版　　次：2020年9月第1版
印　　次：2020年9月第1次印刷
书　　号：ISBN 978-7-5482-3869-0
定　　价：58.00元

地　　址：昆明市一二一大街182号（云南大学东陆校区英华园内）
邮　　编：650091
电　　话：（0871）65031070　65033244
E - mail：market@ynup.com

若发现本书有印装质量问题，请与印厂联系调换，联系电话：0871-64167045。

# 回望与前眺

吉狄马加

2006年11月,中国作家协会第七次全国代表大会在北京召开,昭通作家群和昭通文学现象被写进了作代会的工作报告,这意味着一个在云南东北部执着创作的文学群体,以及因他们而形成的一种文学现象,在经过多年的孕育之后,终于获得文学界和广大读者的广泛认可。

在此之前的1998年,《人民日报》首次报道了昭通文学现象,称"在一个贫困地区有这么多的青年以文学的形式反映改革现实和时代变化,是一种绝不同于流行趋势的令人兴奋的新气象";1999年,被喻为中国文学期刊"黑马"的《大家》杂志在第3期头条发表了《群峰之上的夏天——云南昭通文学现象调查》,第一次提到"昭通存在着一个作家群体";2000年,云南省作协在年度工作报告中,正式提出"昭通作家群"这个概念。乌蒙山腹地的一群写作者,开始以群体的方式进入公众的视野中。

回顾昭通作家群的发端,要推至20世纪80年代初。那是中国文学的黄金时代,人们的文学激情与文学理想在中国960万平方公里的每一个角落激荡,作为中原文化通向云南的重要通道,昭通这块沉寂已久的土地也加入到彼时中国文学的合唱中。从20世纪80

年代后期开始，昭通文学渐呈星火燎原之势：一个又一个文学社团成立，一份又一份个性十足的文学报刊推出，遍地开花的文学社团及上百份文学报刊的印刷发行，为昭通作家的群体出发，吹响了集结号。

进入20世纪90年代初，昭通作家开始在全国重要的文学期刊上频繁亮相。1994年，中国权威的诗歌刊物《诗刊》第2期隆重推出了"云南昭通诗歌小辑"，集中刊发了陈衍强、李骞、樊忠慰、杨莉、成忠义、傅泽刚的诗歌共14首，并在"编后语"中写道："在'乌蒙磅礴走泥丸'的滇东北高原，活跃着一批献身诗艺、乐此不疲的青年人。"尽管此前《诗刊》已经发表过麦芒、雷平阳等人的诗歌，但是这样集中刊发一个地区的作品，并给予高度评价，还是让我们看到了一个文学群体正蓄势待发；1995年，李骞创作的300余行的长诗《圣母》在《人民文学》第9期发表；1996年，先是胡性能的中篇小说《有人回故乡》在《当代》第1期上刊出，继而是26岁的刘广雄的中篇小说《正步走过雷场》被《十月》第6期头条推出……从那时开始，昭通便是云南，也是中国一座耀眼的文学之城，许多外地人到了那里都会感慨昭通城书店的密度之大。世界文坛新近出版的作品一旦翻译进来，总是很快就摆在大大小小书店最醒目的位置；在其他地区滞销的文学杂志，在昭通却颇为畅销。《人民文学》《当代》《十月》《收获》《中国作家》《小说选刊》《小说月报》等杂志，每一期都有很不错的销量。

进入新世纪以后，昭通籍作家，以集体爆发的方式，凸现在中国文学的舞台。至今，这个作家群体已有两人获得鲁迅文学奖、两人获得鲁迅文学奖提名奖、三人获得中国少数民族文学"骏马奖"；此外，还有为数不少的作家获得了《人民文学》奖、《十月》文学奖、华语文学传媒大奖、《诗刊》年度青年诗人奖等十多个重要的文学奖项。《群峰——昭通作家深度访谈录》的作者曹斌是一位记者，多年来一直关注昭通作家群的创作,在"昭通作家群"这个概念提出20年后的今天,他从昭通籍的作家中,选取了10位具有代表性的作家进行了深度访谈。"访谈"采用对话的形式,通过对作家的深度采访,分析作家作品的成因,揭示作家的创作之谜,对每个作家的创作历程、审美追求、文学理想作了详尽的呈现,从而让这本书不仅从文学的角度洞悉了时代的变迁与个体生命的纷繁轨迹,还让我们看到了一个文学群体的形成过程以及每个作家个体的创作风貌和独特品质。

这本书的出版发行,将为读者和研究者走进昭通作家的精神世界,从而更深入地了解昭通文学提供难得的第一手资料,也将为昭通作家群的再出发留下今后可以重温与寻觅的文字记录。是为序。

2020 年 8 月 19 日

(作者系中国作协副主席、书记处书记、当代著名诗人)

# 目　录

夏天敏：痴心不改文学梦 /002
夏天敏创作年谱 /030

雷平阳：生活在有寺庙的地方 /036
雷平阳创作年谱 /051

李骞：写作是生命过程的一种表达 /054
李骞创作年谱 /080

黄玲：写作让我们的灵魂有飞翔的可能 /090
黄玲创作年谱 /108

潘灵：灵魂的呐喊 /112
潘灵创作年谱 /124

胡性能：文学应关注现实在内心的投影 /128
胡性能创作年谱 /149

宋家宏：我与文学评论 /154
宋家宏创作年谱 /172

沈洋：写作已经变成我生命中的一种状态 /184
沈洋创作年谱 /204

吕翼：奔跑从杨树村开始 /210
吕翼创作年谱 /229

刘平勇：真诚健康的灵魂必定自带亮光 /236
刘平勇创作年谱 /267

夏天敏，1952年11月出生，汉族，云南昭通市人，大专文化，中共党员。1966年7月参加工作，曾在工厂做过学徒，搞过宣传，教过书，后长期在文化、新闻单位工作。为了搞好创作，下乡代职任副乡长两年，曾担任县级市文化局副局长、《昭阳报》总编，现任昭通市文联常务副主席，中国作家协会会员，云南省作协理事。20世纪80年代中期开始创作，曾在《当代》《十月》《青年文学》《北京文学》《大家》《山花》《边疆文学》《滇池》《青年作家》等刊物上发表中短篇小说150余万字，其作品曾被《小说选刊》《小说月报》《中篇小说选刊》《作品与争鸣》《中国中篇小说精选》《2001年中篇小说选》《领导与科学》等书刊选载。中篇小说《好大一对羊》获第三届鲁迅文学奖。曾获2001年《当代》文学拉力赛总冠军，第一届、第四届云南省政府文学奖，第四届省政府文学奖一等奖，连续四届边疆文学奖一等奖，获云南省"德艺双馨艺术家"称号。中篇小说《好大一对羊》已被改编为八集电视连续剧，在中央电视台播放，并获"飞天奖"三等奖、"金鹰奖"，并被改编拍摄为电影《好大一对羊》，被柏林电影节、多伦多电影节、釜山电影节、威尼斯电影节邀请参展。已出版散文集《情海放舟》、中短篇小说集《乡场上的皮匠》、中篇小说集《乡村雕塑》《飞来的村庄》。

# 夏天敏：痴心不改文学梦

**曹斌**：夏老师，您好！您最初是学绘画的，后来却转向写作，是什么机缘导致您从绘画转向写作呢？

**夏天敏**：我原来是学画画的。学画画一是兴趣爱好，二是可以使自己转行。我原来是在工厂做学徒的，学画画可以使自己从事专业绘画。我有5年的时间在鲁甸文化馆从事专业绘画，5年的绘画实践基本上改变了自己的命运，从一个工厂学徒转变成一个美术工作者。后来转向写作是因为我爱好文学和美术是同时的。很小的时候，绘画和文学就是我人生当中的两大爱好。小时候我就很喜欢画画，到处乱涂乱抹，也很喜欢阅读，因此这两个爱好从小就养成了。后来转向写作，实际是一种合情合理的转换。在鲁甸工作时，我一边画画，一边在图书室阅读了大量的文学作品，为我后来的文学创作做了充分的准备，使自己具备了文学创作的基本素养。从绘画转向专业的文学创作有一个过程。那时候刚刚粉碎"四人帮"，文学走向百花齐放的春天，思想解放运动漫卷神州大地，涌现出一大批人，包括写知青文学的、"右派"题材的，写"文化大革命"的、反思题材的，这对所有的文学爱好者都是一个巨大的冲击。那时候我就跃跃欲试，写了很多东西，多数是短篇。也写了一些小的花灯戏，那是工作需要。后来被昭通地区文化局老领导朱君和先生发现，老先生就把我调到了昭通。20世纪80年代中期，我开始文学创作，一直走到现在。创作不是专业的，几十年的创作生涯中，我的工作还是以其他为主。比如在报社，主要是以编辑为主。在文化部门主要以文化工作为主。到晚年也是以文联的日常工作为主。但几十年也没有中断过创作，断断续续地走到今天。

曹斌：绘画训练对您的小说创作有帮助吗？

夏天敏：非常有帮助。因为在小说创作当中有一个说法就是画面感。有些小说写得很有画面感，其实这就与画画有很大的关系。之所以说有些小说没有画面感，其实是作者没有把小说的画面感呈现出来，他们实际上是不具备画画的基本常识和一些美学知识。譬如说画面，人人都可以描述，但是对于角度、光感、物像、色彩、具体事物，经过绘画训练的人就可以将它们运用到文学创作当中去。我小说里的人物画面感比较强，这和画画的经历有密不可分的关系，所以我觉得绘画训练，对文学创作还是很有好处的。

曹斌：童年的生活经历对一个作家是很重要的，您的童年生活对您的写作有何影响？

夏天敏：所有作家都认为童年生活对创作是至关重要的，实际上它甚至影响了一个作家一辈子的创作。童年生活奠定了你以后的文学走向，文学的审美趣味，以及你的思想、品质、情操，对文学主旨的追求、情怀等。因为童年生活在一个人的一生当中，尽管不是完善的、完整的、理性的，但是它是非常原始的、质朴的，它的影响贯穿着一个人的始终。就像童年时候吃东西的味觉会影响到人的一生，你不管走到天涯海角，童年时候的味觉会直接影响你的一生。儿童情趣也好，遭遇也罢，儿童眼光看到的世界以及儿童的生活环境，对创作都是很重要的。我的童年生活对我的写作就很有影响。童年时,我的家在昭通城里。由于我父亲在洒渔供销社工作,每年我都要去一两次。后来我写的农村题材的作品在我的创作当中占很大比例,而且还有人认为我是从农村出来的作家,这说明我对农村生活的熟悉程度。实际上我们很多作家也想写农村题材,但是他与农村是有隔膜的。这种隔膜不仅是与农村生活形式的隔膜,还有内心的隔膜。形式上的隔膜,我认为可以弥补,比如农民居住的房子是什么样的,怎样生火、怎样耕作以及季节、气候,都可以捕捉到。我认为内心的东西很重要,如果你的内心对这种生活不认同,没有情感,即使对农村生活再熟悉,你也写不好农村题材。很多从农村出来的作者,写不好农村题材,就在于他对农村生活的排斥。因为他看到的是农村生活的贫穷、麻木、愚昧、落后、暴力,还有人与人之间的紧张关系。我为什么能写,是因为我从内心接纳它。正因为这样,我的童年生活对我的写作产生了极大的正面影响,使我能够写出一些比较好的反映农村题材的作品来。

**曹斌**:我现在听很多云南的作家谈起您刚开始写作时往外投稿总是杳无音讯,您经历过往外投稿杳无音讯的打击吗?

**夏天敏**:对于大多数的写作者来说,都存在这个问题。刚写作的时候你写的稿子很稚嫩,不符合刊物发表的要求,你还面临编辑对你不熟悉等问题。我觉得所有的作者都要经历过这样一个阶段,只有极少的作者不一定经历这样的阶段。我觉得像后者这种情况太少太少,像一些文二代,他就不需要认识哪一个编辑,只要他写得好,真正地写出好作品,他发表作品就没有问题。但是大多数人都有这一个过程。一个人要写作,首先要坚持,要坚韧,当时我看到一个作家写了1000多万字,稿子有几尺厚,才开始发第一篇作品,我很感慨也很感动。这太不容易了,大多数人都坚持不了,都会放弃,实际上最后成功就在于能坚持。成功有很多因素,你自身的写作素质、外部环境，还有机缘，等等。机缘主要还是在于坚持，我在写作当中投的稿太多了，投了多年，开始是没有退稿，后来逐渐接到退稿，再后来有了回信，有了回信，就说明是有点进步了，像这样的情况我经历过很多年。所以我对自己的评价就是，失败失败再失败，坚持坚持再坚持，成功成功再成功。大概写了七八年我才在昭通的油印刊物上发表文章，是蜡版刻的《山花》，当时是文化馆办的，我记得发表第一篇文章的时候，非常高兴，比现在在大刊物上发表文章还高兴。这就说明当时要发表文章非常艰难，尤其对我这样的作者而言更为艰难，但是我坚持下来一步一步地走，后来这种情况逐渐得到了改善。

曹斌：您好像最初是参加了鲁院的自费学习班，作为一个远在云南边地的作家，怎么会想着到鲁院去参加这个自费学习班呢？

夏天敏：我参加的这一个班不是自费班，是初级班。初级班的门槛比较低，好像是要交一点生活费。去参加初级班时我已经写了很多年了，当时我在昭通市的市报工作，感觉到作为一个写作者，如果永远故步自封，永远停留在自己生活的小地方，视野就不开阔，知识面就不宽，与外面的对接就远远不够。所以我当时很想走出去，很想到北京以及其他大的地方，去接受外面新的知识、新的信息，这个愿望非常强烈。当时没有高研班，但是初级班也还有很多要求、很多规定，我当时还请了前辈作家看了我的简历和我的一些文章，他们接纳了我。我参加这个班，对我来讲是一个很重要的起点。尽管当时去初级班读书的人水平参差不齐，但对于我个人来讲作用还是很大的，上课的是鲁院的老师，请来看稿的编辑也是一些大刊的编辑，对于我来讲还是挺有意义的。

曹斌：听说您在鲁院这个班学习的时候很灰心，一度想打道回府，为什么会灰心呢？

夏天敏：当时参加这个班要求每个作者带两篇作品，我就带了三个中篇到鲁院。学习的过程当中，大家就把自己带的作品急急忙忙地拿出来请鲁院的老师看，当时我的作品没有得到看稿老师的认可，所以产生了对自己信心不足的念头，想回来。后来是受到了一个同学的鼓励。他叫我再坚持一下，说学习结束后，学校里面要请一些大刊的编辑来看稿，所以我就坚持了下来。那一次看稿，我带的几个中篇，包括《好大一对羊》《徘徊望云湖》《贫困山乡》都被选中。《好大一对羊》之前我投了很多刊物，都没有被选用。那一次我也没有抱多大希望，结果出乎意料，《好大一对羊》就在那一次选稿会上受到了高度重视。结果《当代》也要，其他刊物也要，出现抢稿的情况，我带着的那几篇稿子全部用了。学校在临近毕业的时候又为我开了一个研讨会，这就说明我的作品得到了认同。出来之后也得到了当年《当代》文学拉力赛的总冠军，得到这个总冠军我都感觉到很诧异。当时的奖金是3万元，3万元已经很高了。当我得到这个消息时，我根本不敢相信。后来是《滇池》编辑张倩打电话给我说"您的那个小说得奖了"，我说"您怕是安慰我的，看到我经常在写，也没有获什么奖"，后来果然就公布了，得了当年的总冠军。

曹斌：回过头来看，您参加这个学习班，最大的收获是什么？

夏天敏：最大的收获就是参加这个学习班让我真正地走进了文学的殿堂，尽管那个时候鲁院还没有办高研班，条件还很简陋，但是有一批优秀的老师。鲁院和全国文坛的联系、和大刊的联系及与著名作家编辑的联系为学员提供了很好的条件。所以去到这个地方在当时来讲也就意味着走入了文学的殿堂，并且有机会和全国文坛对话。当时大刊的很多编辑会经常来学校里面组稿，还有很多联谊活动，他们也会来学校里面选取优秀稿子，这样就为我们走向全国文坛打下了基础，我感觉收获很大。

曹斌：您后来又到鲁院读高研班，正式到鲁院高研班学习和之前到鲁院的初级班学习，您觉得有什么差别？

夏天敏：高研班和初级班的差别很大。一是硬件的改善。当时读初级班，鲁院还没有搬到新的校址，还在老地点。读初级班的时候条件还是很差的，七八个人住一间集体宿舍。但是到了读高研班就是一个人住一间，还是套间，有电视，有电脑，有电话，食堂各方面的条件都改变很大。因为后来的高研班是中宣部拨款办的，我们吃饭每顿只交5块钱，住宿没有收钱。二是学员的结构不同。鲁三班是鲁院创办以来比较好的一个班级，还有一个就是鲁一班，这是我个人的看法。鲁一班是得茅盾文学奖最多的班级，鲁三班是得鲁迅文学奖最多的班级，鲁二班是主编研究班。现在鲁院办了几十期，不论写长篇的、中篇的，写诗歌的，写散文的，写评论的，有实力的作者基本都进过鲁院了。

曹斌：正式到鲁院学习对您写作上有哪些大的帮助？

夏天敏：扩充知识面。其实鲁院是不教写作课的，因为去的人每个人都可以讲写作，它开设的课是其他课，就是要让一个作家具备非常全面、非常完整的知识，改善你的知识结构。比如给我们上的课有名家京剧欣赏，请的就是中国顶尖级的京剧表演艺术家，为我们讲京剧表演；讲美术就请中央美院的教授，为我们讲外国美术和中国美术以及美术的发展研究、传承特点；讲外交的是外交部领导，讲中国和周边国家的关系和国际环境、国际斗争；讲《红楼梦》的，就是当时研究《红楼梦》的顶尖级专家。其实讲这些，就是让一个作家站在知识平台的顶端，同时扩展作家的知识面。并不是去讲小说怎么写，没有这种课，因为这些学员都写到了一定的程度了，没必要讲写作。相反，讲的却是其他课程。我觉得这对写作是有很大帮助的，能够让你的知识比较全面，开阔你的视野，让你一下子就站到了全国各行业的高端，尽管是有限的高端。还有一些民族宗教的课程，民族宗教是统战部的部长去讲的。我觉得对写作的帮助就是让你视野开阔，站得高看得远。所以我觉着我们昭通的写作者差的就是这一步。如果我们有条件，让大家出去走走看看，会有很大好处。一个作家的知识不能只看文学作品，只看刊物，那是远远不够的，一个作家的知识一定是要非常完整的、完善的。

曹斌：夏老师，您获《当代》中篇小说拉力赛总冠军是在鲁院学习的那一年吗？

夏天敏：是我去鲁院学习的当年，发表是在当年，获奖也是当年。

曹斌：请您谈一谈《好大一对羊》的创作。

夏天敏：《好大一对羊》这篇小说的创作，在我的创作生涯当中是非常重要的，也是一个转折点，它使我在创作上走向了一个新的高度。我此前写了10余年还是处于徘徊迷茫和困惑当中，没有明确的路子，也没有重大的突破。在发表《好大一对羊》之前，我还是发表了不少作品，但只局限于省级刊物，没有一篇作品能在全国的大刊物上登出，更没有产生影响，所以一直处于彷徨、徘徊、迷茫的状态。正是因为有了《好大一对羊》，我的创作一下子就出现了亮点。《好大一对羊》其实还是我多年生活的积累和爆发，还有就是对许多社会问题思考的一个结晶。说是生活积累是因为我下乡挂职两年，这是比较认真的、比较系统的对农村生活的一种体验。还有就是之前的对农村生活的熟悉和体验，包括我对三农问题的思考，还有情感上的取舍、认同、否定，加上思想上的这种认识程度的不断提升。认识其实就是思想深度，一个作品的灵魂就是这些社会问题。你认识到什么程度，认识得有多深，你就能写得多好。所以《好大一对羊》是检验我对农村生活认识深度的一篇作品，也是我的情感情怀在作品中的一次创作体验。我觉得情怀对一个作者来说是非常重要的，并不是农村出来的作者就很有情怀，也不是城里面出来的作者就很有情怀。一个是与生俱来的，另外一个是培养的。就是要让自己对生活、对民众，对所有事情都要产生一种深深的情感，都要有敏锐的观察，都要有自己的态度。无论是政治立场，还是生活立场，还是对其他的都要有自己的判断，都要有自己的东西，都要介入。不是浮在生活的表层，不是当局外人。

《好大一对羊》之所以能写好，我觉得有一些比较重要的体会，并不是我去了一次大山包就写好了，而是长期积累的一种爆发。我们去了大山包一个多月，大家都去了，在感受上有的有些深，有的有些浅，有的有些麻木。对同一个题材你是怎样认识怎样看待的、怎样表述、是不是打动你、是不是让你的心灵受到震撼，这些都是创作的先决条件。我回来以后真正感受到那种心灵的疼痛。农村生活我很熟，也不是那一段时间才有体会的，而是那一种深层次的贫困、深层次的麻木、深层次的痛苦，一下子就刺激到了你，让沉淀在内心的东西一下子泛滥了出来。所以我对这篇作品酝酿的时间非常长，写起来却很快，只用了一个星期，而且都是晚上。当时我在报社上班工作也挺忙的，写了一个星期都是晚上写，写得很顺畅，写的时候如有神助，很多事先没有想到的情节和细节不停地出现，这就说明创作已经水到渠成了，瓜熟蒂落了。还有就是很多情节我都没有想到，写到那个地方，就像上天送来的一样，有种泉涌的感觉，所以写起来之后哗哗地写得很顺畅，一点也不吃力。这就是作者对题材的积累、酝酿、消化、构成,以及后来的发酵,还有就是情感的积累,认识程度、思想的逐渐加深。一旦让作者找到了突破口,就会创作出良好的作品。换一个环境、换一个时间,再来写这个东西,并不一定能写出这样的效果来。

曹斌:深入基层挂职的这两年,您认为最大的收获是什么?

夏天敏:我觉得最大的收获就是让我认认真真地去农村生活,而不是走马观花,或者是去游山玩水式地体验生活。你必须沉下身来,这是我真实的体验。那两年我基本放弃了阅读,放弃了写作,真正地去做,真正地去体验,所以这样的体验就和走马观花的体验不一样。而且很多事情、很多事件,你就是当事人,你就是其中的一分子。所以我后来写出了一些好作品,就是因为当时我自己参与了,并且是满怀深情、满怀激情地参与了,参与了就感同身受,就不一样。这是第一个体会。第二个体会就是下乡挂职,不论时间长短,无论你深入生活的程度有多深,还是要带着情怀。对于一个写作者,情怀太重要了。在鲁甸地震中,我每天看电视都泪流满面,痛得不能自已,走进灾区撰写文章,然后参与书画义卖,把十多万元捐了出去,这就是情怀。如果你没有情怀,即使你是当事人,其实也是局外人。为什么这样说?比如说我参与了征地,抓计划生育,我是把它当作工作来做,是被动的,情感没有投入,实际上我仍然是一个局外人。如果你有情怀,抱着一种悲悯的、博大的、宽阔的,甚至是来自于骨子里面的情怀,那么每件事情都会触动你的灵魂。这种体验生活的质量就不一样。为什么同样一件事情有一些人过后就忘记了,甚至还很厌倦、很反感,这就是没有情怀的表现。深入基层的这两年我满怀深情地去体验生活,所以才积累下这样的东西来。

**曹斌**：《好大一对羊》在《当代》中篇小说拉力赛中获奖，然后又获得了第三届鲁迅文学奖，其中经历了什么？

**夏天敏**：获这个奖经历是很坎坷的。我觉得获得拉力赛总冠军这个奖是很重要的一个事情，如果没有获这个奖就没有后面的事情。获得《当代》拉力赛总冠军，为后来获得鲁迅文学奖作了铺垫。因为获得《当代》拉力赛总冠军，所以才有后面的一些评委老师联名提出来，把这篇小说找出来，并获第三届鲁迅文学奖。所以说，从获得《当代》拉力赛总冠军到后面获得鲁迅文学奖，我认为是一个延续。

**曹斌**：您获得第三届鲁迅文学奖之后，在写作上、思想上、生活中有什么变化？

**夏天敏**：获鲁迅文学奖对于我来说是至关重要的。因为在这之前就算是对昆明的作家，这个奖都是一种奢望，对于昭通作者来讲更是遥不可及的。当时云南也没有人得到过这个奖，突然有一个人得到这个奖产生的震撼是很大的。当时的宣传力度非常大，毕竟是填补了云南鲁迅文学奖的空白，这对云南、对昭通的影响都非常大。但任何一件事情会给你带来巨大的成功，也会给你心灵上带来很大的阴影，树有多高，阴影就有多深。有人真诚地希望云南有人得奖，有人真诚地为你感到高兴，但也有人嫉妒，不服气。获奖会给你带来荣誉、赞扬、鲜花、诋毁、荆棘，光环与陷阱是并存的。所以一个人一定要有这样的思想准备，不管你是什么人，即使莫言得了诺贝尔奖也如此，个个都如此。还好我还是一个很清醒的人，历来都是那种谦虚低调的人，而且面对着各种各样的诋毁、诽谤，我始终坚持自己认为正确的东西，该得到的荣誉你去承受，该受到的诽谤你去承担，不要想着全都是赞美。

曹斌：请您谈一下当时您获得鲁迅文学奖对云南文坛的影响。

夏天敏：我觉得影响还是大的。事实上，当时云南文坛还是沉寂了一段时间，云南文坛最辉煌的时候是军旅文学阶段，当时就是白桦、彭荆风、张昆华、苏策这一批作家影响很大。军旅文学之后，云南文坛很长一段时间都还是沉寂的。我这篇作品获奖以后，让大家觉得云南人还是能得到这个奖的，尤其是昭通人，没有人能想到这个奖会被昭通人拿到，想不通。有人服气，也有人不服气，不服气的人觉得怎会被昭通这么一个贫穷落后、名不见经传的地方的人拿到，而且这个人的学历又低。所以说当时影响很大。有的省后来好些年才拿到这个奖，在昭通，那个时候就拿到了，并且现在在云南连续几个都拿到了，所以说当时我最先得到这个奖，对云南文学创作起到一个很重要的激励作用。大家觉得很振奋，觉得云南还是不错的，尤其是昭通这个落后地方。对大家的影响还是很大，起到了提神振气的作用。

曹斌：您的写作经历了哪几个重要阶段？

夏天敏：首先是初步写作的阶段。这个阶段，当时我在鲁甸文化馆，1975年之后开始大量阅读，喜欢文学，当然那是很早的时候了。我开始写作，是在文化馆一边画画一边写东西。我1980年时调到了昭通，有相当长一段时间，写作处于学习阶段。应该这样说，我从开始写作到在省刊发表作品，这一段时间应该算是第一个阶段。当时能在《滇池》《边疆文学》上发表，已经很不错了，所以我在《边疆文学》和《滇池》上发表了许多，起码已经有十年了。这个阶段，是必不可少的。并且我觉得这个阶段对一个写作者来说也是一个考验，大多数人都是在这个阶段被淘汰掉的，这就像是长跑的人，一开始枪声一响，一大群人突突地往前跑，跑着跑着人就越来越少。所以，这一个阶段淘汰了很多人，大多数人坚持不下来。这一个阶段的大多数人是凭心情写作，他们没有目标、没有规划，能发表的就发表，不能发表也就算了，写着玩，这是一种低标准。另外一种低标准，是觉得能在昭通这个地方发表也就行了，现在发表东西也不难，这种标准也不高。还有一种标准就是在公开刊物上发表，这一部分人就少得多了，这个是第一阶段。第二个阶段就是迷茫、徘徊、困惑的阶段。这个阶段属于能不能走向全国的一个重要阶段，能进入这个阶段的人毕竟只有少数。如果说你左写右写，左投右投，却一直没有收到编辑的回复，就会丧失信心，这样又会淘汰一些人。我在这个阶段经历的时间也很长，至少也有七年到十年的时间，也发表了很多作品，都是在省市级刊物上，老是没有什么重大突破。直到去鲁院之后，以《好大一对羊》作为一个拐点，那个时候创作发生重大变化，也开始受到了文坛的认同，所以我觉得这个阶段非常重要。像平勇他们就处于这个阶段，已经发了很多作品，现在开始向全国冲刺，这是一个非常艰难的阶段。现在已经出了些作品，也是感到迷茫、困惑，要怎样才能使自己的作品能够在文坛上引起强烈反响、引起关注？做到这一条，然后就会受到文坛的认同、肯定，以后发表作品问题就不大了。这个阶段很重要，一是要靠数量，二是要靠质量。所以我觉得这一阶段就是考验自己的耐心、韧性，还有就是冲刺能力，如何蓄势待发，检验的标准一个是发表，另一个具有重大影响的作品。一下子有一两篇作品突然在文坛上有那种冲击力，你也就立住了。这个过程会使大家感到困惑，走向全国是要努力奋斗的目标。我们昭通现在也是要做这个事情，是要使大家的作品逐渐走向全国刊物。我们昭通就有少数人进入到了这个层面。要有重点作品，有那种冲击力很强的作品。量和质，量也是重要的，量就是能够发，质就是突然间有一篇非常好的。当然突然间有一篇非常好的，也不是空穴来风，而是那种长期准备的，那种厚积薄发的，这样才能让昭通文学在文坛上走得远。

曹斌：这几个阶段的代表作分别是哪些？

夏天敏：我觉得第一篇写得最好的应该是《乡场上的皮匠》，这篇小说到现在也还是一篇比较好的小说，它检验了我在转型时期小说上的技巧和水平。第二个阶段应该以《好大一对羊》作为代表作吧。除了《好大一对羊》，还有其他的作品，但这篇作品毕竟是我的代表作。第三个阶段好的作品还是有很多的，甚至我觉得在技巧上更成熟、思想上更深刻的，还有《徘徊望云湖》《银簪花》《北方北方》《土里的鱼》，都是比较好的。不能简单地比较，只能说在那个时段哪些作品比较好一点。

曹斌：您的小说大多是农村题材，您是怎样获取写作素材的？

夏天敏：写作素材是常识性的东西，我们现在要回归常识，每个人都能掌握大量的写作素材，无非就是你在这大量的写作素材里面发现需要表达的东西，然后把这些素材用起来。它就像一截布料一样，放在那里，有一个人想起来做西装，这就是西化的；有的女性看见就会说这块布料花色好看，用来做一件旗袍，这就是中式的。一块普通的布料，要看你怎么去运用它，它可以做成各式各样的服装，就是这种关系。回归到常识，写作素材平时我也掌握不到太多，无非就是掌握到的素材用起来用对了。如何运用素材，主要是创造性的运用，可以虚构素材，根据创作主题的需要，根据真实的案例来虚构。所以我写农村题材，说信手拈来也行，说苦心孤诣也行，无非就是能把这些素材用起来。

曹斌：现在大家都在讲城市文学，您认为中国有真正意义上的城市文学吗？

夏天敏：这个属于城市题材。我们有些人在鼓吹，我就觉得有些荒唐有点好笑。这些人觉得自己时尚，但他们仍然拖着一条长长的农村的尾巴，仍然拖着一条长长的小城市的尾巴。他们想搞那种纯粹的城市文学，但是，就连在大都市的作者都很难搞纯粹的城市文学，因为对经济学不熟悉。如果从经济学的角度来看，会遇到资本、阶层量化、阶层的划分、哪个阶层拥有哪种生活等问题。所以我们现在来谈城市文学，感觉有点好笑。前几天还在打工的人，现在来谈城市文学，而且谈的不是我们能理解的基层人民生活，谈的是那种很优雅很高贵的生活，这就好笑的了。就算你在城里面住了几代也甩不掉农村人的尾巴，有农村的亲戚来探亲，带了土特产你也是挺高兴的呀，也会有一种久违的感觉。农村亲戚有了难办的事，首先想到的就是找你。所以没有纯粹的城市文学。如果有人想整①城市文学，那就整，但是没有真正意义上的城市文学，充其量就是小资文学。

曹斌：您认为农村题材的小说或者更为广义的乡土小说在当下或未来还能焕发出生机吗？

夏天敏：这是毫无疑问的。中国的乡土小说属于现实主义，不是现在才有的，也不是改革开放后才有的，它一直是文学创作的主流。鲁迅一代的那些作家，他们当时的出身都是很尊贵的，但是他们都致力于乡土文学的研究，因为中国是乡土社会，延续到现在依然如此。哪怕城市化的进程加快，其实城市仍然是乡土化的城市。现在城市化的标准就是把农村人口转为城市居民，把房子修得城市化，但仍然是乡土生活、乡土思维，仍然是乡土文化。只是它的内涵会扩大、外延会扩大。整个社会的积极变化，每个阶段有每个阶段的特点。不要求像改革开放初期的乡土文学，那是陈奂生上城，陈奂生上城就代表了乡土文学的高点。陈奂生的愿望就是随便捡点

---

① 整：昆明方言，搞、弄的意思。

砖头瓦片，把房子修起来，他进城看到沙发都觉得很奢侈。当时的乡土文学和现在的相比变化是很大的，包括我们这一代人写的和现在的相比也有很大的变化。所以要研究当前的社会变化，乡土文学的外延就扩大了。当前的乡土文学扶贫题材我们不熟悉也很难表达，还要积累一段时间。还有城市化进程，是要实际地搞，还是形式上搞一搞，怎么搞？农民进城以后怎么生存？他们思想观念会有什么变化？新的东西需要新的表达方式，各个阶段有各个阶段的变化。在中国来讲乡土文学是一个主流，是长盛不衰的，是文学河流里面的主要河流。

**曹斌**：在您的写作中您觉得最大的收获是什么？

**夏天敏**：收获是有的，方方面面的收获。比如说改善生活，让你从一个底层的、卑微的人变得有身份有地位，从一个社会底层的人变成有一定影响的人。但最大的收获，还是一种精神上的收获，让你有一种精神，能长期支撑你的生命。我就觉得我现在很充实很高兴，不会因为退休、因为没工作而影响心情。文学是我的支撑，给我带来的东西太多太多了。我这个年纪了仍然不会感到孤独，不会感到寂寞，不会因为地位变迁受人冷落，相反我会越来越充实，生命能够得到延续。我相信以后还会有更多的人研究乡土文学，甚至比现在还研究得更深入更透彻。

**曹斌**：您认为您的中篇小说最成功的地方在哪里？

**夏天敏**：我觉得有几个方面。一个是我特别注意人物的命运、人物的走向、命运的结局。对人物命运的关怀，是我在中篇小说创作中比较关注的。一部小说如果只是纯粹的、技巧性的，它的价值不大。像《许三观卖血记》一类的作品，它就是写人物的命运，写到极致，把很多悲惨的遭遇全部放在一个人的身上，然后叠加起来不断以此进推,这个人物的命运无与伦比,所以有的人就会嘲笑昭通的作家只会写苦难的作品,我就说是没写够,所以说写人物的苦难在我的中篇小说中显得尤为重要。就像《银簪花》,它就是写人物命运的。一个男的为了让他喜欢的人带上一朵银簪花,被抓壮丁的人抓到,历尽磨难。好不容易赚到一些钱回到家乡,他喜欢的女人没认出他,误以为他身上有钱,把他杀掉。把这个人物的命运写到极致,使人觉得很悲痛、很忧伤,世事无常。第二就是有思想。我觉得写小说每一篇都必须要有自己的想法,要有自己的思考。有的小说还是写得好的,但是意义不大,没有思想深度,没有对整个社会问题的思考,对人物命运也没有更深刻的思考。要表达一种对人生、对生命、对社会的思考,这种思考,就要达到一定水平。中篇小说《地热村》思考人与自然的关系。地下的火燃烧起来,各种人的反应就不一样。有的人直接在火上面烤烧烤,有的人想开个农家乐,有的人想搞点开发,借机发财。各种各样的心态,各种各样的行为。只有一个疯子,他是清醒的,他在喊天要塌了,地要陷了,大家把他关了起来。真正清醒的人就是那个疯子,这就是我对人与自然环境的思考。第三个就是情感、情怀,它取决于你对事情的投入、你的倾向、你的价值判断。你的写作态度是憎恨,是同情,是批判,是悲悯,还是愤怒,这些是各种各样的情怀。其他的就是技术层面的东西,需不断磨炼,慢慢提高写作技巧。

曹斌:写作您最看重的是什么?

夏天敏:写作最看重什么的问题有点宽泛,除刚才我说的那几个因素以外(写作中最大的收获),其他的东西也是不能少的。作为一个作者,你必须要有写作的结构能力、知识的积累及表现手法、技巧、语言。写作的时候每样都要兼顾,希望每样都能得到最完美的呈现。要把语言表达得极有个性、有张力、有弹性,做到语言简洁，有力量和韵味。我很看重写人物，包括人物的形象、人物的命运情节和细节。特别是细节，有好的细节，一两个细节就能撑起一篇短篇。这些都是比较看重的。最看重什么呢，就不好概括了。例如我比较看重写作你最想达到的艺术效果是什么？我最想达到的艺术效果是能感动人。让读者拿起我的作品来就放不下，就想看，这是一个写作者的最成功之处。让他喜欢的作品能够抓住他，能够打动他，他能够与作品里的人物同欢喜共悲伤，这就是我想追求的一种艺术效果。如果读者拿起作品来翻两页，就说这写的是什么，看着都没什么意思，那么这样的作品就是失败的。我希望我的读者看完我的作品以后，有一种艺术感，还有思考，还有回味，思考小说里面没写出来的东西。思考这篇小说我吸取了什么，想表达的思想深度是什么，内涵是什么，不是那种一览无余的感觉。希望我的读者读了我的作品，从欣赏、思考的角度，问问自己受到什么启示、教育。

曹斌：能不能结合您的绘画来谈一下写作的艺术效果？

夏天敏：它们是相通的，只是文学更深邃更广阔。我是画画的，美术和文学各有千秋。就像一个大画家说的，一百个齐白石也赶不上一个鲁迅。这话当然不一定准确，但说明文学是艺术之母。很多文学上的东西画画会体现出来，就像写意、情景、色彩、韵味、留白等和文学创作是一样的。创作中就要留一点白不要太写实，要留想象的空间，意境也差不多。画画和写作之间是相互影响的，但是文学包含的东西更多。有的人写字写得很好，写了几十年，但是价值不大，就是缺少文学方面的东西。没有学养、文化浸染，就是刻意地模仿。模仿了一辈子，模仿得很像，但是没有自己的东西，不是创造性的东西。

曹斌：在写作的过程中，您有没有遇到目前无法克服的困难？

夏天敏：遇到无法克服的困难是很正常的。几乎每一个写作者都会面临这个问题，而且每个时期面临的困难都是不一样的。我最初写作的困难是语言、技巧、表达方式等都需要不断提升，克服了才能达到更高的层次。用自己的风格写作，写到一定的程度，取得了一定成就，新的问题又来了。技巧上、思想上各个方面的固化，没有新的突破，重复自己，沿袭老路。每个阶段都会有困难、困惑。就像写农村题材，写到一定的程度，你就会觉得很难写下去了。想换其他的题材，写传统的、市井的、城市的、工厂的。我不赞成常写常新。有的搞评论的就说这个人写的，基本就是那一套。常写常新是不可能的，没有哪个小说作家今天写一本意识流小说，明天写一本荒诞小说，后天又用文言文写。文体可以创新，但总要有自己的东西。形式和内容统一，形式至上是不可取的。小说家成熟的标志就是有一套很成熟的理论、语言和表达方式，这是作家的特点。一个小说家今天换这式样写，明天换那式样写，这是不可能的，是要失败的。小说家要探索、要突破，就像语言有几套笔墨技巧，有的写得更生动一些，有的写作风格更接近文言一些，有的表现方法更多一些。我非常反对那些一天换一个样子的写作方法，常写常新，我觉得是很荒唐的事情，会使人陷入形式主义。一会儿用日记体，一会儿用会议记录，一会儿用梦境，一会儿用谚语。我无法克服的写作困难多了去了，难以一一陈述。

曹斌：您觉得您在创作中最大的优势是什么？

夏天敏：我觉得我的优势，一个是生活，一个是情怀，一个是思考，还有一个是我不怕失败。不管成功还是失败我都在坚持。很多和我同时写作的人，不管成败都已经消失不见了，但我依然坚持着。坚持真是太重要了。

曹斌：您是如何看待写作的数量与质量的？

夏天敏：我主张写作要有数量。不管写得好不好，首先要有数量。一个写作者，只冥思苦想不动笔，或者说读了很多书不动笔，或者是眼高手低不动笔，都是很难成功的。要动起手来，好不好都要去写。昭阳区的作者现在都在动手写，这真的很重要。是骡子是马要拉出来遛遛。不管写得好不好，首先要写，写了才知道需要提高改进的地方，写了才能有稿子进行研讨，进行分析后再提高。很多人克服了畏惧心理就写出来了。所以我觉得写作首先要有数量再有质量，有了数量再谈质量，有了数量再谈提高，才能不断提高写作水平。

曹斌：现在很多作家崇尚技术主义，您如何看待这个问题？

夏天敏：现在文坛各种各样的形式、各种各样的搞法都有，这也正常。这说明百花齐放。纯粹的形式探索也重要，但并不是最重要的。作为写作的基础，形式和内容的关系就像一个木匠，手艺很好，雕花雕得栩栩如生，但是他不会设计，他只是为雕花而雕花。只有形式上的东西，而没有内容，没考虑技术要用在哪些方面。手艺好，不能只在表层，得有内容啊。形式和内容的关系，看起来很玄乎，其实本质上是很简单的问题。我觉得既要有内容也要有技术，这两者互相结合的作品才是好的作品。

曹斌：在您的写作中，为什么说苦难是您永远不背离的主题？

夏天敏：这句话是我在很悲痛的心情下写作时写出来的，后来大家就认定是我创作的主旨。不仅是我，在昭通作家里面，苦难都是一个很重要的主题。不是为写苦难而苦难，不是我在渲染苦难而写苦难，而是各个不同的历史时期，有着不同历史时期的苦难。"文化大革命"时期有"文化大革命"时期的苦难，改革开放时期有改革开放时期的苦难，现在有现在的苦难，每个阶段不一样。要揭示出苦难的历史原因、更深层次的政治思想文化和各个方面的原因来反映它。主要还是要关心社会的进步，并不是故意去写苦难。我说的不背离就是关心整个社会进步、社会的疼痛，作家和它们是相通的。

**曹斌**：有人认为新时期的作家几乎都是靠写中篇获得关注，从而奠定自己在文坛上的地位的，您是怎么认为的？

**夏天敏**：这个确实如此。知名的作家基本上都是靠写中篇在文坛上奠定了基础，包括后面写长篇的也是靠写中篇走进文坛的。贾平凹、路遥、莫言、陈忠实等，都是在中篇打响后，进入长篇。为什么在那个时期，写中篇会获得关注，并且在文坛上会引起重大影响？其实是和当时特定的历史时期有关系的。粉碎"四人帮"以来，思想大解放，人们需要通过很多东西打破很多枷锁，让思想得到最大限度的解放，最好的方式就是写中篇。写长篇，第一时间花得比较长，第二是长篇阅读困难，一个长篇要传播就没有中篇快。那个时候，特别需要这种好的中篇，精品中篇一出来马上就被接受，马上就在文坛上引起震动。无论是从思想解放的角度，还是说从文学本身来讲，好的中篇都会引起重大激荡。所以我觉得，当时特定的历史时期、文化背景、政治背景使新时期的作家大多都是靠中篇走上文坛的。

**曹斌**：您是如何构建您小说的精神殿堂与人性善恶的？

**夏天敏**：小说也好，散文也好，当你写完的时候，精神殿堂也就形成了、构成了。精神殿堂里有很多东西装进去，也就涉及人性善恶。在殿堂里，仍然有正义与邪恶，仍然有崇高与卑鄙，仍然有善良与毒辣，所以精神殿堂的构建实际上也就是靠作品来完成的。

一篇、两篇甚至是你一生所写的作品一砖一瓦地建成了精神殿堂。我认为精神殿堂篇幅少了恐怕还难以建成，毕竟单薄，内涵也不够。精神殿堂还是要靠比较完整的写作和比较多的作品，就像需要有很多的砖，才能修成一个殿堂。有了殿堂之后里面就是人性善恶，人性善恶如果分开来说的话就比较多了，概括起来也就是人性的善与人性的恶。具体到作品里面，它体现在方方面面，但是也可以抽象出来，笼统地概括一下人性善恶。

曹斌：您认为您的两部长篇小说《极地边城》和《两个女人的古镇》的成功之处在哪儿？

夏天敏：这两部作品各有各的特点。《极地边城》写得相对要典雅一点。所谓文本，就是它反映的对象。《极地边城》反映的对象是云南上层社会统治者的家族，这种家族里面的人，他的文化背景、政治背景、生活习俗和社会关系，各个方面都是不一样的。比如说《极地边城》里面的主人公和《两个女人的古镇》里面的主人公就不一样。一方面他身处高位，属于那种显赫的世家；另一个方面他受到的文化教育，在当时也是比较高的。还有家族的影响和人际关系，其实说白了也就是人际关系网。他的身世就决定了他接触的人，就像我们说的比较高层这种。当然他也和平民交往。但是，和他打交道的大多数是所谓上流社会的人，军阀、高官、植物学家、牧师、传教士，还有就是边地既有钱又受过良好教育的女人，所以他的生活接触面广。这篇小说在文本上和文风上就决定了它要典雅，拿出来一看到就想到在语言修辞上要符合人的身份和生活环境。所以看《极地边城》和看《两个女人的古镇》就不一样。《两个女人的古镇》就要野一点。因为《两个女人的古镇》中的主人公一个是客马店的玉婉，她虽然沦落到以开客马店为生，但是她又受过很好的教育。她读过女子中学，流落到民间，但是总体来讲她生活的环境是比较粗放、比较粗野的。一个是蒋嫂，本身来自下层社会，她接触的都是土匪、马帮，三教九流的茶客，形形色色做小生意的人。社会层面不一样，所以用的手法、用的场景，在人物形象的塑造方面都不同。这两篇小说，它们背景不一样，所以表现手法也不一样。一个从文的方面靠，一个从野的方面靠，文野之分。一个读起来觉得更高贵和典雅，一个就是觉得粗放，更接近生活。

**曹斌：** 您是云南作家中讲故事讲得最好的之一，有什么经验可以和我们分享一下吗？

**夏天敏：** 这个其实在前面基本也谈到了。故事它还是建立在写人上，不能为了写故事而写故事。首先就是写人，塑造人物的个性，推动故事往前走。不是首先编一个故事，把人物放进故事这个框框里面去。如果先编个故事把人放进去，那就成了低层次的，就成了故事会一样的作品。由人物派生出人物的行动、人物的魅力以及故事，它实际上就是一种高雅的、文学的故事。我写小说，就是人物推着故事走，推着情节走，不是先编了故事再把人物放进去。其实这个人和另外的人一样，他们中途会发展到什么程度，人物性格如何发展，都决定了故事的走向。还有很多故事就是自然产生出来的。就像我写《好大一对羊》的时候，故事的情节是自然产生的。德山老汉要去雇马来驮羊子，如果是一个很纯粹的故事，读者就会觉得很荒诞。但是放在这个背景下，读者就会觉得很真实，这是由人物形态、人物性格产生出来的一种真实。因为羊一旦主宰了他的命运，人就被异化了，什么荒诞的事情都做得出来。他舍不得吃，舍不得穿，但是为了刘副专员的羊，出于对权力的敬畏，他就可以做到自己莫名其妙地去雇马驮羊子，不然谁会想到去租马来驮羊子。它就是人物推着故事走，推动情节和细节，构成了故事。这就是写故事了。

曹斌：作为昭通文学的领军人物，您是如何看待昭通文学现象和昭通作家群在文学界的影响的？

夏天敏：昭通文学能走到今天，确实不容易。一个偏远贫穷落后的地方，能产生一个作家群，一种文学现象，确实不容易。正如以前总结归纳的，一个是几代作家的努力，一个是市委、市政府的支持。几届市委、市政府对昭通文学确实很重视，把它作为一张名片来打造。所以我觉得，昭通文学现在产生了一定的影响，这和几代人的努力是分不开的。在全国的影响得靠作品说话，与获奖作品和作品发表的层次、作者队伍的建成和作者的储备都有关系。它能产生一种影响，能持续发展。现在昭通文学作为市委、市政府的一张名片，我觉得确确实实不应该放松、放手。所以说，现在哪怕很困难，市委、市政府对我们都是很支持的。尽管如此，昭通文学也不能盲目乐观，现在我们还是要有忧患意识。昭通文学要持续发展，要有新的作品、新的作者、有影响力的作品产生出来。这个也是我历来的观点。我们现在既不能盲目乐观，也不能妄自菲薄。不能盲目乐观，是因为和发达地区相比，我们的差距很大，要看到我们存在的问题和这种差距。我们如果不努力、不抓紧，就可能止步不前，甚至是滑坡。如果我们能认真对待看到的问题，我觉得昭通文学还是能不断前进的。这两年，我们有不少优秀作者正在不断地出来。只是要想获得重大突破，还有待继续努力，还需要加大力度。我们要再上一个新台阶，要坚持两个标准：大刊发表、获奖，这也是文坛承认的两个标准。这两个标准我们也正逐渐地努力达到，并且有所突破、有所进展。说昭通文学滑坡是错误的。现在仍然是在进步，虽然说不太明显，但依旧稳步前进。所以我们现在做的事情就是加大力度培养优秀的少数作者，这是我们要调整的方针。培养面上的多数作者，这个我们已经在做了，这个不是问题。现在我们要努力让少数人冒尖儿，先走出来。

曹斌：昭通作家有一些到了昆明，而很大一部分留在昭通，您觉得"走出去"和"留下来"的差别在哪里？

夏天敏：走出去有走出去的好处，留下来有留下来的好处。走出去，大家也知道接触的东西多，视野开阔。就像昭通作家和省外的作家接触后，感觉隔着一个层次。信息和知识层面上接触的东西比留在本地能接触的多，还有就是观念、信息来源比本地的要好得多。但是留下来的好处是没有脱离生活，没有离开熟悉的生活，更加贴近生活，更能沉住气。留下来的人，需要争取获得走出去的机会。所谓走出去就是出去参观、学习、考察，然后能够沉下心来，认认真真读，认认真真写。所以我觉得各有各的好处。

曹斌：现在外界总认为昭通作家群有点后继无人，但身在昭通，我却看到很多很多优秀的作家，您认为昭通的文学新人真的无法和你们这辈相比了，还是说他们的成就外界还没看到？

夏天敏：说昭通作家后继无人，这个是片面的。判断的标准是不是写不出来了？发表不了了？其他高层次的获奖显得遥远了？我对文坛太清楚了，几十年没有离开过它。我看昭通的作者、昭通的创作，事实上这两年也正在不断地出现一些很有希望的作者，而且我觉得已经接近了临界点，在突破临界点这个层面上了。这部分人不多，可能全市也就10多个，而且有些还得加紧对他们的督促和引导。有希望的这些人，在创作上的坚守、坚韧不能和老作者比。我们这辈人文学创作已经融进生命里面去了，但是像有些年轻点的，他就是写写，然后又停了，忙了他又放松。这种情况我们就要为他们创造条件，分门别类地指导。所以我觉得不会出现断层，更不会后继无人。就是还要继续努力，要区别对待，基本上就是每个人的情况都不一样。

曹斌：您作为昭通市作协的主席，在培养昭通作家群方面有何打算？

夏天敏：我刚才也谈到一些了，实际上就是培养和壮大昭通作家群，不断地扩大昭通作家群的阵容。这个工作事实上好做，因为有了一定的基础，没有什么问题。更主要的是培养重点作者。这个我刚才也谈到，培养重点作者，包括工作重点的转移，包括经费的投入使用。下一步我们得区别对待。对于写得好的，要组织他们出去学习、考察，到各个地方走一走，与一些刊物的编辑联系，见一下面。不可能轰轰烈烈地大家一起去，只能是潜力比较好的去。我觉得这是措施之一。另外，要对这批作者分门别类，根据具体情况来指导。有些是需要提供一些创作条件，有些是要督促，有些是需要鼓励打气，有些是要对作品进行分析研讨。目前就是要对少数作者加强培养，大多数的作者不成问题。

曹斌：请您谈一谈读书与写作的关系？

夏天敏：读书我觉得也是一个常识性的问题。我主张博览群书、厚积薄发，而且读书我主张以文学类的为主，但是不要单一，要成杂家。我讲过鲁院的课程开设，鲁院开设的课程没有写作课，因为不需要，这些人都已经是作家了。开的课程就是让你开阔视野，让你的知识面更加完整，开设的课程和写作技巧有关的其实并不多。我主张读书还是要成杂家，不要专门就读一种。喜欢外国文学的人，也不反对他读中国文学作品，喜欢中国文学的人也要读外国文学作品，喜欢文学的也要读其他的杂书。汪曾祺先生的厚重，就是学养太深厚了，知识面太宽了，常人难以企及。总之要让你的知识面更宽，厚积薄发。

曹斌：对您影响较大的作家和作品有哪些？能否向读者推荐一下？

夏天敏：各个时期不一样。我以前在鲁甸的时候，我喜欢读外国文学作品。年轻的时候赶时髦，能讲几个外国名字，感觉很时髦。所以那个时候俄国文学、法国文学、英国文学作品读得比较多。读俄国文学作品想到托尔斯泰、普希金、契诃夫、陀思妥耶夫斯基、果戈理，读印度文学作品就想到了泰戈尔。现在许多人名我都记不清了，年轻的时候我可以整夜整夜地讲。读书这个事情，各个阶段喜欢的不一样。我读书比较泛一点，什么"二十四史"之类的书，当时以我的文化水平是没有读懂的。还有一些世界文学史，一些哲学的书籍。起初读这些书的时候读不懂，是耐着性子读下去的，耐着性子读下去对我后来的文学创作一定是有影响的。现在读的外国文学作品要少一点，一是因为视力的问题，二是不太喜欢。有一些外国文学作品存在很多翻译的问题，比如我买的一本获诺贝尔奖的小说，我看了几次都没有看完，我觉得翻译水平大不如前。我以前读朱生豪翻译的莎士比亚戏剧，翻译得太好了，文笔非常优美，是非常美的诗化的中国式语言。像《契诃夫全集》，一整套我都读完了。那些作品翻译水平是非常高的，因为翻译家本身就是学贯中西的。我认为读书不妨多一点，杂一点，包括地方文史都要学习。如果没有这方面的知识，你的小说就难以有区域性，难以形成地方特色。我得益于那几年在地志办公室读了很多东西，越是地域的东西，它就越容易走出去。就像鲁迅先生说的，越是民族的越是世界的，所以在知识结构上我认为还是要丰富，还是要博大。做学问还是要处理好博与专的关系。

曹斌：针对一些比较年轻的作家创作了许许多多形形色色的小说，在小说风格上也发生了很大的变化，您作为一个前辈作家是怎么看待的？

夏天敏：我认为一个作家既要变，又要不变，在变中求不变，在不变中求变。所谓不变是你基本的风格和美学追求，你的人生观、世界观、文学观这些基本的东西是没有变化的；所谓变是在写作方式、写作风格、题材的选择上的这些变化。所以我的小说既有变的东西，也有不变的东西。没有变的就是前面说不变的那些东西，一如既往地坚持。变的东西就是做一些调整，有一些是题材上、风格上的；有一些写得粗放一点，有一些写得典雅一些；有一些写得散文化一些，有一些写得沉重一些。其实这些就是既变也没有变。

曹斌：您对今后的创作有何打算？

夏天敏：我现在的情况就是写作不会丢，伴随着生命的始终，但是还是要根据自己的实际情况。到这个年龄，人的精力始终有限，你憋出来的东西和在精力充沛下写出来的东西是完全不一样的。所以我认为有一些作家硬撑着写，也不一定是好事。如果真的写不出来了也就不要写了。我觉得这也不要紧，毕竟要考虑精力年龄各个方面的因素。强撑虽精神可嘉，但并不一定能写出好的作品。我现在每年写得少一点，我给自己定的任务就是每年写一两个中篇，不超过三篇。我现在就保持这个水平写一点，重大突破的可能性就不大了。所以就要客观地对待自己。近期我就是画一下画，但也不像原来一站就是一天。想画就画一下，不想画就不画了，画画变成怡情怡性的事了。

曹斌：能和我们谈一下您在书法和绘画方面的追求吗？

夏天敏：对于这个，我已经不能去追求什么了。第一，我不是什么书法家和画家。第二，没有必要为了这样再去拼了。画画作为调剂生活、修身养性的一部分，让生活丰富一点、充实一点。

曹斌：可否简单地回顾一下您40余年的创作历程，对自己做一个阶段性的评价和总结？

夏天敏：作为我个人来说，此生也无憾了。作为一个出生在社会底层，过着贫穷困窘的生活，又没有受过良好的教育，才读到小学就出去谋生的人，现在还能像模像样地拥有安静恬适的生活，我已经心满意足了。感恩生活，感恩老一辈作家编辑对我的提携，同时也感谢领导对我的关怀，感恩朋友的关心支持，这也是我最不能忘怀的。曾经关心过昭通文学发展的那些领导，也不能忘记。像丹增书记、晏友琼部长、黄玲部长及几届的市委领导等。对于我个人来说，我还是得到了很多，我已经心满意足了。以后我的重点就是转向作协的工作，发现人才、培养人才，为昭通文学的发展壮大尽自己最大的努力。

# 夏天敏创作年谱

## 一、出版著作

### （一）文　集

1.《夏天敏文集》五卷本，包括长篇小说卷和中短篇小说卷，《好大一对羊》《时光里的银子》《乡场上的皮匠》《两个女人的古镇》《随水而去》共五本小说集，云南人民出版社，2017年。

### （二）长篇小说

1.《极地边城》，作家出版社，2008年。
2.《两个女人的古镇》，云南人民出版社，2010年。

### （三）小说集

1.《乡场上的皮匠》，云南人民出版社，1999年。
2.《乡村雕塑》，教育科学出版社，2001年。
3.《飞来的村庄》，中国文联出版社，2004年。
4.《好大一对羊》，云南人民出版社，2006年。

5. 《好大一棵桂花树》，作家出版社，2007 年。

6. 《绚丽的波斯菊》，云南人民出版社，2009 年。

7. 《夏天敏作品精选》，华夏出版社，2009 年。

8. 《绿碑》，云南人民出版社，2012 年。

9. 《窄窄的巷道》，云南人民出版社，2014 年。

（四）散　文

1. 《情海放舟》，云南美术出版社，1997 年。

## 二、选刊转载

1. 《小说选刊》

《徘徊望云湖》原载《十月》2002 年第 3 期，《小说选刊》2002 年第 7 期选载；《土地，土地》原载《大地文学》2012 年第 13 卷，《小说选刊》2013 年第 1 期选载。

2. 《小说月报》

中篇小说《北方、北方》原载《江南》2006 年第 4 期，《小说月报》2006 年第 9 期转载；中篇小说《冰冷的链条》原载《当代》2006 年第 6 期，《小说月报》2007 年增刊《中篇小说专号（1）》转载；中篇小说《跳呀，别愣着不跳》原载《北京文学·精彩阅读》2009 年第 4 期，《小说月报》2009 年第 6 期转载；中篇小说《边地往事》原载《广州文艺》2009 年第 9 期，《小说月报》2009 年第 11 期转载；中篇小说《下山去充电》原载《中国作家》2009 年第 10 期，《小说月报》2006 年第 12 期转载；中篇小说《村歌》原载《绿洲》2010 年第 2 期，《小说月报》2010 年第 5 期转载；中篇小说《漫过花园洋房的浓烟》原载《北京文学·精彩阅读》2010 年第 12 期，《小说月报》2011 年增刊《中篇小说专号（1）》转载；中篇小说《时光里的银子》原载《芒种》2011 年第 7 期,《小说月报》2011 年第 9 期转载;中篇小说《德山老汉和他的马》原载《芙蓉》2011 年第 6 期,《小说月报》2012 年增刊《中篇小说专号（1）》转载;短篇小说《酒摊》原载《北京文学·精彩阅读》2016 年第 12 期,《小说月报》2017 年第 1 期转载;中篇小说《是谁埋了我》原载《十月》2017 年第 4 期,《小说月报》2017 年增刊《中篇小说专号（4）》转载。

3.《中篇小说选刊》

《牌坊村》原载《边疆文学》2002 年第 3 期,《中篇小说选刊》2003 年第 2 期选刊;《土里的鱼》原载《当代》2005 年第 1 期,《中篇小说选刊》2005 年增刊第 1 辑选刊。

4.《中华文学选刊》

中篇小说《时光里的银子》原载《芒种》2011 年第 7 期,《中华文学选刊》2011 年第 8 期选刊。

5.《作品与争鸣》

中篇小说《随水而去》原载《边疆文学》2001 年第 4 期,《作品与争鸣》2001 年第 7 期转载;中篇小说《残骸》原载《小说界》2007 年第 2 期,《作品与争鸣》2007 年第 7 期转载。

## 三、入选选本情况

1.《2001 年中篇小说》：由人民文学出版社编,人民文学出版社 2002 年,中篇小说《好大一对羊》入选。

2.《2001 年中国中篇小说精选》：由中国作家协会创研部编,长江文艺出版社 2002 年,中篇小说《好大一对羊》入选。

3.《中国当代中短篇小说选》韩文版：由中国作家协会组织编译,韩国民音出版社 2008 年,中篇小说《好大一对羊》入选。

4.《改革小说选》：人民出版社 2008 年，中篇小说《飞来的村庄》入选。

## 四、作品评论集情况

李骞主编：《夏天敏作品评论集》，云南人民出版社，2016 年。

## 五、荣获奖项情况

1. 云南省文学艺术创作基金奖

在第一届（1987 年—1990 年）中，短篇小说《乡场上的皮匠》获文学类三等奖；在第四届（2000 年—2002 年）中，中短篇小说集《乡村雕塑》获文学类一等奖；在第五届（2003 年—2005 年）中，中短篇小说集《飞来的村庄》获文学类二等奖。

2. 边疆文学奖

2001 年 9 月，中篇小说《断头桥》获第五届（2000 年度）边疆文学奖。

3.《当代》年度文学拉力赛总冠军

2001 年 11 月，中篇小说《好大一对羊》获《当代》2001 年度文学拉力赛第 5 分站中篇小说组冠军；2002 年 1 月，获《当代》2001 年度文学拉力赛中篇小说组总冠军。

4. 中国鲲鹏文学奖

2005 年 1 月，中篇小说《魂断果园》获中国首届鲲鹏文学奖优秀奖。

5. 鲁迅文学奖

2005 年 6 月，原载《当代》2001 年第 5 期的中篇小说《好大一对羊》，获第三届鲁迅文学奖·中篇小说奖。

6. 梁斌文学奖

2006年5月，中篇小说《拯救文化站》获首届梁斌文学奖·中篇小说奖。

7. 全国国土题材短篇小说大赛奖

2012年10月，短篇小说《土地，土地》获首届全国国土题材短篇小说大赛金奖。

8. 《中国作家》剑门关文学奖

2013年4月，长篇小说《极地边城》获第二届《中国作家》剑门关文学奖。

9. 云南十大好书

2018年1月，《夏天敏文集》五卷本荣获2017年度"云南十大好书"荣誉称号。

雷平阳，1966年秋生于云南昭通土城乡欧家营，当代诗人、散文家，出版诗集《雷平阳诗选》《云南记》《出云南记》《雨林叙事》《山水课》《送流水》等，散文集《云南黄昏的秩序》《我的云南血统》《雷平阳散文选集》等。曾获华语文学传媒大奖·2006年度诗人奖、鲁迅文学奖等奖项。现居昆明，供职于云南省文联。一级作家，享受国务院特殊津贴专家，全国"四个一批"人才，云南有突出贡献专家、云南师范大学特聘教授。现任中国作家协会第九届全国委员会委员。

# 雷平阳：生活在有寺庙的地方

曹斌：雷老师，我一直很喜欢您的作品，尤其是诗歌。请问您是从什么时候开始文学创作的？是什么事激发了您最初的写作冲动？

雷平阳：1983 年我从昭通的一所乡村高中毕业，考上了昭通师专中文系。入学的那天，见学校的橱窗里有"野草文学社"的征文启事，我便伏在集体宿舍的一张小书桌上写下了自己的第一首诗——《唱给母亲的歌》。这首诗后来得了征文比赛的二等奖，野草文学社社长张广生，《野草》杂志的主编，已经仙逝了的张海云，便来宿舍找我，让我加入野草文学社。他们毕业后，我被选为文学社的社长，颇富戏剧性地开始了自己的诗歌创作生涯。接下来的二十多年，阅历艰险，心路曲折，但阅读与写作始终存在于自己的生活中。

曹斌：雷老师，能否谈谈您儿时的梦想？

雷平阳：小时候我生活在乡村，最大的愿望就是从乡村走出来，哪怕当个教师，哪怕当个警察、法官，都曾经是自己的梦想。但是作家之梦从来都没有过。

曹斌：启蒙阶段谁的作品对您有影响？

雷平阳：如果说到启蒙阶段还真不是哪个大师对我有重要影响，而是和我的童年记忆有关系。我的童年一直在乡下度过。每个村庄里都会有一个傻子，这个傻子整天在村庄里到处晃荡，整个村庄的事他都知道。有些时候每个村庄也会有一个盲人，这个盲人会拉二胡。我们村庄就有一个盲人，他整天坐在老家的那个河埂上唱书。当时的那些书都是一本一本的，都是有故事的，都是远方发生的，或是古代发生的。但是我从小学到初中仿佛都是学习挺好的那一类，有些时候就会坐在他身边，跟着他唱，甚至我都学会了。有些时候他拉二胡，然后我在那唱书。像《柳荫记》就是讲祝英台与梁山伯的，《蟒蛇记》是讲广西桂林的一个家族的故事，类似的这些东西，有些人就把它油印出来。现在的昭通街头偶尔还能见到有人拿来卖的，就是乡村里的唱书。其实后来我想，这个启蒙对我来说特别重要。

我小的时候一直放牛，在山上放牛的时候就经常唱山歌。这些歌是那些老人教的，或是遇到其他村庄的人，也听见他们在那个山头上唱。甚至还有那种信口编的山歌，其实有的山歌特别精彩。就是在这样的记忆中，山歌的韵律、唱书里的诗歌甚至是叙事的元素，这些因素影响了我后来的诗歌创作。

曹斌：你的写作动机是什么呢？

雷平阳：我写了二十多年，至今也没想好。最初，因为口吃，又想说话，我铺开了稿纸；后来，写故乡，因为我是游子，想回家；再后来，写底层人的苦难，因我的兄弟姐妹、僚友世戚都是农民和民工，想为他们喊疼；再后来，写云南的山川庙寺、孤魂野鬼、虫羽植物，则因工业文明让它们都沦为了偷生者……2010年秋天的一个晚上，在芒市，我的朋友李君川带我去爬雷牙让山，至顶，见一巨寺，立于其下，人若蚁。我问他，在傣语里，"雷牙让"是什么意思，他说是"野草和荆棘让出来的地方"。让出来干什么？供人建庙、修养、耕种。但现实是，人们正在把"野草和荆棘"这些大地的主人连根拔起，一个时代正兴致勃勃地消灭着旷野和山河。我能做的，无非就是在纸上留一片旷野，把那些野草和荆棘引种于纸上。

曹斌：您认为您的创作分为几个阶段？

雷平阳：这三十年是非常简单地就可以划分出来的，20世纪80年代的诗歌基本被我烧掉了，原因非常简单。我在总结自己的时候，觉得在当时的心境、经历下写出来的东西它就像在神话里面生活，但是神话里面往往只有神灵才能生活，我作为一个凡人、一个少年，根本就承受不了那种生活。那时所有写下的东西都像梦呓一样，都是说梦话，后来我一看就决定把它烧掉。

20世纪90年代因为我从昭通到了昆明，去了一家建筑公司，在那编一份企业报。我得去无数的建筑工地，然后到处去采访，然后一待就待了13年。一直在建筑公司的这段时间写的东西非常少，但是阅读对自己的有效的补充就像用充电宝充的电，基本上还是够用的吧。第二个阶段主要就是在云南的山地之间到处走，去了解云南。

第三个时期就是在2000年前后，我又才开始认真地写作。开始是写诗歌，然后一下把诗歌扔掉，又开始写小说去了。写了一两年，还发表了一些小说，刊登在《十月》《大家》《山花》之类的杂志上；发出来之后也被转载，也有电影导演去找来拍电影。显得比较热闹，但是也就是两年时间左右，我就开始对自己进行反思，我适不适合写小说，后来我觉得自己真不适合写小说。

曹斌：无论是《基诺山》还是《云南记》《出云南记》，这么多年来，您一直在写云南，能否谈谈您对云南的感情？

雷平阳：故乡或者他乡，对于诗人来说其宽度和重量是一样的。我不是一个只为某片土地而写作的诗人，云南在我的诗歌中，是语言、情怀和时空的背景，不是写作的目标，更不是审美的终点。从《云南记》到《基诺山》，有着对情感根系的寻找与持守，但主要还是为了让诗歌及物、在场。我们曾经长时间地受制于观念，却一直缺少源于内心的有感而发，仿佛诗歌真的必须虚无缥缈。在云南生活了40多年，故乡、亲人、山水以及多元的文化，我受其恩、感其德，视其为地平线背后的天国。但作为一个写作者，我即使老死在那儿，对它而言我仍然是一个过客。

曹斌："地方"对于诗人有何意义？您认为如何处理"地方"才有可能成就诗人的伟大？

雷平阳：我不在意"地方"，我受雇并迷醉于记忆。"地方"是诗人的衣冠冢，记忆是诗人的通天塔。当我们试图在浩如烟海的诗歌言论中去寻找有关"地方"的只言片语，并借以加持地方性写作的精神标高，我觉得这是脆弱的、虚妄的。我们之所以意气风发地说着"地方"，很大程度上就是为了反对"中心"，反对"租界诗歌"，既然如此，当"舶来"与"传统"相结合的产生于中国文化土壤中的新汉诗已经成为潮流，我们应该激活的是"地方性"中的"无意识的普遍性"，而不是刻意标识的诗歌文本中的"地方性"。"地方"成就不了诗人或诗歌的伟大，不要把无数优秀的散落在各地的诗人、写作人为地冠以"地方性"。"地方"与诗人之间不存在母子关系，诗人的伟大，诗歌的伟大，基于思想、美学、慈悲、创造和无边无际的想象力。我理解的、想要的"地方"，它是诗歌的天堂，不是地理学和政治学中的某某区域，就此而言，"地方性写作"

的当务之急，可能就是认真解决从肉身到灵魂、从此岸到彼岸的现实问题，用不着羁绊自己和迷惑自己。

曹斌：您以云南乡野为素材，致力于建构体现您诗歌梦想的纸上荒野，以抵御工业文明。在您看来，乡野文明究竟好在哪里？

雷平阳：我只歌唱了正在消亡的乡村文明中的某一部分，比如万物有灵的宗教信仰，比如故乡和亲情。它们的好，基于时代的堕落，基于不灭的神性和人性。写它们，我写的是挽歌与投降书，我什么都抵御不了，无非是在荒草之中给一个个孤魂野鬼立个石碑。我与杨健的写作向度不同，他哭庙，我是个在作案现场似的生活现场上流亡的诗人，我写一颗颗射向我的子弹及我的痛，以及预支的死亡。

曹斌："地方主义诗群"的提出是否刷新或强化了您的诗歌观念，"地方"在您诗歌写作中的位置是否会有所变化，在将"地方"融入诗歌方面，今后您有无整体构想或具体考虑？

雷平阳：我之前从来不参加任何流派与诗群，以后我也不会加入具体的门派，我就是一个边缘上的自由写作者。我的诗作出现在"地方主义诗群"的作品集中，主要是因为我的写作暗合了"地方主义"的某些趣旨，同时还因为谭克修谭老汉的热情约稿。这种观念的提出，不会强化和刷新我的诗歌观念，相反让我心生警惕，我肯定不会住在某个诗歌模具中去写作的，而且我也一直觉得"地方性"的标签是对我诗歌的误读，尽管我反对世界主义，没有世界主义的写作野心。如果可以，我只会做一个"地方主义诗群"的编外人员。写地方，是因为我的写作资源存在于某个地方。我仍然会坚持写下去，但不会有意地强化"地方"的唯一性和排他性。福克纳"邮票大的地方"的说法，核心是"邮票"，不是"地方"。云南人说一个地方的小,"牛皮大的一块地方",最有意味的也是"牛皮",不是"地方"。我的想法是,"地方"必须具有普遍性,它的名字是可以置换的,它的内心不是孤立的,它的命运也不是用来反抗和革命的。

曹斌:您是怎样理解自己的乡愁意识的?

雷平阳:当商业文明猛扑过来之时,我就意识到古老的隐居式、解甲归田式和游子回首式的故土观念必将被连根拔除。所谓乡愁,余光中式必将会变成小儿科,代之的则是挖掉祖坟之后的空空如也的没根的不是乡愁的乡愁。当年故乡之自然状态和诗人的乌托邦,我们都见不到了,羊群啃草处,横卧着怒吼的"钢铁狮子"和推土机。在此大背景下,"沉重乡愁"的书写尚可理解,最匪夷所思的是很多诗人还置身于古代的语境中,梦呓似地写着并不存在的故乡。7月下旬,在山东德州,我遇到了诗人续小强,他说他的故乡因为地底下的煤质太差,得以错开来自山西的"深挖洞"浪潮,整个村庄长满了榆树,秋天,他回去,刚到村口,一阵秋风吹来,满地和树上的榆树叶就往天上飞……这些年来,续小强是我碰上的唯一一个有故乡的诗人。张执浩说我还有故乡,那是臆想,也是对我诗歌的误读。我所写的乡愁,其实是丧家之犬的乡愁,而且,这丧乱之上的乡愁,不基于"终归无处还乡",而是肉身与精神的双重无着,是断头台上的断头者对人间的最后一瞥,这一瞥,没有留恋,只有冰冷的记忆。乡愁,遥远的归途,已经变成断然的放弃或茫然的重构。也许我们真的认真地爱上了烟囱和拦河大坝,也许我们真的在股票交易大厅里建了一个望乡台,也许我们真的在土地交易中心的旁边塑了一尊土地神,也许我们真的让自己团团乱转的灵魂皈依了拜物教或政治经济学……也许,我们死后,骨灰注定要撒入大海,千万年无所归依,或者,都得放入纪念馆,找不到一个可以下葬的地方。

我的故乡欧家营，在昭鲁大河与荔枝河的交汇处，现在是昭通城和鲁甸城污秽之物的堆积地。河水是苍灰色的，冒着泡，散发着浓烈的臭味。整个村庄，疑似地狱里的厕所。20年左右的时间，人们没有改天换地，但的确改变了一条条壮丽的江河。它已经承载不了我的"乡愁"，我的乡愁日趋虚幻，它出现在我的诗歌中，没有所指，比如"欧家营"，是可以置换成所有的村庄名称的；比如"我"，意即你们。任何一种题材中，"我"都可以独立，唯独在"乡愁"这儿，我们、你们、他们之中，"我"是被搅碎了的，是残片，拿不出来了。这个可能是思想的乡愁，它意味着我们都患上了老年痴呆症，在自己臆想出来的一个孤立的世界里，一次次把自己走丢在路上。

曹斌：地域性是您一个比较理想的视角，但好在您没有因之而压制、削弱诗歌的现代性品质，这也是您的诗赢得好评的缘由。请您谈谈，您是如何使地域性和现代性这两个因素协调起来的？

雷平阳：有时候，我甚至觉得在诗歌写作中，"地域性"就是一个伪概念，特别是在目前的背景下，地域或说区域，其文化不乏世界性，因为它从来不曾孤悬。评论界近来热衷于谈论诗歌地理学，但更多的人针对的是地理意义上的诗歌写作群落，而不是囿于"地域性"。我曾接待过一个读者，他把我的一首名叫《亲人》的诗，印在了他的T恤衫上，不同的是，他把"云南省"改成了"河南省"，把"昭通市""土城乡"改成了他故乡的地名。我觉得他是对的。我们不能因为一些地名出现在诗中，就主观地将其命名为某某地域之诗。

如果必须说"地域性"，我觉得处理它与"现代性"的最佳办法就是，只要你以"现代性"的眼光去体认地域文化，你就会发现，地域文化中的诸多元素往往更具"现代性"，所以这貌似敌对的两个邻居，其实是肢体相连的兄弟。2007年夏天，在基诺山，我参加了一户猎人的家庭晚宴。在饭前，这户人家请来寨父，以猎获的麂子敬谢神灵。寨父的一席祷词让我听得心潮澎湃，由此我写了一首短诗，"神啊，感谢您今天让我捕获了一只麂子/请求您明天让我捕获两只麂子。//神啊，感谢您今天让我捕获了一只小的麂子/请求您明天让我捕获一只大的麂子。"我个人觉得，此诗并不缺"现代性"，而它似乎更具"地域性"。

曹斌：多年来，您一直在城市和农村之间游走，对您眷恋的乡村进行田野调查，您也说过"这个年代需要大量的杜甫式的诗人"。对您而言，叙事性是否很重要？

雷平阳：杜甫不仅仅意味着叙事，对我来说，他诗歌中的"现实"，是诗歌史上一个无人比肩的王国。他存在于自己的诗歌中，形象、呼吸、血泪、白色的头发和骨头、秋风一样的背影，这些元素其实也不是唯一的诗歌材料，美食、美人、美酒、美声、美景，美的一切，同样可以组成动人心魄的诗歌。杜甫的意义不在于他写出了诗歌里的悲苦，而在于他一直寄身在生活与诗歌的现场，他的写作剐肉泣血，呈现出生命渐渐耗尽的过程。比之于我们那些苍白的伪道士、用假嗓子高歌的诗人，他是我最敬仰的诗人。

曹斌：您在诗歌中想要表达什么样的主题？

雷平阳：20世纪90年代的行走让我发现了问题，就是我想写云南了。当然也跟拉美作家的启示有关，甚至跟福克纳、佩索阿这些人的启示有关。他们对我的启示就是一个作家其作品的精神出处、根据地在什么地方？那么多的优秀的作家，其实他写作的空间都是往内收的，甚至越收越小，它迸发出来的力量可能会更大一些。所以我写诗歌也是写云南题材，因为我一直走，我也认真地看过了无数的江河，那些奔流的江河慢慢地就修满了电站；无数的热带雨林消失了，那些人、鬼、神生活在一起，沿线杂树丛生、荒烟蔓草的地方没了，全部变成了经济作物，桉树、橡胶树、茶树。

在云南德宏州有一座山，就在芒市的旁边，那座山就叫"雷牙让山"，它是傣语，翻译成汉语就是"菩萨让出来的地方"。怎么去理解它呢？它就是说菩萨让出来，让给你干什么？让给你建寺庙，让给你静修，让给你做故乡，让给你耕种，养活你，繁衍子孙。但是大地的主人是谁，大地的主人是群山、是荆棘、是树木。人不是大地的主人，菩萨把它让给你了，但是又被你折腾得残山剩水，到处都是破碎的。我有一本诗集，叫《云南记》，谢有顺这位评论家就说，"你说也只有你起个名字叫'云南记'挺有意思，如果我一个福建人写一本书叫'福建记'，这个名字就怪怪的。"一本书起名叫《云南记》是充满想象的，因为"云南"两个字一旦出现，中国人都会觉得仿佛就是远方，就是想象，白云、寺庙、青山绿水。其实我们生活在里面，生活在人们说的远方，我们看见了整个群山被毁坏，那些青山破碎了，那些江河被一次一次地拦腰斩断，一座又一座的寺庙被连根拔起。如果你作为一个诗人，一个有良知的诗人，一个心里面有菩萨的诗人，你还装作没看见，你还没有一种愿望去把这个时代发生的东西写下来，记录下来，我觉得是有问题的。

所以我们这个年代也存在大量的诗人，他们仿佛觉得世间发生的东西，他们看见了，但他们装作没看见，还有就是有的人没有勇气去面对这些东西。有些时候我们可以去强调诗歌里面的那种优雅、高贵的艺术价值，但我们忽略了诗歌在优雅高贵的前提下也可以直面你的所有经验。佛家话说其实每一个文字都应该是从自己的业力中来的，而不是天上掉下来的，它都要通过自己的体认、自己的正见，然后产生一个一个的字。所以我看见了这些云南群山、云南发生的事，对它进行了再现。

曹斌：可否结合您的写作，谈谈您对诗歌之"轻"和"重"的理解？

雷平阳："轻"与"重"或许不是一个诗学题，而只是一个量度，但每当我们将其引入诗学或更宽泛的文学精神系统，"轻"也尖锐，"重"也尖锐，其锋刃总能胁迫到任何一个真诚的写作者。它们闪着寒光，尽管没有半点恶意，甚至还带着救赎的使命，但你却不得不如实交待，或开心见佛，或恣意狡辩，因为它们足以让你无处遁迹。是谁让"轻"与"重"变成了怒目金刚呢？我们当然可以将一揽子的文学沉疴全推给乱世，可我们所置身的世界却又是一个找不出凶手但又处处都是利器的世界，它的乱是隐形的，其乱只为诛心，它从来也不为文学的堕落买单。置身其间，"轻"与"重"的问题，对任何人来说都是一个残酷的问题，回答之时，稍有谎言，都会被打回原形。

先说轻。轻的一切都可以上天，人肉身里的火焰熄灭，灵魂便飘出来，朝着云朵和云朵之上的空间飞去。灵魂为什么是轻的？它由什么材料做成？它为什么可以继续存在并飞升？无可置疑的是，研究它的形质和去向是没有任何意义的，因为它们是这个时代的失踪者。它们像空气、阳光和花朵一样，本来是构成诗歌的必然材料，但它们失踪了。我们的诗歌因此失去了天使之翅，只能像尸体一样躺在地上，露出白发和白骨。

再说重。我是个悲观主义者，在读《杜工部集》的时候，我看到的最多的两个关键词就是"白发"和"白骨"，它们是轮番挥舞的两把铁锤，不停地砸在我的头顶，将我像铁钉一般地砸入地心。《垂老别》《无家别》的故事今天仍然在生活中不断地出现，就算我待在地心里，我也为之肝肠寸断。我理解诗人张籍，他将杜工部的诗烧成灰，拌在饭里吃下，这不是行为艺术，但这种行为有着双重的沉重与悲恸。就在前两年，金沙江上修建几座大电站，大量的老百姓必须搬离故土,他们被称为"移民"。而所有的搬迁中,第一项就是搬迁几百年甚至上千年的祖坟,我看见无数的"不肖子孙"在收取了政府很少的一点补偿金之后,泪流满面地将自己的祖坟一座接一座地挖开,然后将一具具枯骨装入土罐子,先背回家,放满屋子及院落,祭拜一番之后,又背上它们,匆匆地赶往异乡。这种"枯骨别",活活地将活着的人也变成了行尸走肉、孤魂野鬼。在云南楚雄一个村庄里,一位老太太,因为三个儿子外出10多年,音信杳然,手提一瓶农药来到祖坟上,自己挖了一个坑躺下,喝农药自尽。这种"垂老别",岂止于人心之悲,还颠覆了天理人伦。我理解的诗歌之"重",比泰山还重。泰山矗立,宛若纪念碑,这苦难的"泰山",却沉没于地底。

曹斌:现在的很多诗歌没有力量感,我觉得缺乏历史感和思想性是一个很重要的原因,尤其是对于一些年轻诗人来说,更是如此。这到底是我们的阅读趣味出现了偏差和美学风尚的落伍,还是诗人对自己的写作要求降低了,或者说诗人自身的素质无法对接这个残酷的时代了?

雷平阳:我之前看了一个话剧《弹琴说爱》,里面有一段对话,大概的意思是,因为现在的生活太幸福了,太爽了,让酷爱音乐的人也没唱蓝调了。这话并没有什么新意,对中国艺术传统稍具常识的人都知道,强调苦难磨砺一直是艺术创作中的法门,我之所以听见此话不由一愣,完全是因为这话在今天说出来,其诙谐或反讽的意味,非常准确地切中了我们艺术创作所存在问题的要害。我们是否幸福另当别论,但工业文明带来的财富与追逐财富的狂潮,的确让"人性"让位于"物性",也让以诗歌创作为代表的一系列艺术创作一夜之间丧失了常态。在一些老牌的资本主义国家,由于艺术存在着可以信赖的公众标准,拜物时代和革命时代也很难动摇人们对艺术的无限追求；我们则不然，几次伤筋动骨的文化断代、集体无意识和对物质的顶礼拜服等因素，致使诗歌原有的宗教般的地位瞬间便被颠覆，再加上稀里糊涂，遮羞布一般的"仁者见仁，智者见智"的低俗标准盛行，不仅没有拓展诗歌的多维空间，还为众多应景的、歌功颂德的伪劣之作提供了存在的土壤。再加之网络平台的出现，诗歌发表的问题不是问题了，诗歌的门槛立马被抽除，"标准"之说也就迅速地收归有限的书呆子。

我不谙电脑，但听谭克修说有人在网络上一天可以写几十首诗，听得我目瞪口呆。试想，一天之内，纵然是天才，他写下几十首诗，都能写些什么？当然，这是个案，我相信更多的诗歌写作者都难以享受到写作的丰收的喜悦。一边是如你所言"缺乏历史感和思想性"，一边又写作欠收，应该说，诗人并没有降低对自己的写作要求，而是在阅读趣味持续走低、美学风尚偏离正轨的大环境中，越来越不清楚写作到底都有些什么"要求"。诗人没有了写作向度或说群体性迷失，其让人悲哀的程度，不是一天写几十首诗的非标写作所能阐达的。索尔仁尼琴有句话，"说一句真话，比一个世界还重。"这话足以对应我们的时代，这个时代因我们自身的素质而"残酷"，要让我们以诗歌的方式去对接这个时代，我们也许能说出它的残酷，但我们找不到制造残酷的凶手，因为凶手就在我们之中，我们是同谋！不是失察、疏离和遮蔽，我们已经习惯了假、大、空，习惯了跪着歌唱，习惯了心里一套纸上一套，习惯了云山雾罩不说人话，习惯了一切非人性的魔法。所谓诗言志，没有几个诗人敢用它做自己的墓志铭。似乎也接触过思想激进的、言辞犀利的、敢为众人代言的少数诗人，但他们的言行，也总是功利主义的砝码，让人欲哭无泪。

曹斌：有些古代诗人写诗讲究无一字无来历，有一种客观、严谨的态度，有人也理解成他们是掉书袋而已；而您的写作也讲究无一字无来历，但这来历是您的人生经历。我觉得日常生活经验在您的写作中占据着很重要的地位，它几乎成为您诗歌写作的全部资源，包括爱、悲悯、敬畏和同情的人文关怀，皆是从日常生活经验中获得。您一般是怎样处理和转化日常现实和生活经验的呢？

雷平阳：这是一个同样折磨着我的问题，激活日常现实与生活经验，使之从个人阅历转变为精神历险，其难度约等于从一个世界到另一个世界。那些充满人间烟火的生活场景，要不露声色地使之脱胎换骨，它涉及的是你整个写作的目标和价值体系。人人都有个人体验，选取事件、美学标准、道德立场、叙事方法和写作切入点的不同，境界也就不同，甚至于同样的事件，不一样的诗人都会有天地之别的写作结果。我生活在云南（这很重要），云南南方又是我沉迷的地方，那儿每一个村庄都有寺庙，人们在信仰佛教的同时因为受万物有灵之原生宗教的影响，敬畏、恐惧、感恩之类的词语仍然是生活的主旋律，它让我确立了"在寺庙旁边写作"这样的写作观，寺庙意味着慈悲、道德之根、文化底线和天地之正气，以之对应生活现实，诗歌的资源自然也就会永不枯竭。《杀狗的过程》一诗，很多人因为它展示的残酷而难以卒读，我的十岁小儿意外地读了它，一边哭一边发誓再也不读我的诗作，但读了这诗来找我交流的人，以和尚居多，悲悯因怒目金刚立在庙门口而挑选着真正具有菩萨心肠的少数人。综上所述，从日常生活到诗歌，所谓处理的手段，不在于"炫技派"的笔底，而在于诗人观察和审视生活的内在能力。

曹斌：可能您对自己在云南当代诗歌史上的位置并不看重，但事实上您的创作已成为云南新诗写作历程中的重要环节。那么您对云南诗歌的进一步发展有何希望或忧虑？云南诗歌是该和全国性的诗歌潮流保持足够的距离，还是应努力地融入，云南的地方经验与文化资源怎样才能得到有效的表达？

雷平阳：云南诗歌一如云南的丛林，自生自长，呈现的是一种自由的散漫状态，我当然希望每棵灌木都长成大树，但这何其难也。我还是不同意"中心"与"边地"的说法，写出好诗的诗人就是中心，与地理无关。至于云南诗歌与中国诗歌潮流的关系问题，我个人的观点是保持距离，尽管现在根本不可能有距离可言，最僻远的云南小镇，母语基本都消失了，用的全是汉语。

曹斌：您认为自己的诗歌有没有形成独特的艺术风格？如果说有，您是否可以用三百字进行概括？

雷平阳：少年精神、山水梦想、在场与叙事。我一直梦想着书写从中国的泥土中生长出来的现代汉语诗歌，文学理想大而无当，才华、智力和实践精神却极其低微，所以，独特的艺术风格尚无从谈起。

曹斌：对您而言，写作最大的意义是什么？

雷平阳：写作的意义，有诗言志，有为天地立心说，中国古代之说都普遍强调永恒性和普世观。现代写作像一根牛鞭，被放在了工业文明的酒坛子里泡着。很多人之所以写，目的就在于把写出的东西敬献给神灵，拿给宣传部长、文联主席和银行行长看，或者干脆只拿给电影电视的导演和离退休的老人看。很多主严的东西变成了"媚庄严"或被彻底抽空，两级之上矗立着的都是财神庙或牌坊。

我不奢求，只想写出在这个时代的个人的命运感，或我所等待的并不存在的救赎。

曹斌：在您看来，什么是好的诗歌？

雷平阳：别人写的，又像是我写的，但我又写不出来那一类，没有一个准确的框架去套它们。比如杜甫诗，比如博尔赫斯的诗篇，不具体举例。

曹斌：最后一个问题，您的书法自成一格，在文学圈也有一定影响。当然，这只是您的一种个人爱好，好像无关乎成就。书法与您的诗歌写作有交集吗？有没有一种相互的见证和影响？

雷平阳：诗歌和书法作为诗、书、画之说的前两位，它们之间的天然联系在古人那儿受到重视，现在它们却成了两个体系。以前诗人和书法家往往是一个人，现在则不然，文联这样的机构里，诗人被归入作家协会，书法家则有了专门的书法家协会，分工之细往往也就导致诗人远离了书法，书家则离开了诗歌。至于诗、书、画三者中的画，也有了美术家协会，古人所说的某人诗书画三绝，很少见了，"文人"这个特定的指称也消失了。诗人的诗歌在古代可以手书在墙上或纸上，风雅得很，如果诗人刚好又写得一手好字，那更是如东坡一样冠绝古今。古代有书家虞世南、黄庭坚……每个人诗词歌赋，高山仰止。现在，诗人习书者少之又少，书法家中的很多人只会"厚德载物""宁静致远""难得糊涂"之类的几个字，且那字之俗、媚、油，看了就让人悲从心来。不过，我习字倒不是为了成就自己的"诗书"梦想。20多岁的时候，我诗歌写得疯狂，昼夜亢奋，很少有睡眠，便担心自己有朝一日会入魔，失去心智，只好自我搭救，以毛笔抄古诗或经书，以求静心安神。这么一写就是20多年，不敢自称书法，自然为之，率性为之，写自己的字而已，只求写下的汉字都是活的，所写的内容都有些风骨和人性，不空、不假、不装。就此而言，我与诗书，以真性情互相体贴，有着我个人的体温和美学，互美也。

# 雷平阳创作年谱

## 获奖情况

1. 诗集《云南记》，获第五届鲁迅文学奖，2010年。

2. 《渡口》，获第一届人民文学诗歌奖·年度诗人奖，2014年。

3. 《秋风辞》，获2005年度茅台杯人民文学奖，2005年。

4. 诗集《基诺山》，获首届中国义乌"骆宾王诗歌奖"，2016年。

5. 《忧患诗（十三首）》，获首届"中国（文成）·刘伯温诗歌奖"，2013年。

6. 组诗《村庄，村庄》，获第九届十月文学奖，2011年。

7. 《出云南记》，获首届"中国屈原诗歌奖"金奖，2014年。

8. "泥丸小记"专栏，荣获第二届"《钟山》文学奖"，2017年。

9. 《春风祷》，荣获第二届"扬子江诗学奖"年度优秀诗作奖，2014年。

10. 《雷平阳诗选》，获第六届云南省文学艺术创作奖励基金奖一等奖，2010年。

11. 《云南记》，获第五届鲁迅文学奖云南文艺基金贡献奖，2011年。

12. 《我的云南血统》，获"云南文化精品工程奖"，2009年。

13. 《大地有多重》，获云南文化精品工程奖，2009年。

14. 诗集《雷平阳诗选》，获第二届"华语文学传媒大奖·2006年度诗人奖"，2007年。

15. 《送流水》，获2018花地文学榜·年度诗歌金奖，2018年。

16. 《祭父帖》，获"边疆文学·昊龙年度文学大奖"之"年度大奖"，2009年。

17. 《昭鲁大河记》（诗歌），获2009《广西文学》"金嗓子"文学奖，2010年。

18. 《送流水》，获旅游诗集最高奖，2018年。

19. 《铁匠》，获小说选刊杂志社"德威杯"首届蒲松龄文学奖（微型小说），2009年。

20. 散文诗《云南黄昏秩序》，获西部散文学会首届中国西部散文奖，2009年。

21. 《送流水》被评选为2018年度"云南十大好书"。

22. 《基诺山》被评选为书香昆明·2015年度云南十大好书，2016年。

　　李骞，男，彝族，云南镇雄县人，20世纪60年代出生。中国作家协会会员，云南省作家协会原副主席，中国文艺评论家协会会员，云南省文艺评论家协会副主席，中国当代少数民族文学研究会副会长，云南当代文学研究会副会长，中国少数民族文学学会常务理事，云南民族大学二级教授，中国现当代文学、文艺学硕士研究生导师，民俗学博士研究生导师。在《人民文学》《诗刊》《民族文学》《十月》《边疆文学》等杂志发表小说、诗歌、散文一百多万字；在《文学评论》《当代作家评论》《民族文学研究》《文艺报》《文艺争鸣》《当代文坛》《小说评论》《诗探索》《文学自由谈》等刊物发表学术论文70多篇。出版（或主编）《作家的艺术世界》《现象与文本》《立场与方法》《20世纪中国新诗流派研究》《新诗源流论》《诗歌结构学》《中国现代文学讲稿》《当代文学27年》《大学语文》《快意时空》《彝王传》《大乌蒙》等各类文学著作50余部。其中，《现象与文本》获全国少数民族文学创作"骏马奖"。

## 李骞：写作是生命过程的一种表达

**曹斌：**您是从什么时候开始写作的？

**李骞：**这个时间还真不好说。从小学开始，我语文成绩就很好，特别是作文，从小学到高中，都是作为范文由语文老师在全班念。至于为什么写得好，我想这可能是从小爱读书的缘故。后来到部队当兵，也一直保持爱读书的习惯，因为我是连队的卫生员兼图书管理员，时间比较多，没事时就在图书室看书。要说真正的写作，应该在部队就开始了，主要是写诗和写散文。连队要出墙报，文书就要我赶紧写文章给他。最早变成铅字的是一篇情况反映《言不符实的决定》，发在1980年的《铁道兵报》上。内容是批评机关作风，新电影来了总是近水楼台机关先放映，过了很长时间才到连队放。据说我就是因为这篇文章才被通知提前退伍的。我一个在团部机关的战友说，团政治部主任看了这篇文章后，大发雷霆，说这样的人要么重用，调到宣传文化部门，要么让他早点退伍。我当然肯定是退伍，因为家里多次写信要我回家好好复习重新考大学。我自己也觉得部队虽然锻炼人，但也不能待得太长。刚到部队时，我曾经对我最好的战友、后来的记者、诗人曾瀑与诗人成忠义说，要是在部队当不到师长，就选择当作家。当师长不可能，那就当作家吧！所以我就开始写诗歌和散文，写了就到处投稿，但没有发表。我记得

《解放军文艺》的一个编辑曾经给我回过信,说再努力就会成功。所以准确地说,我在部队时就开时写作了。

曹斌:原来您还当过兵?您的人生经历和您的写作有着怎样的关系?

李骞:我是1978年12月离开故乡来到青海省德令哈当兵的,兵种是铁道兵。我经常说,青藏线有一大半都是我参与修的。从云贵高原来到青藏高原,环境反差很大,生活经历更是不一样。我记得新兵训练时,比我大好几岁的战友都受不了,冬天时,有的战友还哭鼻子。可我并不觉得有多难,新兵训练三个月,列队、刺杀、投弹、射击、战术,我都是优秀,训练结束后,我得了五个嘉奖。部队生活很丰富,也有许多故事,对写作、对人生肯定有帮助。其实,无论是在部队,还是退伍回家复习考大学,以及后来考上大学,毕业了又在大学教了33年的书,这40年来我就没有停止过写作。对于我来说,写作就是生命的一个过程。因要思考,就要将思考的东西表达出来,怎么表达,写作就是最好的途径。生命不息,写作不止。当然,大学四年受到的系统性的学术训练,对写作更有帮助。所以我在大学二年级时,就开始在省级以上的公开报刊发表诗歌和评论了,之后从未间断。我觉得教书、写作、读书是人生的三大乐趣。人生经历和写作有着怎样的关系?人生就像一条河,从源头开始,不停地向前流,经过高山,流过峡谷,穿越平原,有高潮、有低谷,最后是"百川归大海"。写作就是附带在这条人生之河上的一种思考,一种生命的自我行为。经历越多,写的文章就越成熟,读书越多,思想就越深透。当然了,经历丰富的人不一定就能当作家,但优秀的作家生活经历一定很丰富。写作不是为了名利,也不为了获奖,写作就是生命的一种过程,而且是水到渠成的一种行为,只要认识到这一点,你就会全力以赴,不断超越自我。

曹斌：您的写作源起于什么？

李骞：1994年我出版第一本书的时候，在《自序》中说，"有人问我'为什么写作？'这个问题我思考了很长一段时间也没有答案。想来想去不过就是有一点'写瘾'，诚如'麻将瘾''官瘾'一样，不过是满足一点人性的欲望。几天不动笔就有点难过，读了一篇好作品，不写点读后感之类的文章，心里就觉得总是还有一件事没有做。所以，就我个人而言，要说'为什么写作'，纯属是为了满足'写瘾'，满足一下发表文章的欲望。就像当官要往高处走，赚钱一心要做亿万富翁，经常有两篇铅字出现在报刊上，人生就有了刺激、有了趣味，也就有了阿Q式的志得意满，如此情趣，何乐而不为？"你现在要我谈"为什么写作"，或者写作起源于什么，我还找不到恰当的话回答，想来想去，就一句话，写作就是生命过程的一种表达。

曹斌：您还是文学青年的时候，主要读哪些作家的作品？受到哪些影响？

李骞：阅读是件非常愉快的事。我在少年时代就开始长篇小说的阅读了。我长篇小说的阅读开始于袁静、孔厥两位先生的《新儿女英雄传》，读的是一本1956年出版的繁体字版本。那年我才九岁，上小学三年级，放学回家后，跟随父亲一起给生产队放羊，因为第二天要还书，就用了一天的时间，在故乡一个长满灌木丛的山坡上读完。之前我阅读的主要是连环画，也就是被我当年的阅读群体称之为"小花书"的一种普及读物，这种习惯，一直保留到1975年9月上高中之前。关于《新儿女英雄传》，我印象最深的是每一章的前面都有几句民谣、成语、俗语，还有开头的第一自然段，"牛大水二十三岁了，还没娶媳妇。"这是我阅读之后就永远铭记的小说开头，如同大学时代阅读《百年孤独》，"多年以后，面对行刑队，奥雷里亚诺·布恩迪亚上校将会回想起父亲带他去见识冰块的那个遥远的下午。"还有《安娜·卡列尼娜》的"幸福的家庭都是相似的，不幸的家庭各有各的不幸。"鲁迅先生《狂人日记》的"今天晚上，很好的月光。"不知什么原因，很多名著的开头读了之后总是难以忘记。在昭通师专教书时，我最初给同学们讲授的是写作课，讲到小说写作时，记得有这样一种理论：虎头、熊腰、豹尾。这是别人总结的，也不知道对还是不对。我读的第二部长篇小说是《水浒传》，时间是1973年7月，用现在教育界的行话，我就是刚刚考完小升初。可能是邓小平同志刚出来工作吧，1973年改变了前些年不考试推荐上学的规则，全县小升初、初升高都进行了考试，至于考试结果，鬼才知道。《水浒传》是我从在公社财政所工作的姨父那儿借来的，也是一部繁体字的书。现在回忆起来，我似乎比较喜欢第七十一回"梁山泊英雄排座次"之前的内容，第七十一回之后就不太喜欢，嫌拖沓。后来的几十年里，我三次重读《水浒传》，2005年还动过心思写一本学术随笔《〈水浒〉再批判》，写了9万多字，2007年9月送女儿去北方上大学，回来后再也找不到写作的感觉，就这样束之高阁。读的第三部小说是《红楼梦》，时间是1975年10月读高中的时候，到目前为止，这部古典名著我读了六遍。《百年孤独》读了五遍，《水浒传》读了四遍，鲁迅先生的《呐喊》《彷徨》《野草》《故事新编》《朝花夕拾》读了十几遍。因为我给研究生讲授"鲁迅研究"主要就是讲这五本书，每讲一次，都要重新再读一遍。当然，读大学和后来在大学教书，读得最多的就《红楼梦》《水浒传》《呐喊》《彷徨》《野草》《故事新编》《朝花夕拾》，还有萨特的《存在与虚无》，海德格尔的《存在与时间》。要说影响，这些作家和他们的著作都对我有较大影响，特别是鲁迅先生，对于我来说，他就是一个巨大而具有先知性的存在。

**曹斌**：您是鲁迅文学院第4届少数民族作家高研班的学员，您认为这样的学习对您的创作有怎样的帮助？

**李骞**：我在鲁迅文学院读了半年。我记得每隔一天听一次讲座，然后讨论。讲座老师主要有文学名家，如王蒙、吉狄马加、张承志及文学名刊的主编，还有北京大学、北京师范大学的教授，社科院的学者，还请了当时的外交部长讲国际形势，甚至还有军事专家讲导弹在立体战争中的作用。我觉得，这样的教学方法很得当，对于开阔视野、启迪思路起到很大作用。我每一次听讲座都很认真，提问也很积极，就读期间写了两篇评论文章和30多首诗，收获颇丰。

**曹斌**：能谈谈您《快意时空》的诗歌情感吗？

**李骞**：情感是外在生活刺激而产生的一种心理反应。诗歌情感，顾名思义就是诗人在作品中所表述的情感。我读大学的时候，我的一位同学听说我在写诗，就很不以为然地对我说，诗是雕虫小技，无非是无愁强说愁、无情强说情而已，何必认真。当时我的这位学兄正在钻研古代诗歌，我便以子之矛刺子之盾，反问他，既然如此又何必伤精费神地研究古人的"雕虫小技"？从宏观的意义说，诗歌是一个时代的精神写照；就创作者而言，诗歌往往是作者内在情感的直接诉诸。诗歌创作是文学综合能力的集中表现，在写作过程中，诗人必须调动各种知识的积累。一个文化功底浅显的人，虽然也可能会写诗，但写出的诗歌不会有多少深度。而在调动知识仓库的时候，情感的真实性又是关键。如果诗人的情感是虚拟的，那么写出的诗句就很别扭。所以我认为，诗歌创作是知识和情感的有机结合，两者缺一不可。我的诗歌肯定没有达到"知识与情感有机统一"的境界，但我敢说我的作品倾注了自己的真实情感，哪怕是"风景诗"和"写物诗"，都寄托了我的情思。我可以负责任地说，我的这本诗集《快意时空》的情感是纯净的，虽然这些诗的质量并不怎么样。

曹斌：您的《快意时空》第三辑"白话方阵"是怎样进行创作风格突围的？

李骞："白话方阵"中的这些作品大部分写于1988年6月至1989年10月。那时候，年轻气盛，想用一种"直话直说"的写作策略，改变当时诗坛流行的"后朦胧诗"的沉闷诗风。当然，在写作过程中，我肯定受到了美国著名自白派女诗人普拉斯的影响。不过，我觉得用白话语言来完成诗歌创作，更能够抒发灵魂深处的感受，更能够把自己的所思所想直截了当地告诉读者。其实，越是深刻的文字越是在不经意间从心灵流淌出来的。如果刻意追求语言的深度表达，往往会弄巧成拙，适得其反。体悟一下"黄河之水天上来，奔流到海不复回"这样大气磅礴的诗歌，难道是"两句三年得，一吟双泪流"的苦吟诗人能够创造出来的？我这样说，也许有人认为这是我黔驴技穷的借口，但是，我始终坚持文学创作是一种快乐、悦意的工作。如果为了一句诗歌而苦吟三年的话，我情愿放弃诗人的梦想，因为那实在太沉重了。我说过我是一个率性而为的人，如果我所从事的工作不会给人生带来轻松愉快的话，我是绝对不会去为之奋斗、为之付出辛劳的。而文学创作，无论是诗歌、小说、散文、评论，在写作过程中，都常常令我激情高涨，心情舒畅，所以我才乐此不疲，一年一年地坚持下去。

曹斌：您在诗歌创作上有自己的风格吗？

李骞：没有。我的诗歌没有具体一致的风格。早年写诗时学北岛，在大学教书时学普拉斯，后来学波德莱尔、里尔克。1993年至1995年我在北京大学中文系读中国青年作家班时，曾经提倡"后神话"写作，并写了一首长诗《圣母》，发表在《人民文学》1995年第7期上。后来写了长诗《彝王》，过了十多年出修订本时又加了一千多行，改为《彝王传》。之后又写了长诗《人的诞生》，计划写9

章，但只写了 4 章，不知道什么时候才写完。总之，我认为一个诗人不必坚守一种风格，而是要根据自己的爱好和阅读来写诗。我的诗歌风格很不统一，就像我这个人一样，总是率性而为，想干什么就干什么。所以，我的诗也就想怎么写就怎么写。但有一点，三十多年前写的和现在写的肯定有区别。总之，我是诗歌的写作者，但我不是真正的诗人，我下定决心向真正的诗人学习。

曹斌：您的诗读起来有一种豪迈大气的英雄气概，为什么会选择这样的一个基调来进行创作？

李骞：你的这个提问让我有点受宠若惊！不知道你读的是哪些作品，如果我诗歌中有你说的"豪迈大气的英雄气概"的话，可能仅限于长诗《彝王传》《圣母》，以及写昭通风景的《大乌蒙》《大高原》《大峡谷》《大山包》《高高的金沙江》。我觉得不是我选择这个基调来创作，而是所表达的外在物象倒逼我用这种方法来表达。诗歌是一种语言艺术，在创作过程中，选取什么样的语言基调来进行创作，主要还是写作对象起着决定性的作用。如果你读过我的《写给四十六个人的悼词》《灾难龙头山》《求雨》等诗歌，就不会有这种感觉。

曹斌：您出版了一本理论专著《诗歌结构学》，请您谈一谈这本专著的观点，谈谈什么是结构主义。

李骞：《诗歌结构学》是我 1997 年在中国社会科学出版社出版的一部书，主要从十四个问题来谈诗歌的结构理论，是一部系统研究结构主义诗歌的著作。首先阐述了诗歌的内结构和外结构的特征，提出了诗歌是一种能够自我调节、有中心、有层次，而且具有普遍永恒性的文学门类。其次，重点分析了诗歌结构的十四种形态，提出了在结构作用下，每一首诗都成为一个完整自足的艺术整体的观点。本书认为,诗人情感的变化是构成诗歌内结构的主要元素,因为诗人的自我审美情感作为一种"媒介",将诗歌语言的审美信息传达给读者。此外,该书把诗歌创作的各种技法归入诗的外结构来考察,认为诗歌的各种审美技巧对于确定诗歌的主题意义作出了贡献。不管这些技法是静态的还是动态的,瞬间的还是永恒的,都是诗歌结构实体的有机组成部分。本书还采用文本细读的方法,以近百位中外诗人的作品为案例展开分析,试图证明书中所论的合理性。

广义上的结构主义来源于瑞士语言学家费尔迪南·德·索绪尔于1916年出版的那本世界名著《普通语言学教程》,受其影响,又有了俄国形式主义和捷克布拉格学派两个结构主义的重要流派。结构主义的高峰以20世纪五六十年代法国学派的崛起为代表,其崛起的标志是出现了克洛德·列维-斯特劳斯和罗朗·巴尔特两位大师。结构主义派别林立,观念繁多,但正如瑞士学者皮亚杰在《结构主义》一书中总结的三个特点:整体性、转换性、自身调整性。我非常赞同皮亚杰的观点,《诗歌结构学》也基本上是按这三点来完成的。

曹斌:能和我们谈一谈作为一位诗人的故乡情节吗?

李骞:故乡是一个人的出生地,也是人生起航的地方。对于中外许多著名的文学家,故乡都是他们取之不尽、用之不竭的文学元素。因为故乡是漂泊者回忆的第一站,是自我体验的自觉性主体。文学史上"故乡与返乡"的叙事模式很多,而且都很成功,因为故乡作为人生最初的确切地址,承载了游子青少年的梦想。故乡的空间总是容纳着丰富的故事,有着写不尽的人物。作为一个诗人,无论走到哪里,也无论他在干什么,故乡都是他表达不完的情感。我想我2017年出版的诗集《大乌蒙》和将要出版的长篇小说《部落》已经具备了故乡情节。

曹斌：您是如何把彝族文化熟练运用到诗歌创中去的？

李骞：我是彝族人，彝族文化从小耳濡目染，融入其中。比如《彝王传》这部长诗，就有很多彝族文化的因素，那个传说中叫阿普笃慕的彝王是我心中的一个结。在很多古彝文典籍中，彝族王者阿普笃慕是万物的缔造者，是战神的代名词，是和平的天使。在彝族民间传说中，阿普笃慕又是人类的祖先。传说人类经历了洪水滔天的灾难后，地球上只剩下阿普笃慕和他的三个女人，于是他们奉天命生下六个孩子，地球上才有了一代又一代的生命繁衍。当然，传说归传说，但是阿普笃慕的确是彝族历史上实有其名的人物，他大约生活在春秋战国时期，是彝族的始祖，并在我的故乡云南省昭通市乌蒙山中一个叫葡萄井的地方，主持了彝族文化史上著名的六祖分支大典。

必须说明的是，《彝王传》这首长诗不是以叙事为主，而是一首带有神性色彩的抒情长诗。诗中的彝王只是生命的一种直观体验形式，一种彝族文化的汇集，而非历史中的伟人。应该说，我笔下的彝王更接近彝族民间口头传说中的王者，他是一个无所不能、自由自在的神灵。

曹斌：在诗歌创作中，您认为自己的优势是什么？不足又是什么？

李骞：诗歌创作是我最早学习写作时选择的文体，优势是什么，我还真没有想过，也许没有吧！要说有，可能就是生活的赐予。其实不管你用什么文体创作，生活都很重要，离开生活、离开大自然、远离社会的写作几乎不可能。我的诗歌，无论是写故乡的，还是写都市的，都是生活的一种感悟。再好的文学作品，比起生活来，都一文不值。古今中外的文学大家，无一不是描写生活的高手，热爱生活、观察生活、发现生活是一个写作者的基本功。我诗歌的不足就太多了，想象不丰富、联想过于单调、结构的把握不是很严谨、语言的陌生化不是很突出，总之，我的诗歌就是对生活的一种粗加工。

曹斌：请您谈谈少数民族作家与汉族作家在写作方面的同与不同？

李骞：这个问题不好回答，有点考人。要说相同之处的话，因为都是写作者，都要面对同样的问题，比如对生活的发现与表现、写作动机、写作技巧、写作的难度等，这是每一个写作者必然面对的问题。不相同的地方主要是少数民族文化所形成的文化心理。由于历史、政治、经济、地域等复杂的原因，少数民族地区与中原、沿海地区在发展上极为不平衡，特别是居住在偏僻区域的各兄弟民族。因此，在写作过程中，民族文化心理在少数民族作者写作的过程中肯定会发挥出独特的作用。由于生存的环境不一样，少数民族作家在文学创作上会有着特殊的表述，因为他们长时间生活在高山、峡谷、河流、森林等原生态环境中，一旦走出大山，吸取了先进的文学理念之后，再用文字回顾曾经生活的土地，其创作就会别具一格。当代文学史上这方面的案例很多，就不一一评说了。

曹斌：您认为昭通诗歌创作，在中国诗坛处于一个怎样的位置？

李骞：诗歌是昭通作家群的重头戏。从 20 世纪 80 年代至今，昭通作家群中活跃着一批从事诗歌创作的诗人。如老一代诗人麦芒，中青年诗人雷平阳、陈衍强、傅泽刚、成忠义、樊忠慰、夏吟、鲁娅、贾薇、田勇、杨莉、尹马、李果、付二、朱江、陈正强、尹默、陈卓、艾焱、陈永明、王单单、影白、茫原、刘仁普、郎启波、朱虹、邓荣等人。据说还有一些昭通学院及昭通各中学的学生也有不少人在写诗，而且都在《诗刊》等名刊发表。但是我对全国的诗坛没有一个清晰的认识,所以要我说出昭通诗歌在全国所处的位置,还真有点不好概括。如果以地级市为单位来评价,昭通诗歌在全国应该处于一流水平,这个群体每年在刊物上发表的诗歌作品、出版的诗集数量,远远超过全国的很多省、区、直辖市。

曹斌:能对您 30 多年的诗歌创作做一个阶段性的评价和总结吗?

李骞:我是评论和研究别人的作品的,要对自己的诗歌创作做一个阶段性的评价还真不是一件容易的事。说别人易,说自己难,为什么呢?因为人都有点自爱之心,自己的精神劳动成果,再丑也都觉得很好。前面我说过,我是诗歌的写作者,但我不是真正的诗人,有了这个自我认知,就好说了。我写诗开始于 1980 年的秋天,到 2019 年春天,整整经历了 39 年。回过头去看这些作品,很是愧疚,虽然这些诗歌曾经在中国最响亮的《人民文学》《诗刊》《民族文学》《星星诗刊》《绿风》《诗歌报月刊》等报刊发表过,但是就质量而言,离一个真正诗人的标准还很遥远。但是不管怎么说,我努力了 39 年,坚守了 39 年,这也许就是对我这样一位非诗人写作生涯的一个交待。一个人不管他做什么,也不管他做成了什么,关键是看他是否努力去做,如果下工夫做了,没有取得成功也无所谓,这就是现在流行的"态度"之说。我的诗歌写得不好,但是我写诗的态度很端正,而且我努力了,今后还要不断努力下去。因为我觉得写诗的日子是最快意的日子,是灵魂与思维最放松的日子。回顾过去的诗歌作品,这其中当然也有我喜欢的,也有许多不喜欢的。不过,对于诗歌创作来说,我是一个懒惰的人,算起来也就只有几百首。年龄越大就找不到写诗的感觉,但无论如何,读诗和写诗一定是我今后人生的一个重要任务。

曹斌：是什么机缘让您从诗歌创作转向了文学评论创作的？

李骞：其实我写诗、写文学评论和搞文学研究是同步进行的，而且文学评论和文学研究的文章先于诗歌在公开刊物发表，所以说，从诗歌创作转向文学评论的写作没有什么机缘。当然，随着年龄的增加，诗写得越来越少，文学研究、作家作品研究的文章写得越来越多。这并不是别人说的写不出诗了才转向文学评论，而是与职业有关。在大学教书，评职称是人生的一件大事，也是上讲台的一个基本要求，如果我天天写诗、写小说，我就评不了教授，更不要说做二级教授了。对于我来说，写诗、写散文、写小说、写文学评论和搞文学研究，都是一种快乐，都有一种悦意的人生享受。而且在我几十年的写作生涯中，创作什么作品，并没有文体的限制，诗的灵感袭击了我，我就写诗，而且全身心地投入。如果我听到一个好的故事，我就会想方设法以小说叙述的形式传递给读者，读到一部长篇小说或一部诗集，我会把阅读体验分享给他人。我过去是这样从事文学创作的，今后还会这样。我觉得这样的人生很有意思，比如与诗人、作家在一起，我说我是教授；面对大学里的同行，我说我是诗人、作家。

曹斌：您是第一个获全国少数民族文学创作"骏马奖"的昭通作家，能谈谈其中的利弊吗？

李骞：获奖当然是好事，虽然我不主张作家、评论家为获奖而写作，但作家、评论家用自己的作品获得大奖是值得肯定的。能够获得全国大奖，难道不是人生的一大幸福吗，至少说明是一种认可。所以要说利当然很多，最起码可以在自我简介上加上获全国大奖这一笔。而且获奖嘛，总会有一点经济上的收入吧！说到弊端似乎没有，因为获大奖是百利而无一弊的大好事，实在要说有，可能会有那么一点点负面议论，这不足为奇。

曹斌：能和我们分享一下您 2002 年 6 月出版的、荣获全国第 8 届少数民族文学创作"骏马奖"的评论集《现象与文本》的精髓吗？

李骞：一本小书哪能有什么精髓。《现象与文本》是我 1984 年至 2002 年研究云南当代文学的一个集子。有较短的评论文章，也有比较长一点的研究文章。这部书不是严格意义上的理论专著，而是我对云南当代文学的一种言说，这些文章都发表在公开刊物上。有的文章是对云南当代文学现象的评价，有的是对单篇作品的分析，也有对作家作品的研究，所以取名《现象与文本》。当然，这本集子中的许多文章的观点，后来还被研究云南当代文学的评论家、研究者引用过，也有研究生写毕业论文时作为重要参考文献。从这个角度讲，我还是深以为然。

曹斌：您认为您的《20 世纪中国新诗流派研究》与您其他的研究专著不同之处在什么地方？

李骞：如果是与别人的研究专著相比较我还真是不好说，虽然也有研究 20 世纪诗歌流派的著作。如果与我的其他专著相比较，找不同就容易得多。我还是引用青年学者、博士研究生李伟的文章来说明，"在中国现代文学史上关于诗歌研究的专著数不胜数，李骞先生的《20 世纪中国新诗流派研究》与其他诗歌专著研究的不同之处在于：一是从文学史料的重新考察、论证出发，注重作品分析为主导，对不同流派的代表作家的作品进行分析鉴赏，从而总结出这一流派的艺术个性及创新。二是从概念的界定出发，探讨诗歌流派的演变，不同诗歌流派之间的内在联系和审美关系。三是对从中国新诗产生以来的 22 个诗歌流派进行梳理和研究，对每个诗派形成的历史和代表人物、代表诗作进行探究。作者在本专著中认为：第一代诗人以胡适、刘半农等为代表，他们基于对 2000 年来封建文化的批判,从而彻底否定文言文,大力推崇白话文创作,是新诗形成的开山鼻祖。第二代诗人以艾青、臧克家为代表,活跃于20世纪三四十年代诗坛。第三代诗人以郭小川、李瑛、公刘为代表,是与新中国一起歌唱的诗人群。第四代以北岛、舒婷、顾城等为代表的朦胧诗人,在新诗史上别具一格。第五代是以于坚、海子、韩东、李亚伟等为代表的'后朦胧诗人''后生代诗人''后现代诗人'。李骞先生的这部著作改变了诗歌流派的研究理念,探讨了各代诗人不同的诗歌艺术特色,对中国新诗形成的历程及创作代系的划分比较合理客观。四是加大对台湾诗歌的流派研究,突出台湾诗歌创作在中国新诗中的地位,这不同于以往诗歌研究专著的书写。这部专著加上导论共分为二十三个章节,其中有六个章节是对台湾诗歌的书写,对台湾的'现代派'、'蓝星'诗群、'创世纪'诗派、'葡萄园'诗社、'笠'诗社、台湾后生代诗歌流派的形成、创作艺术特色都给予深刻的分析,突出台湾诗歌创作受西方诗歌创作的影响,不同于大陆诗歌创作,但同时又不把台湾诗歌创作孤立于中国新诗的发展历程之外,找到与大陆诗歌的联系性,将其从属于中国新诗发展中的一部分加以考察"。

曹斌:您是如何看待诗人个体的自由创造精神和整个诗歌流派表现出来的集体审美意识的?

李骞:诗歌创作是诗人自我的精神劳动,尽管同属于一个流派也会表现出不同的审美风格。但既然是同一个派别,当然会遵循一定的文学精神。如果把流派比作一棵大树,那么诗人就是这棵大树上的每一个枝节,而诗人们创作的每一首诗就是大树上的叶子。但是,地球上所有的大树,绝对没有两片相同的树叶。就是一个人所写的诗,也常常表现出不同的审美意识,何况是一个流派。文学流派不仅是一种文学现象,同时也是一种重要的文化现象和社会现象。

作为一种群体审美意识，文学流派还提供给我们研究文学史的一个新的角度和视野。诗歌创作固然是诗人个体的自由精神创造，但是诗人要实现自己的审美价值，必然要通过一种社会化过程。诗歌作为感情的精神结晶，首先是各种社会因素互相交汇的产品，是诗人和他所处时代的各种关系交流的结果。诗歌流派是一定条件下的群体组合，是具有相同美学志向的诗人的集体意识的交叉融汇，既代表了一种文学倾向，也代表了一种政治倾向和思想力量，同时又是某一时期文学主潮的具体表现。

一个审美群体的形成，必然隐含有丰富的社会内涵，包括政治的、哲学的、经济的、伦理道德的等诸多因素。因为群体的形成是主动的自觉，是一种审美意识的集体表达。因此，这个群体自然要面对各种外在的社会关系，有时甚至是社会因素对诗人们进行集体塑造。在20世纪中国新诗运动中，几乎很少有单纯文学意义上的流派，它们总是与特定的时代背景和政治思想紧密联系。尽管每个流派都有自己独立的审美王国，有自己的艺术志趣的小圈子，但作为一种文学事实，每一个流派都无法割舍与特定时期相依相存的社会关系。如果说，文学史是一部运转的机器，那么诗人就是这部机器上单个的零件，而流派则是这部机器运转的链条。流派的形成如同一种契机，它为诗人们提供了集体展示的机会，并作为群体力量进入社会，充当社会发展史上的一个重要角色。

**曹斌：**您认为您的《20世纪中国新诗流派研究》对推动云南诗歌的发展起到了一个怎样的作用？

**李骞：**肯定没有任何作用。第一，我相信云南的诗人没有一位看过这部书；第二，这是一本很专业的诗歌流派研究的专著，诗人看了也不会有什么帮助；第三，学者的研究成果诗人们未必关注，他们关注的是书中会不会提到自己的名字和作品。如果是一部研究云南当代诗歌的著作，或许多多少少对云南诗歌的发展有一点作用，可惜不是。

曹斌：您能对云南诗歌流派作一个简单公正的评价吗？

李骞：简单可以，公正不好说。云南诗坛提出的流派名称比较多，有"红土地""横断山""黄昏主义"等，单是昭通在20世纪八九十年代就出现过很多。但所有这些都只是口号而不是流派。关于文学流派，在理论上很难有一个明晰的定义作出准确无误的解释，作为社会的精神产品，它不是批评家的某种假定，更不是作家们的随意组合。从整体上说，它是一种文学意识形态领域内的自然现象，它的存在，既有现实的合理性，也有历史的必然性。但是无论怎么定义，作为一个流派必须满足几个条件，第一，有文学纲领或宣言，也就是诗歌理论方面的共同性；第二，要有发表诗歌作品的阵地，即使是印刷品也可以；第三，诗人的创作风格要保持大体一致。这些当代云南诗坛都没有。虽然云南诗坛还有"彝族诗人群""白族诗人群""哈尼族诗人群"等提法，但这是从族别上来划分，也不是诗歌流派的表现。所以要我公正说的话，云南当代诗坛上恐怕没有严格意义上的诗歌流派，但诗歌群体却不少。

曹斌：请您谈一谈，云南文学评论与文学创作的两大阵营之间有怎样的互相关注和沟通？

李骞：云南的文学评论和文学创作的发展势头都不错，但相比较起来，文学创作，特别是诗歌和中篇小说在全国的地位更高一些。评论和创作之间互相关注还是有的，比如某位作家、诗人的作品研讨会，或者某一部作品的分享活动等。这些关注和沟通有官方的，也有民间的，而且民间的更多。但要说沟通的程度有多深，我也不太清楚。文人嘛，总是有个性的，作家、诗人与评论家之间有时沟通不够，难免会产生一些误解。有个别作家无论评论家说他好、说他不好，他都不高兴，还会写文章反批评，而且是上纲上线地批评。有一句话叫"江湖有帮派，文人有圈子"，说的大概就是这个吧！由于文学评论和文学研究的队伍分布比较复杂一些，所以大范围的关注和沟通几乎不可能。评论队伍通常分为学院派、作协派、社会派。学院派是指在大学担任现当代文学、文艺学教学的一些学者，以及社科院文学研究所的专家。学院派的这一部分人不太关心二、三流作家的作品，他们只关注能够进入或可能进入文学史的重头作家，也就是说他们只对文学史负责，只研究一流的作家和诗人，基本不看一般作家的作品。当然，学院派里也有一些做文学评论做得好的评论家，但很少。我的情况是这样，那本专门评论和研究云南当代文学的小书《现象与文本》出版之后，我也热心关注过云南文坛，但自《立场与方法》出版后，特别是近几年来，我很少看云南作家的作品，也不大写云南作家的评论文章，说直白一点，在云南文坛我只关注朋友的作品。所以我说的话也不一定准确，或者我看到的只不过是一种表面现象，不足为凭。

曹斌：在您的文学评论中，您是如何用自己的独特视角去对作家作品展开全面剖析的？

李骞：除了文学创作外，我的文章分为三个部分，即评论型、研究型、理论型三种。如果只是评论性的文章，基本上是这样：当我读了比较好的文学作品后，我就会在大脑的阅读记忆里寻找适合所评作品的某种理论作为突破口，再结合文本进行分析，把评论对象的好处说透，也会指出不足之处，只是稍稍简略一点。如果是对刚入门的青年作家和诗人，会在文章中给出一些建设性的意见。我的评论性文章一般控制在3000字左右，力求有一定的见地，也有一点学术气氛。现在很多评论文章千篇一律，无外乎是从语言、主题、结构、情节、人物等一般性知识入手，对作品进行简单的评析。我称这种文章为"评八股",这种评论文章对于刚入门的评论写作者当然可以,但对于一个有知识积蓄的学者来说,就太不应该了。据说现在的有些教授、学者、评论家都不读理论书籍,这种现象很怪,不读书何以立文?我看过一些评论家的文章,除了装腔作势,找不到一点自己的见解。文学评论的文章并不好写,更不容易写好。所以,我近年来基本不涉及,大部分时间都花在文学史、诗歌理论、著名作家的研究上。作为学者,我感兴趣的是对严肃作品的评价,试图在喜欢的文学领域内发挥一种思想的作用。

曹斌:作为一个文学评论家,您对"昭通作家群"持一种什么态度或者说有着怎样的看法?

李骞:谈论这个问题,首先要搞清楚什么是"昭通作家群"?对这个"名词"我还是坚持多年前的观点,"在昭通出生、祖籍是昭通或在昭通工作和生活的写作者。如果这个概念成立,那么这个群体应该包含三部分人:第一部分是从始至终都生活在昭通的写作者;第二部分是已经离开昭通分布在全国各地的作家,这部分又以在昆明的居多;第三部分是非昭通籍但后来到昭通生活和工作的作家。"关于态度和看法,我还是坚持我多年前的立场,"'昭通作家群'取得的成就是辉煌的,其作品的数量、质量、所获奖项都无可争辩地居于云南省首位。但是,'昭通作家群'能走多远?在现有的基础上能否有所突围?在21世纪的第三个十年各项指标是不是还会位居云南首位?这些都是这个群体必须面对的现实,也是文艺界关注的问题。'昭通作家群'或者说'昭通文学现象'被文学界和媒介炒作得过热,且持续升温,但是学术界却始终保持一种冷淡的隔阂态度,那些在当代文学研究方面掌握话语权的学院派教授,如谢冕、洪子诚、朱栋霖、程光炜、孟繁华、张颐武、张志忠、陈晓明、陈思和、陶东风、王彬彬都缄口不言,他们甚至可能还不知道文坛上有一个

'昭通作家群'"。

目前,国内出版的 20 多部中国当代文学史,没有一部提到昭通文学现象,也没有一部提到昭通的作家。作家与文学史的关系是这样的,如果你是一流的作家,文学史就为你树碑立传,如果你是一个创作平平、昙花一现的作家,那就成为文学史永远的背景被无情淘汰。就目前的创作实力而言,昭通文学的团体中还没一个作家达到走进中国当代文学史的水平。全国有一百多所大学招收当代文学的研究生,据我了解,没有一所大学在研究生课程中开设有'昭通文学现象研究',在数以千计的当代文学研究生硕士论文中,研究'昭通作家群'的论文在网络上能够查阅到的仅 5 篇而已,而且有 2 篇还是我的研究生写的。这就说明昭通文学现象的'热'仅限于很小的圈子,云南之外的文学界只是有所耳闻不知其实。至于高等学府的文学院或中文系则知之者甚少,更不要说纳入研究的范畴。问题是很多昭通作家还陷于媒体炒作的热浪中执迷不悟,误以为昭通文学已经达到了中国文学的顶峰,这种浮躁的心境如果得不到及时纠正,昭通作家群如果还不能理性地进行自我审视,昭通文学必将陷入自得其乐的泥沼而无长足远大的发展。"

曹斌:对"昭通作家群"和昭通文学现象的课题研究中让您感受最深的是什么?

李骞:感受最深的是这个群体在创作上的勤奋。昭通文学现象之所以走出云南,就在于这些写作者无论人生处于什么状态,都有着笔耕不辍、只管耕耘、不问收获的一种韧性和执着。这种文学精神在许多作家群中是不多见的。也正是因为有这样一种文学的坚守,昭通文学才有今天来之不易的成就。这种近乎固执的、为文学献身的精神不是某一个作家所特有的,而是整个群体所共有的。这一点,应该大加点赞。

曹斌：对于文学评论这一种"为人作嫁衣"的工作，您是怎样认为的？

李骞：我不认为文学评论是"为人作嫁衣"。无论是文学评论、文学研究、文学理论，还是文学史的编纂，都是一种创造性的精神劳动，是评论家、学者的一项严谨的智力行为，是作者对作家作品、文学现象、文学史的一种自我解读。

文学评论是指评论家对作家、诗人、散文家的某部作品进行的评述。文学评论的文章不一定很长，主要是对作品中表现出来的各种外在的、内在的文学元素，以及作品的优势与不足之处进行归纳总结，以引导读者对作品进一步深入理解。文学研究是指运用文学理论揭示文学的发展规律，以指导文学创作的实践活动。文学研究的对象包括小说、诗歌、散文，研究的目的是对其思想内容、创作风格、艺术特点等诸多方面进行认知和评析。文学研究具有较强的学术性，可以旁征博引，引用各种材料论证，但这些材料应与研究对象有本质联系，而且文学研究所用的材料基本上是来自所评论的文学作品本身。文学理论是指研究有关文学的本质、特征、发展规律和社会作用的原理、原则的一门学科。以文学为研究对象，都要求把历史的、现实的文学理论与文学史的研究结合起来，侧重对文学原理作逻辑的推理与研究。文学史的编纂是文学史家对某一阶段文学的认知和传播，是文明精神的延续。所以，文学创作和文学评论、文学研究、文学理论、文学史的编纂是一个国家、一个民族、一个区域文学发展的两条腿，如鸟之双翼、车之两轮，缺一不可。

曹斌：您对"昭通作家群"和昭通文学现象的关注可以说是一往情深，这是出于家乡的情结吗？

李骞：这个当然是主要原因。我是昭通人，而且也是昭通文学现象发生、发展、变化的见证者，更是这个群体中的一员。无论以故乡人的身份，还是以一位文学研究者的姿态，我都为这个群体的每一位同仁取得的成绩感到高兴，并为之鼓与呼。我与其他两人主编了50多万字的《文学昭通》，出版后又再版过一次。这部书对2014年之前的昭通文学进行了全方位的解析。之后，我又主编了一部《当代文学与昭通》的论文集，邀请国内名牌大学、中国社科院的学者一起来为昭通文学现象把脉。这两本书对推动昭通文学的发展应该有一定的作用，至少让国内许多大学者知道云南省昭通市有一个作家群。这算是我献给故乡的一份礼物，也是故乡情节的一种体现。

**曹斌：**作为长期生活在省会城市的昭通籍作家，您对昭通本土作家现阶段有什么意见和建议？

**李骞：**所谓意见就是一种看法，看法前面我已经说过了，就谈点我个人的建议。我认为昭通本土作家，尤其是昭阳区的作家，还应该再沉下生活的底层，寻找生活的素材，然后再读一些名家经典。文学创作就是对生活的高级模仿和对经典的深度学习。虽然昭通本土作家大都来源于基层，但读了他们作品还是感觉到接地气不够。地气很深的作家和诗人，一读作品就能感知，比如青年诗人王单单，他以镇雄乡村生活为表现对象的那些诗就很好，是非常艺术化的草根写作，能够直击人的灵魂。他写都市生活的诗虽然也好，但在动人心魂上就不是很突出，甚至表现出一种调侃味。博览群书对于一个写作者来说非常重要，这一点对很多昭通作家可能是一个较大的欠缺，当然，这也是很多当代作家的短板。所以我建议有关单位好好利用昭通文学艺术创作中心，把一些有基础的作者招集到中心，办一个读书班，时间可以在半年左右。请一些省内外名家来给他们上课，并开出阅读书目，有计划地把书读深、读透，并相互讨论。思想的火花总是在不断碰撞中产生，写作也如此。这对于提升他们的创作水平，或许会起到事倍功半的作用。这是我个人的一孔之见，指手画脚而已，并不一定对。

曹斌：您目前已出版的9部个人作品评论集都以名家为主，今后您的评论对象是否还会关注一些青年作家？

李骞：时刻关注名家的最新创作，是一个评论家必需的工作，也是他的责任和义务，否则他就无法把握当代文坛的动态。文坛就是由名家组合而成的，你不了解他们的最新作品，就无法融入当代文学研究的学术圈子里。而且对一个评论家来说，他评论的对象基本决定了他的学术高度。当然，名家也有年轻的时候，也是从青年一路走过来的，因此你说的会不会关注一些青年作家的问题就不是问题，关键是这些青年作家会走多远，这才是我考虑的核心问题。青年作家的作品真的打动了我，我肯定写文章为他呐喊助威。

曹斌：作为高校的教授，您认为作家是可以教出来的吗？

李骞：作家教不出来，但可以培养，可以提高他们的文学素养。大学是为社会培养人才的场所，而且是各种各样的人才，这其中也包括作家。所以，有很多高校都办过作家班，有的还办得很成功。作家可以不读大学，但读过大学的作家和诗人，肯定与没有读过大学的不一样。远的不说，就以"昭通作家群"为例，夏天敏、雷平阳、胡性能、潘灵、付泽刚、成忠义、刘广雄、樊忠慰、吕翼、沈洋、王单单……还有很多，这些人哪个没有读过大学？当然，没有读过大学而小说、诗歌也写得很好的也有，但很少。对于作家来说，也不一定非要读大学，读懂社会这所大学，再读遍世界名著，便可成为大家。

曹斌：有很多大学明确反对培养作家，您对这种现象怎么看？

李骞：是我孤陋寡闻吧？我没有听说过哪所大学很明确地反对

培养作家。最著名的只有北京大学中文系原主任杨晦先生在20世纪50年代的明确表示，"北大中文系不培养作家，想当作家的不要到这里来。"我没有仔细梳理杨先生讲话的时代背景，但我想这话还有一层意思，就是"学生要当作家我也不反对"。大学中文系可以培养政治家、学者、评论家，但作家可不可以培养，的确有争论。争论归争论，但大学培养出来的作家却不少。就以北京大学为例，陈建功、刘震云、李敬泽、张者等当代名家，都是在北京大学读的本科和研究生。而且北京大学还办过几届发正规本科文凭的作家班，我自己就在北大的作家班读过两年的书，尽管进校的时候我早就本科、研究生班（北大）的文凭都有了。其他高校如复旦大学、南京大学、中国人民大学、北京师范大学等名校都办过作家班，也培养了不少名家，所以我认为，大学完全可以培养作家，而且是大家。

曹斌：文学创作需要天赋、才能和技巧吗？

李骞：当然需要。天赋是从原生态基因里带来的聪慧才智，是一个人成功的最初根基。但是有的人小时候天赋很好，也不一定成为作家。天赋不好的，通过后天努力成为大作家的人比比皆是，这就是笨鸟先飞、天道酬勤的道理。才能和技巧更需要，但这些都可以通过人生的积累和学习来实现，这就是人们说的熟能生巧。

曹斌：能否简单地给我们分析一下改革开放以来云南40年文学的发展变化？

李骞：20世纪70年代末，"实践是检验真理的唯一标准"的思想大讨论，形成了以"改革开放"为主导意识的国家结构，与这个结构相关的新的知识分子群体应运而生。当时的中国，一方面要通过"改革"，对传统的社会模式进行革新；另一方面，希望通过"开放"，打开封闭已久的国门，走向世界。在这样的政治背景下，文学的"新时期"就成为了知识分子内部的群体共识。从此，中国当代文学进入了一个全新的时代。地处边陲的云南省，在改革开放的大背景下，文学与全国一道步入了一个崭新的时代。回顾40年来的云南文学，我们可以自豪地宣称，云南文学所取得的成绩是杰出的。无论是与新中国成立以来至1978年的28年的文学相比，还是与"五四"新文学至新中国成立前的云南文学相比，这40年的文学成就都远远超出了这两个时段。在改革开放的背景下，不管是文学创作的实绩，还是作家队伍的构成，云南文学都进入了一个辉煌的时代。突出的标志就是出现一批获得全国大奖和在国内影响较大的作家，比如李乔（已故）、晓雪、张昆华、张长、张永权、黄尧、汤世杰、胡廷武、米思及、李霁宇、董秀英（已故）、黄晓萍、夏天敏、于坚、范稳、海南、张庆国、雷平阳、潘灵、胡性能、李森、鲁若迪基、哥布、半夏、刘广雄、樊忠慰、吕翼、沈洋、唐果、王单单、段爱松、包卓、芒原、影白等。

曹斌：您的文艺观是什么？

李骞：这个问题很多人都问过我，我的文艺观到底是什么，我自己思考过，但没有答案。读大学的时候，我比较热衷于哲学和文学理论的阅读，当然读的都是国外的著作。这或许对我后来的职业以及文学研究和文学评论有一点好处，也就是人们常说的厚基础吧。

从1983年在省级公开刊物发表第一篇评论文章到现在，我写了长长短短有关文学评论或文学研究的文章250余篇、170多万字。我是一个很懒散的人，好读书不爱写文章。所以要谈文学观还真有点语无伦次，不知从何谈起。我想要说的是，不管是文学研究还是文学评论，其实都是一种再创造。因为无论是研究还是评论，都得先读原著。从接受美学的角度讲，阅读的过程就是再发现的过程，你得在阅读中发现别人甚至作家都没发现的东西，否则你的研究和评论就是无的放矢。

从根本上说，我没有什么文艺观。

当我读到一本书的时候，我觉得这本书写得好，有话要说，我就会在大脑里寻找过去的阅读记忆，找到古今中外的文学理论大师们的观点，看看谁的用得上。如果行，我还再读一遍他的理论著作，然后用他的思想激活我的写作的思路，一篇评论文章就出来了。

文学研究就稍微难一点。

皓首穷经是形容钻研古典文学的学者，我肯定会"皓首"，但"穷经"我是做不到的。大学毕业时我很喜欢美学，但是分到昭通师专后，领导让我教写作课，两年后，没有人上现当代文学的课，又让我顶上，后来明清文学的教师外出进修，又让我教了一年的古代文学。年轻的时候，有那么点"气盛"，以为只要认真备好课，什么都可以教。其实不然，只有学有专攻，才可能有所成就。

1997年12月，我调到云南民族大学，领导交给的任务就是给学生讲授现当代文学。虽然轻车熟路，但还是不敢怠慢，我在原来教案的基础上又重新备课，并重新阅读了现代文学史上的许多经典作品。

我很敬佩许多学者，他们无论是研究古代的作家还是研究现当代的作家，都会找准一个，深入挖掘。也许是散淡惯了，我搞研究常常是东一榔头，西一板斧。我曾经对鲁迅先生的《野草》非常感兴趣，还写了一篇研究型的长文发表在《文学评论》上，原计划是写8篇，后来我也不知道为什么没有下文。某一天读到朱自清先生的《新杂话诗》，实感先生评诗之独树一帜，于是又写了一篇论文。至于当代作家，比如王蒙、张贤亮、张承志、贾平凹、铁凝、吉狄马加、张炜，以及云南的李乔、晓雪、苏策、张长、张昆华、黄尧、胡庭武、于坚、黄立新、刘建华、雷平阳、潘灵、李森、樊忠慰等，我都写过或评论或研究的文章。现在回过头去看，写这些文章的时候有什么立场和观点？似乎有，又似乎都没有。如果说有观点，那就是我对他们作品的解读肯定是属于我自己的独特发现。

最近我写了几篇研究铁凝小说的文章，都是从叙事学的角度切入，而研究吉狄马加的诗歌则是从民族学、民俗学、人类学的视角进入他的诗歌文本。这算不算文艺观，当然不算，这只能算是方法论吧！

我已经出版的专著《20世纪中国新诗流派研究》，是从史学的立场梳理新文学史上的诗歌流派，其中当然有我的发现，而后来出版的《诗歌结构学》则是在结构主义的理论视野下讨论古今中外的诗歌，这和今后计划写的《诗歌符号学》《诗歌叙事学》如出一辙。

2005年我连续读了三遍《水浒传》，当时很冲动，计划写一部《〈水浒〉再批判》的专著，兴冲冲地一口气写了9万多字，后来因送爱女去北方读大学，回昆明后懒心无肠，至今束之高阁。如果要重写的话，还得重读这部名作，而且有可能找不到当年的那个兴奋点。

即将迈进而立之年，做学问是这里挖个坑，那里填个洞，没有什么建树；写评论更是应酬居多，炮换鸟枪，无所作为。

浮生半世，研究亦罢，评论亦罢，既无观点，也无立场，更遑论思想。如果实在要说有：人生之兴趣而已。

这就是我的文艺观。

曹斌：现在在写什么？今后的创作计划是什么？

李骞：现在嘛，在写研究名家的学术论文和理论专著《诗歌符号学》。今后的创作计划大约是这样，出版一部长篇小说，争取再出版一部中篇小说集。再长远一点的话，小说创作上可能还会写三部长篇小说、四个中篇小说，再出版一部诗集、出版两部理论著作、一部散文集、出版若干部文学研究专著。

曹斌：谢谢李骞老师接受我的采访，通过此次采访记我们更全面地了解了李骞老师的文学人生，谢谢！

# 李骞创作年谱

## 一、出版发表情况

### (一) 学术著作

1. 《作家的艺术世界》,成都科技大学出版社,1994 年。
2. 《诗歌的结构美学》,北京燕山出版社,1998 年。
3. 《百年中国新诗流派史》,海天出版社,1999 年。
4. 《现象与文本》,云南人民出版社,2002 年。
5. 《立场与方法》,云南人民出版社,2010 年。
6. 《20 世纪中国新诗流派研究》,中国社会科学出版社,2012 年。
7. 《大学语文》,北京师范大学出版社,2011 年。
8. 《新诗源流论》,晨光出版社,2012 年。
9. 《中国现代文学讲稿》,云南人民出版社,2013 年。
10. 《当代文学 27 年》,云南人民出版社,2016 年。
11. 《诗歌结构学》,中国社会科学出版社,2017 年。
12. 《当代大凉山彝族诗人群研究》,云南人民出版社,

2020 年。

**（二）评论/论文发表**

1. 《略谈〈傻尼姑娘的雕像〉得失》，载《边疆文艺》1984 年第 6 期。

2. 《美的发现与表现：评张昆华的中篇小说》，载《大西南文学》1988 年第 10 期。

3. 《大题小作——评江野的小小说》，载《云南经济日报》1989 - 7 - 31。

4. 《论李乔小说的社会价值》，载《民族文学研究》1990 年第 1 期。

5. 《论云南"后生代"诗的美学追求》，载《大西南文学》1990 年第 3 期。

6. 《写实的人生和人生的写实：评江野的小小说》，载《春城晚报》1990 - 5 - 11。

7. 《新时期云南诗歌一瞥》，载《云南文艺评论》1991 年第 1 期。

8. 《阅读谢冕》，载《文学自由谈》1993 年第 2 期。

9. 《两种世界的变迁：〈红楼梦〉与〈家〉的比较分析》，载《文学界》1994 年第 3 期。

10. 《论韩作荣的诗》，载《诗探索》1995 年第 3 期。

11. 《为情而造文：评诗集〈野山情〉》，载《云南个体经济报》1999 - 1 - 22。

12. 《批评的真性和真性的批评》，载《滇池》1999 年第 3 期。

13. 《历史的人和艺术的人：评〈聂耳〉》，载《云南日报》1999 - 12 - 6。

14. 《燃烧的太阳：评报告文学〈地平线下的太阳〉》，载《中国铁路建筑报》1999-10-27。

15.《文化的山和山的文化》，载《文艺报》2000-5-16。

16.《诗心如火：论李瑛四十年代的诗》，载《文艺报》2000-7-11。

17.《拓荒者之歌：论八九十年代的云南彝族诗歌》，载《民族文学》2000年第8期。

18.《论晓雪爱情诗的审美价值》，载《民族文学研究》2001年第2期。

19.《叙事的陌生化效果——对〈黑暗的火车〉的另一种解读》，发《文学界》2000年第3期。

20.《突围之后的突围》，载《南菁学人论坛》，云南人民出版社，2001年。

21.《泰戈尔与冰心诗歌宗教精神的比较分析》，载《云南民族学院学报》2002年第2期。

22.《崇高的美：论李瑛的西部诗歌》，载《西北军事文学》2002年第2期。

23.《回顾与前瞻：云南文学50年论》，载《边疆文学》2002年第5期。

24.《边地叙述：论近年来云南大散文的文化品格》，载《滇池》2002年第6期。

25.《火一样的真情火一样的诗：柯仲平诗歌漫评》，载《云南日报》2002-7-23。

26.《当代云南少数民族文学现象扫描》，载《文艺报》2004-3-26。

27.《强度的感情和浓缩的语言》，载《云南日报》2004-1-16。

28.《静穆的雕塑：论韩作荣的诗》，载《文艺报》2005-3-24。

29.《韩作荣诗论》，载《当代作家评论》2005年第3期。

30.《昭通作家群背景下的曾令云小说》,载《云南日报》2005-12-16。

31.《平实的深刻:论朱自清的〈新诗杂话〉》,载《云南民族大学学报》2005年第6期。

32.《论云南当下的现代诗歌》,载《边疆文学》2005年第10期。

33.《感物咏志总关情》,载《边疆文学》2006年第9期。

34.《生活的诗和诗的生活》,载《边疆文学》2006年第12期

35.《跨文体的抒情写作》,载《云南日报》2006-12-19。

36.《融入时代大潮的创作理想》,载《文艺报》2007-4-23。

37.《智慧的诗意写作》,载《民族文学》2007年第2期。

38.《谁是〈水浒传〉的作者》,载《文学自由谈》2007年第4期。

39.《当代长篇小说的叙事风格》,载《南菁学人论坛》,中国人民出版社,2007年。

40.《源于生活 高于生活》,载《民族文学》2007年第5期

41.《存在的焦虑:论〈野草〉的生存哲学》,载《文学评论》2007年第6期。

42.《"千辛万苦出深山":评长篇小说〈翡暖翠寒〉》,载《文艺报》2008-1-24。

43.《文化的生态写作》,载《边疆文学》2008年第2期。

44.《昭通文学三题》,载《南菁学人论坛》,云南人民出版社,2008年。

45.《如椽大笔彩云南:改革开放背景下的云南文学描述》,载《边疆文学·云南文艺评论》2009年第1期。

46.《〈水浒〉排座次解析》,载《边疆文学·文艺评论》2010年第1期。

47.《文学的收获——云南省第六届文学创作奖获奖作品阅读札记》,载《云南日报》2010 – 4 – 23。

48.《乡土言说:评中篇小说〈迷失在故乡的女人〉》,载《滇池》2011 年第 1 期。

49.《昭通作家群探析》,载《云南民族大学学报》2011 年第 5 期。

50.《文化的地理写作:论当代大凉山彝族诗群》,载《民族文学研究》2011 年第 6 期。

51.《大地悲歌:论雷平阳诗集〈云南记〉的死亡意识》,载《当代文坛》2011 年第 6 期。

52.《结构:诗歌的内外组合美学原则》,载《当代文坛》2012 年第 3 期。

53.《情感:诗歌结构的符号艺术》,载《文艺争鸣》2012 年 10 月号。

54.《古典的和现代的诗意表达》,载《边疆文学·文艺评论》2014 年第 3 期。

55.《论当代大凉山彝族诗歌的社会情感符号》,载《民族文学研究》2014 年第 6 期。

56.《论诗歌情感的形态结构》,载《文艺争鸣》2014 年 11 月号

57.《语言:审美信息的结构载体》,载《边疆文学·文艺评论》2014 年第 6 期。

58.《论诗歌的构思艺术》,载《昭通学院学报》2015 年第 2 期。

59.《真善美是文学艺术的永恒主题》,载《云南日报》2015 – 1 – 20

60.《论〈笨花〉的审美空间建构》,载《小说评论》2015 年第

5 期。

61. 《论吉狄马加诗歌的人类学价值》，载《文学评论》2016 年第 5 期。

62. 《论铁凝小说的叙事艺术》，载《小说评论》2016 年第 6 期。

63. 《论当代大凉山彝族诗人群的民俗记忆》，载《文艺争鸣》2016 年第 12 期。

64. 《论铁凝长篇小说》，载《小说评论》2017 年第 6 期。

65. 《论诗歌结构艺术的审美层面》，载《文艺争鸣》2018 年第 8 期。

66. 《想象的结构：论吉狄马加的诗》，载《当代作家评论》2018 年第 5 期。

67. 《论铁凝的小说观念》，载《小说评论》2019 年第 1 期。

68. 《旧痕新伤：论卢新华的小说创作》，载《中现代文学研究丛刊》2019 年第 1 期。

69. 《逃亡与寻找：〈丑行或浪漫〉的叙事学分析》，载《文艺争鸣》2019 年第 1 期。

70. 《陈平原先生著作阅读记》，载《边疆文学·文艺评论》2019 年第 1 期。

71. 《论诗歌结构的情绪化源头》，载《边疆文学·文艺评论》2019 年第 3 期。

72. 《雷平阳诗歌中的自然符号破译》，载《文艺争鸣》2019 年第 9 期。

73. 《非虚构小说的不可能性》，载《当代文坛》2019 年第 6 期。

74. 《铁凝小说在"中国当代文学史"中的书写分析》，载《小说评论》2020 年第 1 期。

### (三) 文学作品集

1. 《十朵刺玫瑰》（短篇小说集），京华出版社，1995年。

2. 《彝王》（长诗），作家出版社，1999年。

3. 《快意诗空》（诗集），作家出版社，2008年。

4. 《彝王传》（长诗），云南人民出版社，2013年。

5. 《大乌蒙》（诗集），云南人民出版社，2017年。

6. 《乌蒙神话》（中篇小说集），云南人民出版社，2020年。

7. 《前世山　今生雪》（诗集），云南人民出版社，2020年。

### (四) 文学作品

1. 《鬼峡谷》（中篇小说），载《天津通俗小说报》1993年第3期。

2. 《风水》（中篇小说），载《边疆文学》2014年第7期。

3. 《青天旧事》（中篇小说），载《滇池》2019年第7期。

4. 《童年感觉》（诗歌），载《滇池》1989年第2期。

5. 《我诞生在峡谷》（组诗），载《大西南文学》1989年第8期。

6. 《白话实验诗第87号》（诗歌），载《华夏诗报》1989年第38期。

7. 《把手伸给我》（诗歌），载《春城晚报》1990-4-20。

8. 《金沙江边的女人》（组诗），载《滇池》1991年第11期。

9. 《我故乡的情人》（诗歌），载《边疆文学》1991年第12期。

10. 《西山·滇池》（诗歌），载《春城晚报》1992-1-24。

11. 《红军过云南》（组诗），载《边疆文学》1992年第8期。

12. 《悬棺》（诗歌），载《诗歌报月刊》1992年第9期。

13. 《五尺道》（诗歌），载《滇池》1992年第9期。

14. 《彝山》（组诗），载《民族文学》1993 年第 3 期。

15. 《归乡》（诗歌），载《春城晚报》1993 - 3 - 15。

16. 《回望家园》（组诗），载《星星诗刊》1993 年第 4 期。

17. 《灿烂高原》（组诗），载《诗刊》1994 年第 2 期。

18. 《红土地》（组诗），载《绿风》1994 年第 5 期。

19. 《仰望西凉山》（组诗），载《民族文学》1994 年第 2 期。

20. 《高原之南》（组诗），载《中国诗坛》1994 年第 2 期。

21. 《圣母》（长诗），载《人民文学》1995 年第 9 期。

22. 《母亲是乡村的母亲》（组诗），载《滇池》2002 年第 8 期。

23. 《大乌蒙》（组诗），载《民族文学》2004 年第 11 期。

24. 《写给四十六个人的悼词》（长诗），载《边疆文学》2013 年第 4 期。

25. 《走回峡谷》（散文），载《散文诗报》1989 - 7 - 25。

26. 《怀念父亲》（散文），载《春城晚报》1994 - 6 - 1。

28. 《黄连河》，载《春城晚报》1998 - 6 - 2。

29. 《话说薄荷》（散文），载《云南经济日报》1998 - 6 - 13。

30. 《将军坡》（散文），载《民族报》1998 - 8 - 25。

31. 《江底》（散文），载《民族报》1998 - 11 - 24。

32. 《外公和冬桃树》（散文），载《云南建筑报》1998 - 12 - 15。

33. 《荒年》（散文），载《春城晚报》2001 - 5 - 25。

34. 《世界杯：我们来了　我们踢了　我们输了》（散文），载《春城晚报》2002 - 6 - 24。

35. 《回首伊甸园：郭小川的婚恋》（报告文学）。

## 二、获　奖

1. 《现象与文本》，获第八届全国少数民族文学创作骏马奖；第六届全国当代少数民族文学研究优秀成果特别贡献奖。

2.《存在的焦虑：论野草的生存哲学》，获第 11 次云南省哲学社会科学优秀成果三等奖。

3.《20 世纪中国新诗流派研究》，获第 17 次云南省哲学社会科学优秀成果三等奖。

4.《论吉狄马加诗歌的人类学价值》，获第 21 次云南省哲学社会科学优秀成果三等奖。

5.《诗歌结构学》，获第 22 次云南省哲学社会科学优秀成果三等奖。

6.《论诗歌结构艺术的审美层面》，获第 23 次云南省哲学社会科学优秀成果三等奖。

7.《边地叙述：论近年来云南大散文的文化品格》，获中共云南省委宣传部"2004 年文化工程精品奖"。

8.《回顾与前瞻：云南文学 50 年论》，获《边疆文学》2002 年优秀论文二等奖。

　　黄玲，彝族，昭通籍作家，云南民族大学教授。中国作协会员，云南省写作学会副会长。20 世纪 90 年代开始写作，在省内外刊物发表小说多篇。出版有研究专著《李乔评传》《高原女性的精神咏叹》《海男评传》，长篇小说《孽红》，小说集《四季流云》，长篇散文《乡之道》《故居遗韵》《从故乡启程》等。荣获第九届全国少数民族文学创作"骏马奖""第三届全国女性文学奖"、云南民族文学创作精品奖等奖项。

# 黄玲：写作让我们的灵魂
# 有飞翔的可能

**曹斌：**是什么让您与文学结下了不解之缘的？

**黄玲：**这个问题如果展开，将是一篇长文。每个写作者与文学结缘，都可以找到一些必然的因素，比如童年的孤独感、生命的内在需求、对世界的探寻愿望等。一个孩子在成长的过程中，会有许多问题需要解答，有许多难题需要帮助。但是能从成年人这里得到的帮助其实非常有限，特别是20世纪五六十年代出生的人，家里大多子女众多，父母身上都负有沉重的生活重担。回看我们这代人成长的时代，物质生活和精神生活都很贫乏，阅读文学作品等于打开了一扇窗户，为生命找到一种理想的寄托。

所以，一个人与文学结缘，其实是生命渴望爱、渴望突围的表现。

我们那个年代，能阅读到的文学名著非常有限，都被当作"封资修"封存起来了。只能读一些连环画，和一些具有革命色彩的作品。即使这样，我仍然对阅读非常渴望，从各种渠道去寻找文学作品来读。因为那里面展现的世界，那些和现实生活拉开了距离的故事和人物，能带给人一种心灵的愉悦感。我慢慢就开始崇拜那些能写出这些故事的作家，觉得当作家是一项崇高而神秘的工作。

我上高中那一年，著名作家王愿坚曾经来过我就读的学校，那时他创作的电影《闪闪的红星》正在全国走红，他在我的眼中无异于是神一样的人物。我听过他的一场报告，讲的什么已经忘记了，但是对他的印象却深深铭记在心。穿着军装、瘦高的身材，讲普通话，身上有光环……他是我人生中见到的第一个大作家，让人无比敬仰。后来我就拼命读小说，还不敢对人说自己想当作家，因为那一定会遭到嘲笑。只是说喜欢读小说，上高中时我大约是全班在图书馆借书最多的一个，以至于借书的老师都认识了我，见面就说，"又来还书了？怎么看这么快？"

总之，在成长的过程中文学让我体会到了超越现实的可能性。现实是沉闷而乏味的，文学中却有飞翔的可能。文学的种子，大约就是这样在不知不觉中生根发芽的吧。

曹斌：能和我们谈谈您的故乡情结吗？

黄玲：故乡对每一个人而言，都代表着根之所在。我也不例外，故乡会让人记住自己的来路，永远和你有割不断的联系。所以填写每一份表格时，在"籍贯"一栏，都会郑重地写下故乡的名字。

现在离开故乡已经二十多年，但是随着时间的流逝，对故乡的感情却更深厚。它以"老家"的形式存在，别人问起你是哪里的人时，你会很自然地回答"我是昭通人"。虽然户口早已经不在那里，但你内心永远会觉得那里才是你精神的归宿之地。所以平时在生活中，如果听到别人说昭通的好，便会高兴；如果别人说昭通的不好，便会有抱愧感。总是希望它会越来越好。

故乡不是一个抽象的词语，它应该和一些具体的事物联系在一起，比如亲人、家族、成长记忆，曾经的快乐和痛苦，还有自然风光、民俗风情等。它们在你的生命中已经烙下了不可更改的印记。

曹斌：1976 年下乡插队的那段经历给您留下了点什么？

黄玲：下乡插队那年我刚刚 17 岁，今天看来还很年轻幼稚，但却已经要独立生活，而且是在一个条件艰苦的环境中，要学会通过劳动自己养活自己。虽然经历了很多艰辛，但是也锻炼了我生活的能力。我曾经下田插过秧、薅过秧，担过粪桶浇地，干过很多农活，体会了做一个农民的辛苦。

虽然自己觉得艰辛，但其实也有收获。起码亲身体会了农民种地的不易，自己的生活能力也有很大提高。回看历史，一个身在时代潮流之中的个体生命其实是无可奈何，无法选择命运之路的。我不想说什么"青春无悔"之类的大话，如果可以选择，一个正当花季的青年还是应该在校园学习知识，才是对国家民族最有益的。

曹斌：在高校的教学与您的文学创作有着怎样的关系？

黄玲：在高校工作的好处是可以做与自己专业有关系的工作。我从来没有离开过文学，但是主要是从事文学方面的教学和研究，这里并不鼓励文学创作。一个直接的证据就是，一个老师发表的科研文章学校可以给予奖励，而发表的文学作品却不在奖励范围。关于这一点，好像很多高校都一样。一些中文系在新生入学教育时都会说这么一句话，我们不培养作家。其实是培养不了。

在高校的另一个好处是时间上比较自由，不用 8 小时坐班，每年还有两个假期。相对清静的环境，对文学创作自然是有益处的。生活需要热闹，写作需要安静。校园让人有了进与退的自由。

曹斌：创作 30 余年，您对自己如何评价？

才华不足，勤奋不够。只是凭着对文学的热爱，才一路走了下来。有时和朋友开玩笑说，除了写作，我还能做点什么？

曹斌：您的创作有没有间断过？

黄玲：没有。一直都在写，只是文体上没有坚持，比较杂一些。除了诗歌没有写过，我写过小说、散文、报告文学、文学评论，还写过广播剧。说个不太恰当的比喻，写作就像吸毒，一旦上瘾很难戒掉。因为只有文字，才能让我们跟自己的心灵进行深层次的沟通交流。文学，才让我们的灵魂有飞翔的可能。

曹斌：在创作方面您最大的瓶颈是什么？

黄玲：这个没有想过。前面说过，我写的文体比较杂，写不出小说就写散文，写不出散文就做评论。反正都可以写。我觉得所谓瓶颈，一般应该是针对那种坚持一种文体写到底的人，写到一定程度，需要自己对自己进行突破和超越。

曹斌：在文学作品的写作过程中您是怎样的心态？

黄玲：心态比较自然，写得顺手时会很快乐，因为这是做自己喜欢的事。我不愿意给自己设置高峰或者障碍，写作应该是快乐的事业。早上起来，坐到电脑跟前，写得顺手时你会觉得时间过得好快哦，一眨眼就到中午了。写小说时，进入一个虚构的世界，更能体会到创造的快乐。你就是王者，可以安排和决定故事的走向、人物的命运。写评论就相对枯燥一些，要读很多作品，花很多时间去思考和研究。"坐得住"是一个写作者的基本素质。

曹斌：您平时的阅读量大吗？都读一些什么样的书籍？

黄玲：我的阅读量不大，需要了才去读。中国的读得多一点，外国的少一些。因为做评论，云南作家的作品读得多一点，尤其是少数民族作家的作品。我的阅读是实用型的，不像有的作家阅读是为了作谈资。我的书柜专门用一柜来装云南作家的作品。

曹斌：到目前为止，有没有对您创作影响比较大的作家、作品？

黄玲：有啊，每个人在写作道路上一定会受到其他作家作品的影响。我上大学时曾经一度很喜欢日本女作家樋口一叶的作品，她的头像甚至被印在5000元面额的日元纸币上，成为日本纸币史上的第一位出现在正面的女性肖像人物。现在喜欢的是日本另一个女作家安房直子的幻想小说，主要喜欢日本文学那种唯美、忧伤的风格。国内作家我喜欢萧红、迟子建，可能因为距离产生美，她们笔下的东北生活对生活在南方的我，很有吸引力。她们在叙事上的诗意、散文化倾向，也很适合我。

曹斌：您长篇小说《孽红》的创作起因是什么？

黄玲：这部小说是2000年北方文艺出版社出版的，是走市场的。一转眼都快20年了。起因就是想尝试一下长篇的写作。记得当时我还在玉溪工作，潘灵下去看我和老宋，交谈中他说了一句话对我启发很大，他说，"一个作家就是要挑战自己的想象力能走多远"。我写《孽红》就是想挑战下自己的想象力，因为小说是完全虚构的，没有任何原型。但是小说中的时代背景我是熟悉的。

曹斌：写这么一部长篇小说驾驭起来有难度吗？

黄玲：好像也没有太大的难度，就是凭一股热情去写。毕竟一直在学校教文学、研究文学，对长篇小说也有研究，只要结构解决好，故事构思好，写作起来就会比较顺利。只是时间和精力要多花一些。

曹斌：创作这个长篇小说的过程顺利吗？有哪些不一样的感受？

黄玲：这部长篇小说应该写得比较顺利，当时好像已经开始用电脑了，一台286，主要用来打字。除了上课，时间基本都用在写作上，前后写了半年多时间。当然，周围人会觉得你很怪异，不去跟人打牌、吃饭、聊天，关在家里写小说。说白了你就是一个异类，不跟同事一起享受世俗的快乐，人家自然会排斥你。但是写作中那份创造的快乐，是无法与人分享的。从某种程度上说，写作是孤独者的事业。人们只关注你写出来的作品，没有义务关注你写作的过程。

书出版后有的同事不问我要，却悄悄找来看，可能是怕我把他们的生活写进小说去。其实这部小说和我现实中的生活一点关系都没有，就是虚构的产物。我创造了人物、故事，分享他们的快乐和痛苦。

我始终认为，对一个写作者来说，孤独是美丽的。要学会享受它，而不是拒绝。它可以让你保持清醒的头脑，以及创造的热情。

曹斌：但凡写作者总希望突破，您肯定也会有这样的想法，每次动笔之前会在哪些方面着力更多？

黄玲：突破，是写作的标杆。就像运动员一样，永远都期待突破。但是这是非常困难的，应该承认任何事情都有它的高度和局限。运动场上的百米赛跑，永远不可能用5秒来完成，除非他是神。写作的突破，我更愿意理解为追求创新，一个写作者怀有求新求变的愿望，就会在写作中去不断努力。每篇作品动笔之前，当然考虑的是不能重复，要写出新意。

曹斌：写民族题材的小说对您来说最大的优势是什么，难处又是什么？

黄玲：写民族题材的小说，我的优势在于我的民族身份，和我对自己民族文化历史的热爱和理解。这是一种天然的感情。难处也是明显的，我是在城市长大的，从小接受的是汉文化的教育和熏陶。包括我的亲友，他们的生活也在发生变化。不会讲民族语言，不穿民族服装，一切都在和时代"接轨"。要看到，民族生活在发生变化，传统和现实之间已经有了激烈的碰撞，这是对小说创作提出的新问题。

曹斌：在您的创作中是否也有些弥补不了的缺憾？
黄玲：这个好像没有。因为本来就没有为自己设定什么远大的理想和目标，只是随性地写作。当然，有的书出版后也会发现一些瑕疵、问题，但是如果有机会再版还是可以纠正的，所以称不上是"弥补不了的缺憾"。

曹斌：对于一个少数民族作家来说，您对选材有何特殊要求？
黄玲：应该没有。少数民族作家，只是多了个民族身份而已。每个作家只要根据自己对生活的熟悉程度，选择最有感受的内容去写就可以了。可以写本民族的生活，也可以写其他民族的生活。

当然，如果对本民族的历史和文化很熟悉，还是应该先写写本民族的题材，这对一个具有民族身份的写作者来说，是一种责任和义务。我的彝族生活内容比较有限，所以在小说上没有什么作品。记得前些年写过一个中篇小说《寻访陇三娘》，发表在《凉山文学》上，是彝族生活的内容。

所以我希望从研究的角度来弥补这个缺憾，多年前选择了研究彝族作家李乔的创作，1997年出版了《李乔评传》。这是当代云南作家的第一部评传，反响还是好的。1998年获得了第四届全国当代少数民族文学研究"优秀成果一等奖"。通过研究，也可以向前辈作家学习民族文学创作的经验。

曹斌：您的文学观是什么？
黄玲：我写故我在。

曹斌：是什么机缘让您从散文、小说创作转向了文学评论？

黄玲：这个不是由一种文体转向另一种文体的问题。因为我在学校工作，学校对教师都有科研的要求。所以应该是同时进行，哪种顺手就写哪种。文学评论，可以帮助我加深对文学的理解，得到向其他作家学习的机会。

曹斌：在创作中能给您带来最大快乐的是文学作品还是评论？

黄玲：当然是文学作品，有自由创造的快乐。写散文，可以跟心灵对话，写小说可以天马行空，都比写评论愉快得多。

做评论是一件非常辛苦的工作，先要读别人的作品，优秀的或者不优秀的。有的作品是要硬着头皮去读的，还要分析研究，指出特点或者存在问题。话说轻了轻飘飘的，说重了又怕作者接受不了。宋家宏曾经在一篇文章中称文学评论是在"做良心工作"，我很赞同。

曹斌：您的《李乔评传》出版后在评论界产生了什么样的影响？

黄玲：我自己评说自己的作品不够客观，还是引用别人的话吧。

原云南省副书记、著名彝族历史专家王天玺先生说，"文学的繁荣，离不开文学批评的活跃，离不开文学研究的深入开展。云南省是边疆少数民族地区，云南文学曾以强烈的边地特色民族意识在全国产生过广泛的影响。今天，繁荣少数民族文学仍然是我们的一项重要任务，要完成这一任务，必须深入开展民族文学传统的研究，包括对民族作家作品的研究。认真总结我省老一代作家的创作经验，对繁荣我省的文学创作有重要意义。从这个意义上说，黄玲同志的学术著作《李乔评传》，选题就是有价值的。本书对我省彝族老作家李乔同志的人生道路和文学创作经验进行了梳理和总结，值得提倡和鼓励"。（引自《李乔评传·序言一》）

原云南作协主席、著名诗人晓雪先生评价说,"黄玲怀着对本民族文学先驱的尊敬和爱戴的心情,来研究李乔的作品,来写李乔的评传,那从头到尾贯穿在她的全部文字中的理论激情,是显而易见和相当感人的。""这部《李乔评传》无疑是李乔研究的新突破,也是我省当代各民族文学研究的重要成果。这样一部专著,出自一位年轻的彝族女作家之手,更值得高兴和祝贺。希望黄玲同志继续努力,在写散文、小说的同时,也搞研究和评论,在社会主义的文学道路上,不断作出建设性的贡献。"(引自《李乔评传·序言二》)

中国作协副主席、著名彝族诗人吉狄马加说,"云南民族大学教授黄玲,十四年前就出版了研究李乔的专著《李乔评传》,对本民族一代著名作家的人生道路和文学道路进行研究总结。现在经过修订后,补充了大量生动鲜活的材料,写出了一个立体、丰满的李乔。"(引自《李乔评传》再版序言)

**曹斌:** 您写的《高原女性的精神咏叹——云南当代女性文学综论》荣获2008年第9届少数民族文学创作"骏马奖"理论评论奖,您认为这部评论集最有价值的是什么?

**黄玲:** 当然是开创性。这是第一本以新中国成立以来云南几代多民族女作家队伍为研究对象的研究专著。作为一本研究论著,其创作过程的艰辛与繁复是不言而喻的。

书出版后,2008年3月14日云南省作家协会在滨湖宾馆为拙作《高原女性的精神咏叹——云南当代女性文学综论》召开了一次别开生面的作品研讨会。会议由云南省作协主席黄尧主持,40余名各级领导、文学界前辈、女作家代表、高校评论家和昆明媒体的新闻记者参加会议,并对该书展开热烈讨论。与会者一致认为,这部专著以38万余言的文字,展开对云南半个多世纪以来多个民族、四代女作家的全景式描述。书中汇聚了云南女作家的精神历程和艺术追求,是云南第一部宏观论述女性文学的著作。

下文为他人对黄玲及其作品的评价：

原昆明军区文化部部长、著名军旅作家彭荆风高度赞扬了作者写作本书的认真态度，认为书中涉及的每一个作家，黄玲都是在认真阅读的基础上形成自己的见解，中肯而理性地对女作家们的创作做出评价。全书真挚、厚重，而且具有包容性，选择的研究对象是以作家的创作实践为主要条件，这一点尤其难得。在研究作家作品的同时，还注意兼顾作家的成长背景、文学观念的形成，使本书的内容体现出厚重感和科学的精神。

原云南作协主席、著名白族诗人晓雪说自己曾经为黄玲的第一部专著《李乔评传》作序。现在这部新专著的问世，从全国范围内看，应该是区域女性文学研究的第一部专著。所以它不仅是黄玲个人的成果，也是云南文学界的重要收获。这本书是在大量阅读的基础上对云南女作家做出的宏观把握，不是从概念出发，而是从自己的真实感受出发，从不同角度把握不同的研究对象。书中的观点态度都具有原创性。

云南作协主席黄尧在总结中肯定，"这是一次成功的研讨活动"，认为《高原女性的精神咏叹——云南当代女性文学综论》是一部"用心、用功"写成的作品。作者黄玲以"诚实、稳重、温和的心态"完成对于云南女性文学的研究，为之付出的辛勤劳动应该受到尊重和钦佩。并希望评论家们今后继续关注云南女性文学，推进它进一步向前发展。云南大学云南文学研究所所长宋家宏教授感慨地说，这是新时期30年以来，云南作协第一次为一部评论专著召开研讨会，第一次为一个评论写作者召开研讨会，体现了对评论的关注。而且第一次进行的就是对云南女性文学的研讨，意义重大。

曹斌：您料到这部作品会获得"骏马奖"，甚至更高的奖项吗？

黄玲：评奖之类的事，谁也无法预测。我只是认真地写作，奉献出成果。至于怎么评奖，那是相关组织机构和评委们的事。

曹斌：时隔多年，现在看这部作品，您如何评价？

黄玲：我仍然会为自己当初的努力而感动。一个人做了一个课题组才能做的事，而且没有一分钱的经费支持。要阅读数十位女作家的上百部作品，那是一个非常庞大的系统。有的作家和作品，如果不发掘出来，已经被时间所淹没。我是凭着一种文学研究者的责任感在做这件事。我曾在书的"后记"中说，"作为这一群体中的一员，我能深深体会到其中的艰辛与付出。同时也感到自己肩上还有另一种责任，那就是为云南女作家的发展历程做出理性的梳理与总结"。

关于这部书，我还想多说两句。

当初撰写这部书稿的时候，正是我精神上悲伤压抑的时期。当时的我正经历着丧母之痛。我的母亲于 2006 年 8 月因病去世，我一直沉浸在伤痛的情感中不能自拔。虽然也懂得生死的道理，也知道"人有悲欢离合，月有阴晴圆缺，此事古难全。"但我毕竟是凡人，无法在短时间内为自己治愈伤痛。那些日子，除了上课，我每天一早起就是坐到电脑跟前，拼命地工作，想借此忘记内心的疼痛。可是，常常是没有任何预兆，泪水突然就奔涌而出，绵绵哀思像网一样罩住全身，让灵魂无处逃遁。于是只有一番放任的痛哭才能释放稍许的痛感，擦干泪水后还是只有继续工作。也许内心深处是想借不懈的努力来告慰母亲的在天之灵，总觉得她的眼睛在冥冥中注视着女儿的人生。

现在言说及此，我还是忍不住泪如泉涌。面对母亲，我总有挥之不去的愧疚缠绕心头，除了泪水和无尽的怀念，还有什么可以回报?所以这本书是我献给母亲,献给千千万万高原女人的一束玫瑰。

可能在有些人看来我很傻,没有经费没有出版保证就敢做这么大的一个工程。但是我不后悔,真正热爱文学就不能太计较名利上的事。这部作品能获"骏马奖",还有全国女性文学奖,也算是生活给予我的一个回报。

原国家民委副主任、著名藏族学者丹珠昂奔在本书"序言"中说,"黄玲对自己姐妹们的作品进行理论研究,体现了一名民族学者的责任心和学术良知,对云南民族文化建设也会起到良好的推动作用"。有此言足矣。

曹斌:您是如何把您研究的心性禀赋渗透到您的创作中的?

黄玲:这个不好说,应该是一种潜移默化的影响。文学研究的过程,也是一个提高自己的过程。通过研究可以发现别人的长处,看到其不足之处。取长补短,也是从事文学创作的一种技能。

曹斌:您的作品在女性形象的塑造、命运展现方面比较有特色,能和我们谈一谈吗?

黄玲:这个主要是女性心理的相通。在情感、心灵和审美追求方面,更能有深刻的体会。以前我看《高原女人》时,片中那如泣如诉的演唱犹如子弹,一下就击中神经,让我半天缓不过神来。"太阳歇歇么歇得呢,月亮歇歇么歇得呢,女人歇歇么歇不得。"天下竟然还有这样震撼心灵的曲调!一首略显直白,甚至像絮语般的歌,能让人听过就难以忘记,在心里激起波澜,引起震动。

它以质朴到简单的方式说出了什么是女人,什么是高原女人!那些守着大山,守着红土地,在云雾里若隐若现的身影,是高原最美丽的风景。她们身为女人,却像男人一样肩上扛着责任,用脊背为老人抵着门缝吹来的冷风,用心肝为孩子铺路。这是高原女人灵魂的独白，生命的咏叹！

作为一名女性写作者，我有责任和义务去为她们讴歌和书写。

曹斌：《高原女性的精神咏叹——云南当代女性文学综论》这部作品在云南女性文学研究中的学术价值和意义何在？

黄玲：第一部，这就是它的价值和意义所在。还是引用他人的评价来说明：

"黄玲的《高原女性的精神咏叹——云南当代女性文学综论》，是一本对云南各民族文学中的女性文学现象作整体研究的学术著作。黄玲通过这本书追寻云南女作家们写作中的个性特色，探讨规律和共性，以及她们的写作为中国当代文学提供的审美内容及其价值意义。这是一个宏大的工程，云南各民族女作家有数十人，各类作品近百部，这些文本都需要认真阅读，从而准确把握其风格特色和内涵。不仅如此，还要关注她们作为少数民族、女性在写作活动中所具有的特殊性。云南是一个多民族聚居的边疆地区，它的丰富多彩又使这些作家所处的自然环境、社会环境，以及思想文化、风俗行为各有不同。要准确地把握这些作家作品，必须兼顾她们的创作背景，只作文本的阅读显然是不可能很好地完成这一课题的。只有从事过学术研究的人，才能体会黄玲写作这本书的艰辛。"（引自丹珠昂奔为本书作的"序言"）

"作者的彝族、女性、作家、大学教授等多重身份，为这项创造工程带来了独异的特色。这是一本史论结合的著作。黄玲女士怀着自觉的责任意识，要'为云南女作家的发展历程做出理性的梳理与总结'。书名虽为'综论'，实际上已略具云南当代女性文学史的构架。可以看出，作者在相关文学史资料的搜集、筛选、汇编方面付出了很多心血，其对地方女性文学史搭建的贡献是不可小觑的。"（引自天津大学博士王志萍论文《女性的飞翔》）

曹斌：女性写作在角度、观察心理、情感价值取向和审美态度上，受性别意识不自觉的影响和制约，这和男性作家的最大区别在什么地方？

黄玲：我不是一个女性主义者，但十分赞赏评论家崔卫平的一句话，"我是女性，但不主义"。取性别的角度研究文学，不过是一种视角和方法。我也欣赏戴锦华的那句名言，"我不是一个女性主义者，但由于我生而为一个女人，女性主义就不可能不是我内在的组成部分"。她们和男性作家的最大的区别在于她们是"自我书写"，自己书写自己的情感和命运。

女作家观照、表现世界的方法、视角确实有自己独特之处。由此而形成的温婉细腻、刚柔相济的艺术风格也是有目共睹，和男作家的创作形成了互补状态。这对文坛而言，也是一个丰富、多元的现实存在。

曹斌：您认为少数民族文学与汉族文学的区别和相同点在什么地方？

黄玲：第一，都是文学，都要表达人类的情感和心灵，这是共通的。第二，差异来自于不同民族的文化和历史。作为一个多民族国家，中国当代文学需要百花齐放的局面。少数民族文学为当代文学提供了不同的内容和经验，也丰富了当代文学的审美。所谓的"区别"可能正是特色的体现。

曹斌：您的三部学术著作，一部比一部厚重，一部比一部写得纯粹，您最欣赏的是哪一部，为什么？

黄玲：三部都是我的心血之作，都曾经付出艰辛的努力，也是真正的"坐家"之作。有朋友评价我时说过我最大的特点是"坐得住"，"沉得下心来写作"。这是对我最好的理解。

文坛也是江湖，没有去争名逐利，而是把时间花在自己热爱的文学事业上，这是我的傻，也是我的真。但我从不后悔。

写《李乔评传》前后花了十多年时间，是对我尊敬的彝族文学前辈李乔先生的学习和致敬。《高原女性的精神咏叹——云南当代女性文学综论》是泣血之作，是对高原女性这一文学群体的致敬。《海男评传》是因为与海男的心灵相通和对她作品的喜爱。可以说，它们都是我抛开名利的产物，所以纯粹，一样喜欢。

曹斌：您对云南民族文化很有研究，请问这对您的写作有什么样的影响？

黄玲：谈不上有研究，因为云南民族众多，民族文化是一个丰富的海洋。只是因为这几年写了几部关于民族文化的报告文学，行走了很多民族地区，有所涉猎而已。对于写作来说，这样的体验可以开阔眼界，增长见识，加深对很多问题的理解。云南各民族的文化是丰富多彩的，真正是"和而不同，美美与共"，对一个写作者来说，可以提升你的思想和审美境界。

曹斌：作为评论家和作家，双重身份的优势和劣势在哪儿？

黄玲：优势是可以互补。通过文学研究，加深对文学的认识和理解。通过创作，让理论得到具体实践。就像游泳一样，上岸可以做教练，下水可以做运动员。

劣势在于人的时间和精力是有限的。能做到评论和创作"双枪并举"固然好听，但是付出的精力和代价是双重的。有的人一辈子只写小说，或者只写诗，非常单纯和执着，成就也会很明显。

但是同时做评论和搞创作，其实还是很难的。除了时间上的消耗，还有思维方式的差异。评论需要严密的逻辑思维，行文的严谨，理论的渗透；创作需要的则主要是形象思维和天马行空式的自由创造。

曹斌：请您谈一谈云南少数民族题材文学创作对当代中国文学的重要性。

黄玲：丰富了中国当代文学。因为中国是一个多民族国家，文学也应该是"和而不同，美美与共"。云南有26个民族，立体多元的民族文化在文学中呈现出多姿多彩的状态。有的民族的文学在当代文学中，是独特的存在。比如云南8个人口较少民族的文学，就非常有特色。我去年才出版一部《云南8个人口较少民族作家文学综论》的专著，对此有深刻的理解和感受。

曹斌：能谈谈云南女性文学创作的现状吗？

黄玲：这个题目太大，只能说正常进行中。各民族的女作家们都在自己的领域认真写作，风格也是非常多样的。有很多作家都很优秀，比如海男、汤萍、和晓梅、叶多多、黄豆米、白桦、艾傈木诺、夏玲、彭愫英、师立新等，可以数出很多人来。各种文体都不断有新作涌现。总体上看，云南女性文学已经形成比较稳定的作家队伍和创作风格，为中国当代文学的发展贡献着力量。

曹斌：您认为一个评论家最重要的素质是什么？

黄玲：文学批评作为一种融研究、审美和思考于一体的学术活动，需要批评家具备文学与学术方面的素质和能力，需要有对文学艺术的热爱和独立的人格。具体说来，第一要有良好的专业修养，比较广博的学识。第二，要有独立的精神品格，才能保持清醒的判断。第三，要有受冷落的心理准备。因为搞评论是为他人作嫁衣，表扬的话人人都爱听，真正的批评却少有人有接受的雅量。

曹斌：您的评论观是什么？

黄玲：知人论世，客观公正。

曹斌：在创作这条路上让您最难忘的是什么？

黄玲：是来自他人的帮助。比如来自李乔、晓雪等文学前辈的关心爱护。我在昭通基层工作时，时常会收到他们的信，给我鼓励和关心。这些信，我现在还保存着，有时拿出来读一读，可以重温一种久违的暖意。

还有原《边疆文学》的几位编辑，在我的创作刚刚起步时，也曾经给予我很多关心和指导。他们有的人已经离开这个世界，有的人也久不见面，但是我会记得他们的名字，李均龙、杨百铸、何真、王洪波等。那个年代的编辑很有人文情怀，亦师亦友，让人难忘。

还有家人的支持也令人难忘。毕竟一个女人选择从事文学工作，必然会付出一些代价。在家庭中有女儿、妻子、母亲的角色需要尽责，但是文学创作会分走很多时间和精力。如果没有家人的理解和支持，在文学这条路上大概走不了多远。周末本应该陪伴孩子，你却要伏案写作，这对孩子是有亏欠的。虽然现在孩子已经长大，也有了自己的孩子，但是回想起来还是心怀愧疚。女人在事业的路上，收获的同时总是要付出很多很多……

我记得当年在昭通工作时，《女声》杂志要发我的第一篇小说《四季流云》，时间紧，要求在一天之内抄好稿子寄出。那时还没有电脑，我带孩子，一万多字，宋家宏伏案帮我抄了一整天。回想起来还是很感动。

曹斌：对于您来说，创作意味着什么？

黄玲：是生命中的一盏灯，照亮了前行的路。是创造奇迹的工作，让平凡的生命富有内涵和意义。

文学由文字组成，一个个互不相干的汉字在你的手中变成故事，变成人物，让时间不再虚无。这意义是让人宽慰的。

曹斌：能不能和我们谈一谈云南文学的发展趋势？

黄玲：这个问题太大，应该由省作协的主席、副主席、理事们来回答。他们才是引领云南文学潮流的人，而我只是一个普通作家。

曹斌：您现在在写什么？有没有更大的创作计划？

黄玲：今年刚刚出版一部长篇报告文学《景颇山追梦》，写一位北京白领李旸和她的外籍丈夫乐安东在景颇山做公益，陪伴景颇孩子成长的故事，非常感人，也有很多新的观念。这是一个活得纯粹、活出境界的人物。写作过程，也是学习和升华精神的过程。

另外在写一些关于昆明历史文化的散文。

只是自然地写，不喜欢用"更大"这样的词语。毕竟已经不年轻了，能不远离文学，坚持写点自己喜欢的文体，就是一种欢喜。

最后，感谢您的访谈，让我对自己的文学之路有一个回溯和总结。虽然离开故乡已经多年，但是来自故乡的关怀总是让人心存感激。

谢谢！

2019 年 3 月 18 日于昆明

# 黄玲创作年谱

## 一、出版情况

**（一）文学研究类**

1. 《高原女性的精神咏叹——云南当代女性文学综论》，云南人民出版社，2007年。

2. 《李乔评传》，云南人民出版社，1997年初版，2011年再版。

3. 《彝族作家李乔》，云南人民出版社，2016年。

4. 《妖娆异类——海男评传》，云南人民出版社，2013年。

5. 《毕业论文写作与答辩》，四川大学出版社，2007年。

6. 《云南8个人口较少民族作家文学综论》，云南民族出版社，2017年。

7. 《行走在边缘——黄玲文学评论集》，云南人民出版社，2018年。

**（二）文学作品类**

1. 《孽红》（长篇小说），北方文艺出版社，2000年。

2.《四季流云》（中篇小说集），云南人民出版社，2011年。

3.《乡之道》（长篇散文），云南人民出版社，2012年。

4.《故居余韵》（长篇散文），云南人民出版社，2014年。

5.《美丽云南——人·味篇》（长篇散文），人民出版社，2015年。

6.《从故乡启程》（散文集），云南人民出版社，2015年。

7.《七彩织锦》（长篇报告文学），云南民族出版社，2011年。

8.《和谐花开彩云南》（长篇报告文学），云南民族出版社，2014年。

9.《榕树根之恋》（长篇报告文学），云南教育出版社，2017年。

10.《云南建设生态文明排头兵纪实》，云南人民出版社，2017年。

### （三）主　编

主编《云南8个人口较少民族文学作品选集》诗歌、散文、小说（三卷），云南民族出版社，2017年。

## 二、作品获奖情况

1.《李乔评传》

1998年10月，获第四届全国当代少数民族文学研究优秀成果一等奖。

2000年1月，获玉溪市首届优秀社科成果二等奖。

2000年12月，获第三届云南省文学艺术创作三等奖。

2011年11月，获第八届全国当代少数民族文学研究优秀成果奖。

2.《高原女性的精神咏叹——云南当代女性文学综论》

2008年11月,获第九届全国少数民族文学创作"骏马奖"。

2009年10月,获第三届全国女性文学奖。

2009年3月,获2008年度云南文艺基金贡献奖。

2009年11月,获第七届全国当代少数民族文学研究优秀评论奖。

3. 论文《别具特色的云南少数民族女作家群》

2012年3月,获第七届云南文艺基金奖三等奖。

4. 论文《云南女作家散文中的"云南精神"》

2012年,获云南省文联云南精神与文学艺术论坛征文二等奖。

5. 论文《诗歌与宿命》

2014年,获《边疆文学·文艺评论》2013年度优秀论文奖。

6. 长篇报告文学《七彩织锦》

2012年6月,获云南省作协2012年云南少数民族文学创作精品奖。

7. 散文《千年茶乡行》

2012年,获2012年全国散文作家论坛征文大赛一等奖。

## 三、其 他

2010年,获香港伍达观基金"科研教学杰出奖"。

2013年,获云南民族大学"红云园丁奖"。

(2011年12月17日,由云南省作家协会主办、昭通市文联、云南大学人文学院、云南民族大学人文学院协办,在昆明连云宾馆举行"宋家宏·黄玲作品研讨会"。)

潘灵，云南巧家人，生于1966年7月，毕业于云南师范大学教育系。全国文化名家暨"四个一批"人才，享受国务院特殊津贴专家。中国作家协会会员，中国少数民族作家协会副秘书长，云南省作协副主席，《边疆文学》总编辑。著有长篇小说8部，在全国报刊发表中短篇小说若干。曾获中宣部"五个一"工程奖，第十届全国少数民族文学创作"骏马奖"，云南文学奖一等奖。《一个人和村庄》获第六届鲁奖提名奖（中篇前十），被《新华文摘》《小说月报》等选刊转载，入选陈晓明主编的《新现实主义小说选》一书。《偷声音的老人们》被《小说选刊》《小说月报》《长江文艺好小说》转载，入选吴义勤主编的《2017中国当代文学经典（中篇卷）》一书。《奔跑的木头》获2018民族文学年度大奖、中骏杯《小说选刊》中篇小说大奖，被《小说选刊》《长江文艺好小说》转载。部分作品被改编成影视，其中，长篇小说《翡暖翠寒》被改成40集电视连续剧在中央台和各省台热播。第十一届、第十二届全国少数民族文学创作"骏马奖"评委，第十届茅盾文学奖评委。

# 潘灵：灵魂的呐喊

**曹斌**：请您谈谈您的文学启蒙？

**潘灵**：我的文学启蒙，从时间上来说，是童年；从地方上来说，应该是故乡。我的故乡位于滇东北大药山下牛栏江峡谷里。那是一个在外人看来毫不起眼的小村落。在行政区划里它属于昭通市的巧家县，巧家县是一个不太被外人知晓的县，整个县域都夹在金沙江与牛栏江之间的一个狭窄地带。山，穷而高；江，湍而急。山，沉默；江，咆哮。

在江之上，在山之下，我开始了我的童年。我的童年都徜徉在群山江河之间。说是徜徉，其实就没走出半径15公里的圆圈，我重复着做一件事，那就是放牛。我放的是一头毛色黄中带白的大水牛。一放就6年，从6岁放到12岁，我早晚放牛，中午去上学，所以我的童年拥有两个身份——放牛郎和小学生。

一个人在深山里放牛会有恐惧感，于是我就冲着群山哇哇背唐诗宋词。《唐诗三百首》《宋词三百首》是父亲送我的，那是一个冬天，他去县城开会，买回来作为奖品送我的，他奖励我牛放得好。我父亲是一个教数学的小学教师，喜欢文学，由此他认为我也应该喜欢。这一背，竟然就背出了快感，也背出了我的语感。

我的童年是孤独的，做放牛郎的时候最孤独。如果我那时会弹琴，一定会对牛弹琴的。许多时候在深山里、在草坡上，孤独无边无际地包围了我，我要么抬头看只有簸箕大的天，要么就看着山峦发呆。我总是在想，山外到底是个什么样子的，它一定不像我出生的地方那么逼仄、那么陡峭，它是一马平川、舒展开阔的吧？于是我就想象，想象山外不一样的风景和生活，这种几乎凭空的想象锻炼出了我的想象力。因为孤独我想倾诉，但找不到倾诉的对象，小学四年级开始写作文，写，成了我倾诉的工具，我热爱上了学生最怕的作文，成了学校的作文尖子生。

直到今天，我都以为在深山里当放牛娃是诗意的行当，不文学都不行。

曹斌：您是怎样走上文学创作这条道路的？

潘灵：我真正走上文学创作这条道路是在大学时代。我是20世纪80年代的大学生，1984年考入云南师范大学，学的专业是学校教育。我并没有报中文系，而去读了教育系，当时就想毕业后当个老师，去师范或者教师进修学校教教心理学、教育学。中学时代的我除外语不行外，其他功课都学得不错，绝对是个好学生，就是今天叫学霸的那种，被老师宠着、被同学羡慕嫉妒恨，有些小高傲和小自卑。但因为外语太差，考进了一个一般院校，自尊心挨了当头一棒，带着巨大的失落感进了大学。大学不像中学，学习好坏不像中学那么重要，在大学里面出尽风头的往往是有特长的学生，比如会音乐，弹吉他，或者有体育特长，会篮球、排球、足球，甚至只要撒腿能跑都能够成为校园明星。我既没有艺术天赋，又没有体育特长，在大学里就是一个不能出头露面的普通大学生。

但我赶上了20世纪80年代，那是文学的时代，大学办文学社成风，我凭着写作文的特长，自然成了文学社的一员。因为不是中文系的，就被叫作外系的文学社员。我成天往中文系跑，积极给社团投稿。20世纪80年代是诗歌的年代，朦胧诗兴起，整个校园都崇拜着诗人，谁都想朦胧一把。我于是无心功课，整天想着的都是诗歌，满脑子都塞满了北岛、舒婷、顾城等人的诗歌。于是我就开始了写诗，在宿舍写、在图书馆写、在教室的课堂上也写，直到"东窗事发"。

我记得那是上现代汉语课，老师用带着浓重曲靖陆良口音的普通话在讲台上面讲，我在书桌下面写，写得自以为是忘乎所以，于是就被讲课的老师发现了。老师二话不说，走下讲台没收了我的诗稿，继而又回到讲台，继续讲他的现代汉语课。下课后，他把没收了的我的诗稿装进了他的手提包，跟他的讲稿一起带走了，连看都没有看我一眼。"现代汉语课是我的公共课，作为公共课老师，他一定去系里告我状去了。"这样一想，我既沮丧又忐忑，等待着被系里点名批评或者处分。但是系里迟迟没找我，半个月后有同学告诉我，校报发了我的诗歌，发了我诗歌的校报就贴在学校的林荫道旁的文化墙上。我固执地认为我的同学在骗我，因为我从来没向校报投过稿，我说兴许是同名同姓的同学吧。同学说，教育系84级有第二个潘灵吗？我于是风一样跑到林荫道旁的文化墙边，真的看到了自己印成铅字的诗歌，而且正是现代汉语老师没收去的诗歌。

这个现代汉语老师就是后来云南师范大学著名的语言学教授，曾担任过云南大学校长的骆小所老师。时至今日，骆老师逢人就会说我是他的得意门生，是他发现了我的写作才华。事实如此。我后来想，如果他没收了我的诗，去系里告状，我跟他别说没了这样一段佳话，怕是会积下怨恨的。伟大的80年代，大学的老师们就是如此可敬可爱，你即使没听他的课，他发现你有才华他照样举荐你，没有那种被冒犯的狭隘。

但我在省级文学刊物上公开发表自己的作品是在上大学二年级的时候。1985年《大西南文学》云师大通稿要推出"大学生诗页"

栏目，《大西南文学》就是我现在担任总编的《边疆文学》的前身，当时的诗歌编辑张永权老师，在云南多所高校众多的诗稿中挑中了我的诗歌，在第9期上推出。

1985年9月，是我走上文学道路的开始时间。从那时开始，诗歌成了我大学生活中最重要的部分，"校园诗人"的桂冠从那时起戴到了我的头上，我从此变得骄傲和虚荣，现在回想我的大学，剔除了文学就是一片苍白。

曹斌：读书时就以写作在学校闻名与您最后走上了职业写作的道路有着必然的联系吗？

潘灵：直到今天，我都不是一个职业写作者。我不是专业作家，我的职业是文学编辑，职称是编审，担任的职务是总编辑。

我在文学的行当里混饭吃，在别人看来你端了文学的碗，本该就是职业的了，事实上我都在利用业余时间写作，是一个业余写作者。

我在大学写作，培养了浓厚的写作兴趣，养成了写作习惯，让我在后来面对众多诱惑时也没放弃写作。我至今清楚这样一个事实，如果我放弃写作，放下手中这支笔，我将一无是处、一无所有。写作在今天真的成了我安身立命的事。

曹斌：能否和我们大家谈一谈您学生时代与文学的机缘？

潘灵：我的学生时代遇上文学确实是一种机缘，20世纪80年代是文学的年代，全社会有一个文学的氛围，但我有时想，即便没有这个氛围，我还是会主动地找上文学并亲近它。

我实在想不出来，除了写作我还能干什么？学生时代与文学结下的缘分成就了我的文学人生，文学与青春结了伴，留下了美好回忆，成为支撑我在文学道路上执着前行的重要因素。学生时代的我敏感、自卑,是文学给以我自信,让我在精神上实现了突破。我是一个生活在汉族地方的少数民族的一分子,高中读的就是民族中学,总觉得自己跟那些汉族同学有些不同,是文学消除了这种异样感,我发现在精神上、在感情上,我们并没有多少区别。

曹斌:作为一个少数民族作家,身处在汉族大环境当中,在创作方面是不是面临一个很尴尬的局面?

潘灵:尴尬算不上,我生下来就在汉族地方,乡亲们并没把我当一个少数民族。我穿汉族衣、吃汉族饭、过汉族的节、遵从汉族的习俗,直到7岁那年上小学,填表的时候我才知道我是一个"仲家人(后来称为布依族)"。我已丢失了本民族的语言、生活习惯,只剩下少数民族的基因,如果这有什么尴尬,那就是我丢失了一对语言的翅膀,再也飞不回我民族的原乡。我只能用汉语写作,汉语从来就是我的母语。

曹斌:少数民族文学与汉族文学最大的不同在哪里?各自的方向又是什么?

潘灵:少数民族文学与汉族文学最大的不同,我想先是气质和思维上的,少数民族没有汉民族那么多的文化负累,那么多传统的束缚,写作会更自由和奔放一些。在思维上,处理问题的方式、看待事物的眼光也会有不同,在文学上呈现出来的,也有了不同。

曹斌:您觉得少数民族作家应该如何在作品中展现本民族的文化?

潘灵:一个优秀的作家,他的写作一定是有根据的,写作的过程其实就是在寻找自己精神的原乡。诺贝尔文学奖获得者莫言有个高密东北乡,小说家苏童有个香樟树街,他们的写作都被有意地限定在了一个区域。这个区域是现实的,但又是非现实的,它只属于作家个人,他用文字把他的精神、情感、故事安放在这里面。

我刚开始写作的时候,目光是外向的,很少去关注脚下的土地,那时候总以为云南是落后的,总巴望着外面的认可。我最初的写作相当不自信,后来发现只有关注脚下的大地,写自己最熟悉的生活,写作才会有提高、才会有出路。我开始关注云南、关注昭通、关注我曾挂过职的保山和腾冲。

我这样理解传统,一个东西得以传承,最后成为传统,一定因为它是有价值的。这种价值得到了前人和时间的检验,所以它才能够流传,成为人情、文化、经验的一部分。传统是值得珍视的,但继承传统又不能被传统捆绑了手脚,在传承上超越才是正确的做法。

我关注民族文化,其实就是关注自己。云南原来是一个多民族的地方,各民族的文化都是独特亮丽的风景,这就是云南文化的丰富性,作为作家要看到这种丰富性、多样性和复杂性。对于少数民族作家,独特的民族文化是创作的初乳,它哺育了我们,给予我们精神养分。要写出一个生机勃勃的人间你就不能忽视色彩斑斓的民族文化。

曹斌:请谈一谈您早期文学创作的目的是什么?想没想过通过文学来赚钱?

潘灵:靠写作赚钱,靠写作改变生活,我写作之初想过,但后面不敢想,否则我就会去做一个自由写作者,靠稿费为生。

用写作赚钱,甚至用写作来改变命运,我认为没有什么不可以,都是光荣的事。许多作家都怕因此而被人们质疑为动机不纯。作家也是人,又不是神仙,食的是人间烟火,王尔德也有这股烟火味。

我出生在大山里,贫困在我的童年、少年、青年时代都像幽灵一样纠缠着我。它限制了我的人生,它束缚了我的梦想。写作在我年轻时确实是我用来对抗贫困最重要的手段，因为除了写作我赚不来除工资以外的其他任何劳酬。

我靠写作买了房、结了婚、买了车，过上了相对体面的生活，我用写作摆脱了贫困，我为此骄傲。

曹斌：《血恋》是您创作的第一部长篇小说，为什么会选择艾滋病这个主题呢？

潘灵：你提到了《血恋》，那是我的长篇处女作，那也是当年我为改变生计为"二渠道"，也就是为书商写的第一本书。我写艾滋病，并非为了博人眼球，而是因为它已经在当时成为了一个社会问题。我除此之外还写过两个长篇，今天回头看都是半成品，有点急于求成意思，但其中也有着才华和闪光点。与"二渠道"打交道，有得有失，得的不仅是稿酬，还有写作中有读者之得，失的是没有把这些珍贵的素材转化为精品，图书是商品，但它更是艺术品，为谋生而写作，受制于人，是很难写出真正的好作品的。

曹斌：从写诗歌到直接写长篇，从创作动机的这个角度讲，这个跨度是不是太大了？

潘灵：从一个诗人到小说家的跨越，有生计原因，但更多的是我对自己了解后作出的最为正确的决定。一开始写小说该不该写长篇，答案一定是否定的，我这样做就是为了生计。

没有为生活所迫，谁会提笔就写几十万字，何况是一个曾经惜字如金的诗人。长篇小说的写作几乎就是体育上的十项全能，其难度之高，越写越会有深刻领会。

长篇写多了，框架容易搭得大，这对写中短篇自然会产生影响。我在写作转换中，感到最为难的就是故事进入慢、皮太厚。我为此写过很多个中短篇的开头，让小说一开始主人公就登场，当然除了开头，我也注意在中短篇中故事更集中、节奏更快。

我现在的中篇小说早已走出了长篇的阴影。我不像从前那样轻易提笔写长篇，一方面是人到了五十出头的年纪，精力体力都不如从前；另一方面，我变得越来越慎重、越来越深思熟虑。把长篇小说写得最好，对于所有的中国作家，我认为都是难题。

曹斌：我没记错的话，您从1998年开始主要从事中篇小说创作，您是《十月》文学杂志"小说新干线"栏目较早推出的作家，从市场化的长篇小说写作转为给全国性的各刊创作中篇小说，这个转变是怎么实现的？

潘灵：当我实现了自我脱贫后，市场化的写作于我来说已经失去了意义，连续三个长篇写下来我已身心俱疲。对于所谓市场，我已心生厌倦。衣食无忧的我，决定要为自己写作，决心要为实现自己的文学梦想而写作。

1998年，我写了中篇《天麻》和《窄门》，将稿投给了《十月》，当时《十月》的编辑审稿后认为两个中篇小说都有意思。编辑决定在他们开辟的新栏目"小说新干线"中推出。我没记错的话，我是"新干线"推出后的第二位作家，第一位是晓航。但《窄门》没过终审，原因是题材涉及宗教，后来这个小说被改名为《灵舞》在《长城》上发了。写《天麻》和《窄门》我确实经历了痛苦的蜕变，一方面要改变过去写长篇的习惯，让语言更精炼、情节更集中、故事更紧凑；另一方面，我不能信马由缰，毕竟《十月》是名刊，必须要有较高的写作水平，我必须慢下来深思熟虑，更认真、更严肃、更谨慎地对待自己的创作。

《十月》也让我回归了纯文学的写作，我后来在《十月》上发了许多中篇。毫不夸张地说，在我的文学之路上，《十月》杂志给予了我太多支持，让我有了自信前行的力量。

曹斌：您是鲁迅文学院首届高研班学员，那个班被人们称为文坛明星班，有文坛"黄埔一期"之说，就读于这个班对您的创作产生了什么影响？

潘灵：鲁院首届高研班确实是由中国文坛实力不俗的中坚力量组成的，班上有获茅盾文学奖、鲁迅文学奖的同学，好几位都是厉害角色。就读于这个班，我最大的体会就是差距。看到了差距，人就不会不知天高地厚，就少了轻狂。这个班很团结，相互交流，互相帮助，在文坛都是有口碑的。上鲁院一期是我的幸运，它让我的写作从此有了使命感，我的创作由此有了方向。

曹斌：您首届鲁院高研班结业回来，很长一段时间没写作，您也自嘲处于一种"失落"状态；直到2006年，您挂职去了保山体验生活，创作才呈现"井喷"状态。两年时间里写了三个长篇小说，其中的《翡暖翠寒》和《泥太阳》都在文坛产生了较大影响，可以说是奠定了您在云南文坛地位的重要作品。挂职体验生活，看来是您作品突破瓶颈或天花板的重要方式，您能说说这方面的感受吗？

潘灵：我从鲁院结业归来，对自己的文学要求确实提高了，写作不再是一种随意的举动，而变成了谨慎的行为。在2003年至2005年这段时间，我的创作出现了平台期，确实像你说的那样，面对日新月异的现实，我感到"失落"。但这种状况在2006年有了改变，省委安排我到保山挂职，担任中共保山市委宣传部的副部长。当时，保山市委对我有期望，那就是希望我能够创作一部弘扬翡翠文化的长篇小说。

到了一个新环境，一个完全陌生的地方，接受一个新的行业，我的好奇心被调动起来。保山特别是腾冲的边地文化、翡翠文化、侨乡文化和抗战文化深深吸引了我。我一头扎进了典籍之中，通过阅读大量典籍走进这个文化丰富的地方，我为此做足了功课；又深入翡翠行业中，与玉石商人和玉雕艺人交朋友，向他们学习了玉石文化。我花了不到一年时间完成长篇小说《翡暖翠寒》，并在《十月》（长篇卷）首发，后来作家出版社就出了书，又被海涧影视改成了四十集电视连续剧在全国省级、地方台和中央八台播出，确实产生了影响。

在完成《翡暖翠寒》后，我要求结束我的挂职体验生活回到昆明。但当时的中共保山市委书记诚意邀请我再留一年，再写一部小说。他要我写一部反映社会主义新农村的长篇小说，写农村、写农民，让我不得不留下来。我这个农民的儿子离开农村太久，能深入到村子里、田野中对我诱惑很大，于是我就同意了，但对于新农村建设我却是完全陌生的，要写好这个对我是很大的挑战。

我知道我必须深入到农村去、深入到农民中去、深入到土地里去。于是，我跑遍了保山大地，在土地上获得了第一手鲜活的资料，找到了"要让农村新就得解决农民的精神贫困"这个主题，在充分的资料占有和亲身体验中开始创作了《泥太阳》。

诚如你说的那样，这两部作品成了我的重要作品，特别是《泥太阳》，在《芳草》首发后，又入选人民文学出版社向改革开放 30 周年的献礼丛书。中国作协、云南省委宣传部、云南省文联、保山市委联合在昆明为《泥太阳》召开了研讨会。该书一时好评如潮，不仅获得了第十届全国少数民族创作"骏马奖"、云南省文学创作一等奖、云南省精品工程奖，还入选建国 50 周年 500 部优秀长篇，获得了多种荣誉。

你问我的感受？那就是深入生活、扎根人民才是写作的真正捷径。到生活中去、到人民中去对我的创作来说，不是空洞的口号，而是实打实的行动。

曹斌：令人奇怪的是您在长篇上大有收获的时候，又回过头来写起中篇小说，而且，在这方面颇有收获。您的中篇小说多次被《中华文摘》《小说选刊》《小说月报》等知名选刊转载，还多次入选著名文学评论家吴玉勤、陈晓明、孟繁华等人的年度选本。中篇《一个人和村庄》还获得了第六届鲁迅文学奖提名奖（前十），《奔跑的木头》也获得了2018年度《民族文学》大奖。我想问您，您是更喜欢写中篇还是长篇？这二者哪种更让您得心应手？

潘灵：回过头来写中篇，是因为没有整块的时间来写长篇，何况，长篇写作，让人有掏空之感，也需要休养生息。我一直认为我是一个很会讲故事的人，从这个意义上讲，中篇会让我更得心应手。但我内心有一种渴望，那就是在最近两年写出一部自己满意的长篇。我一直认为长篇小说才是真正检验一个小说家综合实力的文体。

曹斌：您已经好几年没出过书，都有点闹"书荒"了。就在不久前，安徽文艺出版社就在它的品牌书系"当下名家精品珍藏"中推出了您的中篇小说集《奔跑的木头》。这本书包装精美，设计典雅，您对它有何期许？

潘灵：这是我近几年的呕心沥血之作。作品我可以很王婆地说，篇篇都不错，我希望读者朋友们喜欢它。这还是一部既可看又可听的书，你只要用手机扫一扫封底的二维码就可以听我的小说，那是另一种奇妙的感觉。

曹斌：在"昭通作家群"中，您是唯一一个拥有两个写作根据地的作家。您既写滇东北故乡，也写滇西，在这二者中，您都写出了精彩的小说。滇东北和滇西哪个地方更能激发您的创作灵感？

潘灵：滇东北是我的故乡，有我儿时的记忆，那里嵌刻了我的文学初心。滇西是我的第二个故乡，我在那里总能找到我想写的素材、激活我灵感的东西。这两个地方确实像你说的那样,都是我写作的根据地,二者在我的创作中同样重要。

曹斌:谢谢您接受我的采访。

# 潘灵创作年谱

## 一、出版、发表情况

### （一）发 表

1. 《香格里拉》（长篇小说，节选），载《大家》，发表时间不详。

2. 《翡暖翠寒》（长篇小说），载《十月》，发表时间不详。

3. 《泥太阳》（长篇小说），载《芳草》，发表时间不详。

4. 《天麻》（中篇小说），载《十月》，发表时间不详。

5. 《回来》（中篇小说），载《十月》，发表时间不详。

6. 《灵舞》（中篇小说），载《长城》，发表时间不详。

7. 《爱到未来》（中篇小说），载《钟山》，发表时间不详。

8. 《风吹雪》（中篇小说），载《十月》，发表时间不详。

9. 《一只叫伤心的猫》（中篇小说），载《十月》，发表时间不详。

10. 《边缘》（中篇小说），载《芙蓉》，发表时间不详。

11. 《成长印痕》（中篇小说），载《芙蓉》，发表时间不详。

12.《小河淌水》(中篇小说),载《民族文学》2000 年第 9 期。

13.《同居》(中篇小说),载《民族文学》1993 年第 7 期。

14.《滇东北公路》(中篇小说),载《民族文学》1992 年第 8 期。

15.《一个人和村庄》(中篇小说),载《大家》2013 年第 6 期。

16.《别处》(中篇小说),载《民族文学》2008 年第 8 期。

17.《幽灵诉》(中篇小说),载《中国作家》2016 年第 2 期。

18.《偷声音的老人们》(中篇小说),载《大家》2017 年第 4 期。

19.《奔跑的木头》(中篇小说),载《民族文学》2018 年第 9 期。

(二) 出 版

1.《血恋》(长篇小说),作家出版社,1996 年。

2.《情逝》(长篇小说),内蒙古人民出版社,1997 年。

3.《红风筝》(长篇小说),中国文联出版公司,1997 年。

4.《香格里拉》(长篇小说),上海文艺出版社,2001 年。

5.《翡暖翠寒》(长篇小说),作家出版社,2007 年。

6.《泥太阳》(长篇小说),人民文学出版社,2008 年。

7.《市信访局长》(长篇小说),中国青年出版社,2009 年。

8.《半路上的青春》(长篇小说),云南人民出版社,2011 年。

9.《风吹雪》(中篇小说集),贵州人民出版社,2006 年。

10.《奔跑的木头》(中篇小说集),安徽文艺出版社,2019 年。

## 二、获 奖

1.《泥太阳》(长篇小说),获第十届全国少数民族文学创作

"骏马奖"。

2.《泥太阳》（长篇小说），获云南文学奖一等奖，云南省精品工程奖。

3.《一个人和村庄》（中篇小说），获第六届鲁迅文学奖提名奖。。

4.《奔跑的木头》（中篇小说），获 2018 年度《民族文学》大奖和《小说选刊》第三届"中骏杯"小说奖。

　　胡性能,云南昭通人。现为云南省作协副主席、秘书长,中国作家协会委员。中短篇小说集《在温暖中入眠》入选中国作协"21世纪文学之星"丛书2004年卷,另有中篇小说集《有人回故乡》《下野石手记》《生死课》和短篇小说集《孤证》出版。其小说多次收入中国文学年度选本,《生死课》入选《收获》2017年度中国文学中篇小说排行榜、《扬子江评论》2017年度中国文学中篇小说排行榜;获第十届、第十四届《十月》文学奖,《长江文艺》双年奖,云南文学奖等。

# 胡性能：文学应关注现实在内心的投影

**曹斌**：从您的作品中可以看出童年经历对您的创作产生了深远的影响，能谈谈您的童年经历吗？

**胡性能**：在我看来，文学就是一个作家童年的镜像。大多数作家的创作中，都能看到其童年或明或暗的影子。曾经有人问海明威，一个作家最好的文学训练是什么？这位大名鼎鼎的作家脱口而出，"不愉快的童年"。弗洛伊德也曾说，"幸福的人从不幻想，只有感到不满足的人才幻想，未能满足的愿望是幻想产生的原动力。"因此可以说，特殊的童年经历，是对作家巨大而珍贵的馈赠。

我的童年生活说不上不"愉快"，但略微有些特别。记事之前，父母把我放在外婆那儿寄养，她是镇雄乡下一所小学的老师。学校建在一座曾经的地主庄园里，一旁是个龙潭，风景很好。但因为从前庄园里发生过惨烈战斗，死了数十人，附近的村民都把那个庄园看成是不祥之地，无事都不愿意进来。学生放学以后或者碰到寒暑假，学校空空荡荡，占地几十亩的校园，就外婆和我两人生活其中。我发表在《花城》杂志 2001 年第 2 期的中篇小说《记忆的村庄》，就有那校园的影子。像小说中所讲述的那样，在 7 岁以前，我很少接触过同龄的孩子，那段孤独的童年生活，让我整天不停地胡思乱想，我后来选择写小说，也许与那段经历有关。七岁以后离开外婆回到故乡昭通，生活轨迹便与其他同龄人差不多，无外乎读书、高考、工作、从一个地方调到另外一个地方。

曹斌：文学的种子是什么时候播下的？

胡性能：不知道。也许在童年那段孤独生活中就无意埋下了，等它在岁月的地表下发芽，我意识到时，已经是18岁高考结束后的那个夏天。填报高考志愿时面临选择，是填综合性大学还是填师范院校，我选择了后者。我的父亲是中学老师，每天两节课后有大块的时间属于自己。我觉得如果今后做了老师，两节课后的时间我可以用来写作。为什么会有这种想法，今天我仍然找不到答案。人生中许多愿望并非是深思熟虑的结果，它来得比较突然，并在此后深刻地介入你的生活。

曹斌：从什么时候开始尝试着写作的？

胡性能：无意识的写作，应该是大二刚开始，因为主办着班上的墙报，要写一篇稿子，就写了一篇《暑假记事》，内容是我暑假时回童年生活过的那座"庄园"经历的一些事情，纯粹是虚构的。7岁离开那座"庄园"后我就一直没回去过，直到1994年秋天，时隔22年，我才第一次重返故地，但那座"庄园"已经被拆除了，甚至看不见一点记忆中的痕迹。有意识地开始写作，是在大四。那时读川端康成的小说，安静、酸楚、甜蜜中的忧伤，他小说中的这些气息让我迷恋不已。受其影响，我写了一个中篇小说《初恋的阳光》，投给了《飞天》，编辑相当负责，退稿时写了两页回信，让人感动。信的内容我忘了，但记住了其中的一句话，"缺乏对现实生活很好的提炼。"

曹斌：是什么时候开始发表作品的？

胡性能：许多写作者最初尝试的文体是诗歌，我一开始就写小说。但1987年大学毕业以后，我尝试写过两年诗歌，因此我最早发表的东西是诗歌。有一首名叫《雨季》的二三十行的短诗，记得是投给《春城晚报》的，但1988年的冬天，我在昭通行署大门旁的报栏看到这首诗发在《云南日报》的"花潮"文学副刊上。

1989年秋天我去复旦大学进修，课余写了短篇小说《米酒店老板的女儿》，寄给了《滇池》的编辑张庆国，他很快回信，并于1990年在《滇池》第3期上刊出。所以，庆国老师是我的小说处女作的发稿编辑。

曹斌：您曾经是大学教师，后来怎么会走上文学创作这条道路的？

胡性能：1987年7月，我从云南师范大学毕业，分配到昭通师专中文系任教。那个时候的昭通师专，集中了一些文学同道，有非常好的文学氛围，朋友们常在一起聊文学，既开阔视野，又相互促进。最为关键的是，昭通师专相对自由的环境和轻松的工作，为写作、冥想与清谈提供了大把的时间。我在那所学校工作了9年，那是物质上贫穷，精神上充实的9年，我至今仍然怀念并感恩那段校园生活，它让我从大学开始的文学写作，作为一种工作之余的爱好，得以维系并巩固。

曹斌：1996年，《有人回故乡》在国家级大型文学刊物《当代》上发表，这是您第一次，也是昭通本土作家第一次在国家级大型文学刊物上发表小说，这对您后来的创作有何影响？

胡性能：20世纪80年代的文学热，让许多写作者都向往文化更为集中的都市。我虽然回到了故乡昭通，却幻想着有一天能够离开，那是一种非常复杂的情感体验，既贪图故乡的温暖与友情，又渴望远方的陌生与刺激。我住的楼下有一棵小小的杨树，我看着它一天天长高，心想它长到我阳台的高度，我可能就离开学校了。1988年4月，海南建省，有不少人怀揣梦想离开故土踏上那座陌生的岛屿，我也动过念头，却因现实原因不能成行。《有人回故乡》就是写一个青年人闯荡海南，最终铩羽而归的故事，纯粹虚构。我第一次踏上海南那块土地，是小说发表20年后的2016年了。

《有人回故乡》最初作为短篇小说，发表在1994年的《昭通文学》上。后来得到了朋友们的鼓励，因此就在短篇的基础上，扩写成了一个中篇。1995年的某一天我悄悄把稿件寄给了《当代》，当时通信不便，小说投出后石沉大海，没有收到任何用稿通知。1996年的春天，我到昭通师专图书馆阅览室翻阅杂志，因为投过稿给《当代》，便留意那本杂志，拿起刚到的一期翻开，突然看到自己的名字，愣了一下，才反应过来。责编是周昌义老师，是他从自然来稿中发现这篇小说的，我终生感激他在文学上对我的提携。因为《有人回故乡》，他觉得我可以写贴近现实的小说，而不久以后我调到昆明，走了一条与他的寄望背道而驰的写作之路。

曹斌：《有人回故乡》作为您初期小说的代表作，主要关注的是都市底层人物，能给我们谈一谈那个时期您的创作风格吗？

胡性能：严格来说，《有人回故乡》只能算是早期的习作，虽然关注的是都市底层人物，但全是在想象中完成的，更谈不上创作风格。那个时候的写作比较随性，又因年轻喜欢冥想，就会有一些稀奇古怪的念头，有时候一句话，甚至一个词汇，都会激发起饱满的创作热情。

在《有人回故乡》发表之前，已有李骞的长诗《圣母》在《人民文学》1995年第9期上发表，刘广雄的中篇小说《正步走过雷场》发表在《十月》1996年第6期上，并被《小说月报》选载。这几本杂志都是在中国文坛有影响的刊物，这些作品的陆续刊发，标志着昭通作家以群体出发的姿态出现在云南文坛。

曹斌：似乎是从20世纪90年代初开始，昭通的一批写作者陆续离开故土，去了昆明，您作为他们中的一员，为何会选择离开昭通呢？

胡性能：大约从1990年代初开始，昭通的一群写作者开始陆续调往昆明，路径不尽相同，目的地却出奇地一致。先是潘灵，接下来是雷平阳、宋家宏夫妇、我、李骞、付泽刚、刘广雄……所以今天所说的"昭通作家群"，主要包含两部分人，一是至今仍然还生活在昭通的作家，二是到昆明后仍然坚持创作的写作者。这在云南是个特殊的现象，其他州市没有那么多写作者离开故土去昆明。

每个到昆明的昭通籍作家都有个人的原因，就我来说，主要的还是对文化中心的向往。昆明是云南的省会城市，文学气氛比较浓厚，对一个热爱写作的人来说，有很大的吸引力。我还记得在昭通工作的时候，要上昆明，通常会选择乘坐夜班车。黑暗中，看不见窗外的景物，也不知道汽车行驶了多久，但是慢慢地，睡梦中会闻到一股熟悉的气息，那是桉树的味道。闻到这股味道，我就知道离昆明近了，离昆明近了，离文学似乎也近了。因此，当晨曦照耀着从睡梦中苏醒的昆明郊外，望着车窗外那些缓慢移动的红色围墙和砖房，它们往往意味着工厂，或者是让人不明就里的单位，我心里会想，调到这儿来也愿意。

曹斌：20世纪末期，中国文学期刊曾有过一个重要的策划，即由《钟山》《大家》《作家》《山花》四家杂志社携手开办"联网四重奏"，同期推出同一作家的作品。入选者有不少是今天中国文坛上人们耳熟能详的名字，如朱文、徐坤、东西、刁斗、邱华栋、李洱、述平、刘庆……您作为云南的入选者，正当人们对您的写作寄予厚望时，您却似乎从文坛消失了，这后面究竟有什么原因？

胡性能：也许，每个写小说的人在面对生活的时候，都是清醒的现实主义者。难怪芥川龙之介会说，一个优秀的小说家，通常是精于世故的诗人。1999年，平阳在《大家》杂志工作，是因他的举荐我才上"联网四重奏"的。也就在那组作品发表之后，我妻子带着女儿来到了昆明，我才发现小说之外有着更现实的人生，没有住房，全家借住在单位筒子楼一间十余平米的住房，所有的存款只有8000元。好在有潘灵的大力相帮，我女儿才顺利进入昆明一所小学名校就读，但4500元的报名费，花掉了存款的大半。此后的10年时间，我什么样的文字活计都接过来做。楼盘宣传稿、旅游解说词、人物先进材料、演讲稿、报告文学……我曾经写过一条高速公路的电视节目解说词，8000字，谈好1000元稿费，稿子交了，播了，稿费却至今未能领到。10年间，我的生活轨迹的确比其他离开昭通来到昆明的作家要曲折，从云南省建一公司到云南建工集团，继而到云南省委办公厅；2009年，我调到云南省作协工作，算是又回到文学的道路上来。

曹斌：《暗处》《怀抱死婴的女人》《兄弟》《民工李朝东》《苏来》《扑腾的鸟》无一例外地展现了您精湛的写作技巧，能谈一谈写作技巧对小说创作的重要性吗？

胡性能：你所说的这几个小说，除了《暗处》之外，其余的都是"联网四重奏"集中刊发的。我其实对小说的写作技巧所知甚少，尤其是读了一些作家的作品之后，我更是惶恐，觉得自己根本不会写小说。你列举的那些作品，只是有较强的实验性和探索性而已，谈不上什么精湛的技巧。小说作为一门虚构的艺术，的确需要有凌虚蹈空的本事，这也是小说这门心灵手艺值得琢磨的地方。剔除掉情感因素，小说的写作其实是个智力游戏，入与出、疏与密、急与缓、虚与实……同样的食材，一百个大厨炒出来的菜都不一样。

曹斌：有哪些作家、作品对您的创作影响比较大？

胡性能：早年肯定是川端康成。我从大三接触到他的作品就深深迷恋上了，他文字中透露出的平静、感伤、优雅是那样的动人，大学期间我几乎读完了他当时所有被翻译过来的作品。而且，我因为热爱他而喜欢上了日本文学，读了不少日本作家的作品：夏目漱石、德田秋生、井上靖、野间宏、石板洋次郎、曾野绫子……这导致了大学期间我的阅读面相当狭窄，其他国家作家的作品读得太少。我想，我之所以如此迷川端康成，或许与我的故乡昭通每年冬天的大雪有关。早些年气候冷，我的记忆中，昭通每年都会有数场纷纷扬扬的大雪，我一直把它视为云南的"雪国"。

我的阅读一直很少，但有几位作家我非常喜欢，比如马尔克斯、安妮·普鲁、保罗·奥斯特、安德鲁·米勒、伊丽莎白·斯特劳特……他们都是非常棒的小说家。马尔克斯有澎湃的想象力和收放自如的控制力，例如他的中短篇集子《梦中的欢快葬礼和十二个异乡故事》。安妮·普鲁是个奇怪的作家，身为女性，文风彪悍而又细腻，在场景描写方面，我没有看到比她更好的作家。她的《船讯》《老谋深算》我都非常喜欢，当然还有她的中短篇集《断背山》，里面所收的11篇小说我都迷恋，遗憾的是她的作品不多。至于保罗·奥斯特，他是真正的叙事大师，堪称是小说界的乔丹，无论是三重叙事的《幻影书》，还是以第一人称写他者的《巨兽》，难度都太大了，最近他出版了一本80万字的《四三二一》，写一个人的几种人生可能，平行写作，实在是太难了，非智商奇高的人不能完成。而安德鲁·米勒是一位深谙叙事的作家，叙事节奏快，时空转换完成得巧妙又自然，他的《无疾之痛》《氧气》我都很喜欢。伊丽莎白·斯特劳特在精神气质上与川端康成相似，对人物的心理把握极准，她的《奥丽芙·基得里奇》也是我每年都会阅读的作品。

**曹斌：**您的小说用死亡建筑了一个小说群体，这个群体把握了生命律动的节奏，语言成熟而老道，形成了自己的一种创作风格，能对您的这种创作风格作一个自我评价吗？

**胡性能：**死亡是文学永远面临的一个话题，相对于生的短暂，死亡才是无边无际的漫漫长夜。放在死亡漆黑的背景下来看待生，有时会有奇特的发现和感悟。我的小说涉及死亡的内容似乎是多了一些，不知道是不是与早年阅读川端康成小说形成的基调有关。写小说的人几乎都会涉及死亡这个话题，只是比重多少而已。就拿川端康成来说，他的小说，死亡题材占了全部作品的1/3。在人的生命旅途中，没有什么比死亡更极端。千奇百怪的死亡，都是生命纷繁复杂的镜像，写得好，便会有力量。像福克纳的《献给艾米丽的玫瑰》，巴别尔的《骑兵军》，里面的死亡情节都相当让人震撼。

作为一位作品数量偏少的写作者，我觉得自己离所谓的"创作风格"相当遥远，我只是试图让自己的小说有个人的指纹，带有我行我素的异质。我之所以这么说，是因为我清楚自己内心经历的风暴，无论是在内容还是手法上，那种不断的颠覆、否定、怀疑和自卑，不是一个形成了自己创作风格的作家还会遭遇的心路历程。唯一值得安慰的是，文学带给我的快乐，有一部分是对原有疆域的开拓和对陌生世界的探索。

曹斌：您如何看待小说与历史的关系？

胡性能：严格来说，历史是一部虚构的大书，它的唯一性和不可复制性，注定了我们无法再次重温与抵达。帕斯捷尔纳克笔下的日瓦戈医生就曾感叹，"历史无法眼见，有如草叶生长的过程中，无人能目睹其成长。"所以历史常常只提供宏观的构架，比如秦、汉、三国、两晋、南北朝一直下来到今天，朝代的更迭大体是这样，而导致朝代更迭的原因，却公说公有理，婆说婆有理，所以历史不负责微观的真实。作为小说家，他关注的也许应该是大历史中小人物的具体命运。小说中的历史的重述不是史实的重述，而是个体生命体验的重温，是在独特的历史境遇下，个人所经历的悲欢离合以及生命的种种可能。

曹斌：您是如何看待中国文学和外国文学的？

胡性能：我想，能不能从语言的角度来谈一谈中国文学与外国文学的区别？我们知道，汉语是表意的文字，它的表达要在特定的语境下才能完成，同样的一句话，放在不同的语境下，有时候意思完全背离。因此，对于一个汉语写作者来说，掌握三四千个汉字就够了；而用表音文字进行创作的人，掌握几万个单词还嫌少。选择什么样的语言表达，便会形成什么样的思维方式，从而最终影响到文学的创作。在我看来，中国文学重"意"，意思、意义，讲究文以载道，更偏向于社会性，这个意，包含整体性地看待世界获得的结果；外国文学，当然这儿主要说的是欧美文学，也许更看重"灵"，心灵、灵魂，讲究的是文学要抵达人的内心，更偏向于个体，这或许与他们的宗教信仰有关。当然，欧美文学也有一个发展与递进的问题。传统的现实主义基于农耕文明，也基于大工业时代的群体生活，典型的环境，为典型人物的活动提供了场域。但随着生活节奏的加快，人类被时间切割，个体从群体中、从合作中独立出来，他们对这个世界的看法不再是群体的，而是独立的、个体的。尤其当生产力发展，个体不需要借助群体的力量存活，个体就必须独立面对这个世界。因此，个人的体验、好恶、价值、感知、发现都会成为小说重要的表现对象。

曹斌：您后来的作品《下野石手记》从风格上来说，相比从前的作品有着很大的变化，能和我们谈谈吗？

胡性能：《下野石手记》是我2011年一月从鲁院学习回来写的一个中篇小说，小说由一个个梦境构成，其实也就是用一个个场景来组合。弗雷德·格罗夫认为，小说是一系列场景的集合。我思考这个问题其实很早，在昭通师专工作时，就曾思考过电视节目的叙事。我注意到地方电视台的新闻节目容易让人疲惫，而央视等大台的没有这种现象。我后来发现不是因为内容，而是因为表达方式导致不同的观看体验。地方台的设备有限，场景几乎不变，而央视的节目是多机位拍摄，也就是说，它的场景转移得比较快。许多年以后，我在电视上看张艺谋为杭州G20拍摄的实景演出，舞台就搭在西湖上，我用手表作了测量，整个实景演出，用电视的手法传递出来，没有一个镜头的时间超过十秒，场景的转移相当快。

洛克威尔说，一篇短篇小说，或者一部长篇小说，其实是一系列不断展开的画面。他认为，如今的编辑喜欢画面感突出的作品，这就意味着作者应该用画面而不是叙述来表达观点和想法。我写作《下野石手记》时还没有看到洛克威尔的这个观点，我只是从电视和电影的观看中发现讲述故事的奥秘。小说完成以后，我寄给一位编辑看，他很奇怪中国作家会有人以这种结构方式写小说，幸运的是，这篇小说后来得到了《十月》的青睐，获得了第十届十月文学奖。从《下野石手记》开始，我在小说写作时，重心由"叙述"向"描写"倾斜。

曹斌：您的小说游走于现实和梦幻的边缘，神秘主义成为您小说的一个隐约符号，对此您是如何考虑的？

胡性能：在这儿我想说说南方小说。在中国文学版图上，南方的小说是个特殊的存在。当然，我在这儿说的南方不是江南，而是西南。相对于西南而言，北方广袤的土地，尤其是平原地带，人们聚村而居，这使得每个人来到这个世界，首先面对的是一个"社会"。在面对人生的困扰和问题时，北方人通常会借助权力来解决。一方面，中国历代王朝的权力中心建在北方，另一方面，北方聚村而居的现象，使得生活在北方的作家的创作更关注王朝命运和家国兴衰，关注社会中个人命运的起承转合，整体呈现出"向外"的特征。而在西南，山脉绵延、大江纵横，土地被大山大水切割后，形成一个个独立的个体。以云南为例，横断山、乌蒙山、哀牢山、无量山……金沙江、澜沧江、怒江、红河、南盘江以及无数大大小小的山川，让云南在漫长的古代，保持着某种相对隔绝的状态。因而云南历史上出现过许多王国：大理国、南诏国、古滇国、句町国、爨国……而这些偏居一隅的小国几乎都是昙花一现，既缺乏文化的传承，也缺乏历史的延续，所以云南作家的文化基因不像北方作家那样有着强烈的家国情结。在云南的山野，常常可见单家独户的人生活，生活在这里的许多人在这个世界面对的不是社会，而是自然，与天地对话、与神灵对话成为他们的精神需求。因而，西南地区的小说写作天然的带有神性，巫气弥漫，具有"向内"的特性。

曹斌：为什么您认为自己的写作处于一种"无根"的状态？

胡性能：许多写作者都有自己的出发地，他们或生活于乡村，或寄居于城市，对中国社会的两极化生活有着切肤体验。因此，他们的创作有一个隐约的"原乡"，故事在这个"原乡"延伸出来的舞台上开展，便于生长鲜活的血肉。我没有这个幸运，我的少年生活几乎是在游离中度过的。父亲是乡村中学老师,工作在异地,因此在上大学之前,我一会儿在老家生活,一会儿又到异地与父亲在一起,人生中有很长一段时间生活在学校,这使得我从来没有真正融入中国的乡村社会和市民社会,这种隔膜让我无法从经验中获得来自乡村世界和市民社会的创作营养,也导致我的写作对两者都"不及物"。

也许正是因为成长的特殊性,我的写作更喜欢探讨人们最为隐秘的心灵世界,因为它广袤、复杂、模糊、微妙、变化莫测,让人难以捉摸。但对于文学来说,让晦暗的东西逐渐澄明,将个体独特的心理体验生动呈现,借以折射外在广阔的世界,同样也是文学的魅力所在。

曹斌:您的写作灵感来源有什么?

胡性能:不定。有时候是一个词汇,有时候是一句话,有时候是与朋友的交谈,有时候是在阅读中获得的。就拿《下野石手记》来说,创作的动因起始于1988年我去玉溪招生,在一位考生的档案上见到"下野石"这个地名。这个地名特别地调动人想象,给我留下深刻印象。记得下野石好像是鲁甸县的一个村,后来我还知道有一个上野石村,但这两个村我都没有去过。《下野石手记》写的是另类的知青生活,其实我并没有做过知青。有时候,隔着一定的距离方便幻想。有意思的是,2020年的春节,我带家人去日本,在箱根公交车站,我见到一地名——下野石。你看,神秘的东西总是渗透在南方人的生活中。

曹斌:有没有想过放弃写作呢?

胡性能:没有。我觉得只要我还有幻想,我都有用文字重构一个世界的愿望。随着年纪渐长,热爱的东西越来越少。小说是从青年时代一直陪伴过来的伴侣,而我又是一个怀旧的人,所以估计会难以割舍。不过,人的一生中最难把握的,就是未来,谁又能为自己的未来打包票呢?

曹斌:您从前的小说既注重技巧,又注重思想内容。小说《生死课》洗尽铅华,回归自然,让故事在人物的命运以及我们当今的现实中展开,显得极其真实和鲜活。能不能说《生死课》是您创作上的一个分水岭?

胡性能:《生死课》的写作的确和我以往的小说写作有一些不一样,它是建立在调查采访的基础上写就的一篇小说。2017年初夏,我与几位朋友去到重庆奉节县,详细地了解了当地殡葬师的生活。那是一次记忆深刻又令人备受触动的采访。直到今天,我偶尔还会想起殡葬师刘老大的那双手,那是做了40年殡葬工作的人的手,一只柔软、细腻、温暖,另外一只则坚硬、粗糙、冰冷,而且还脱皮。很难想象完全不同的两只手为何会生长在同一个人身上,那双手仿佛是一个隐喻,暗示刘老大的一生将往来于阴阳两界。我记得,刚见面时,当我把手伸出去与他握手时,刘老大有些不知所措,他畏缩、迟疑、慌张,等确认我是要与他握手时,他才忙着把手在裤缝上擦了又擦,伸了过来。握着他手的时候,我有些难过,但也努力克服自己心理上的不适。刘老大是《生死课》里老蝙蝠的原型,是一群殡葬师的头儿,他的迟疑让我意识到,由于职业的特殊性,他已经很长时间没与人握过手了。

采访中,有几桩事情让我产生了创作的冲动。一是刘老大告诉我,他们一群"收尸体的人"去吃火锅,结账的时候老板不收钱,但悄悄对他耳语说,"只要下次不来就行了!"再者是,刘老大团队中的一个成员,婚后一直向妻子隐瞒自己的职业,突然有一天,妻子从县城的电视新闻中发现他殡葬师的身份,她无法接受这个现实,选择投江自尽。刘老大也经历了三次婚姻，前两任妻子与他感情都不错，但最后都因难以接受他的职业而离开了。他的现任妻子是个盲人，也许因为习惯了生命里无边的黑暗，她才最终接纳了刘老大。

死亡，在东西方文化中，都是件让人忌讳的事。对一双整天与尸体打交道的手，人们最本能的反应是拒绝，生怕触碰了它就会沾染上晦气。40年的殡葬生涯，让刘老大在奉节的名气比县长的还大。孩子若是淘气，当地许多人最喜欢说的话就是"刘老大来了！"如此，哭泣的孩子便会迅速忍住啼哭。他还曾经因为突然闯入病房把人吓死而吃了官司。在奉节县，刘老大就代表着死神。第一次见面，我注意到刘老大脖子上戴着一根小手指粗的金项链，我与他开玩笑，说戴这么粗的金项链不怕被人抢吗？刘老大的回答让我印象深刻，他说，在奉节，人们只要看到他，都要绕道而行。

人类学家厄内斯特·贝克尔曾说，"一直在人类心里作祟的，好像只有对死亡的恐惧。"基于此，人们便有了宗教来解决往生的问题，而在这一点上，我们的文化解决得并不好。

在奉节，如果不是有需要，几乎没有人会与那群殡葬师往来。但我与他们近距离相处几天后，发现这群人与周边的人还真有些不一样，他们被整座县城的人孤立，却比奉节县的所有人都通透、乐观。刘老大的团队有一个重要业务，是将弥留之际的人，用车送回故乡。落叶归根，中国人都希望能在生命的最后一刻，在一个熟悉的环境中告别世界。但因忌讳死亡，活着送抵故乡和在车上落气，收费是不一样的，如果病人在车上死了，费用就会高几百块钱。有时会碰到那种为了节省几百块钱，在人死之后依旧假装与病人交谈的家属，但刘老大他们也从不戳破。他们体谅死者家属的不易和悲苦，甚至会主动配合他们把这出戏演下去。

刘老大的团队，包括他在内一共10个人。他们吃的是"大锅饭"，每个人的股份均等，月底结账，利润均分。活计做多做少，大家并不太计较，每一单活计的收入，也没人私藏过，这不仅归功于公司严格的规章制度，还归功于大家每天与死亡打交道，对人生的理解和基于此做出的选择。当然，被边缘化也使得他们彼此更加惺惺相惜，大家只有肝胆相照、抱团取暖，才能对抗世界的冷落与排斥。

走近那群殡葬师，内心会涌起一股给他们写传的冲动。他们平和、从容、处乱不惊，他们善良、悲悯又阳光豁达。尽管他们中的大多数人，在从事殡葬行业之前，生命之途曲折，有的甚至坐过大牢，但现在从他们的脸上，让人看到的是一片祥和，仿佛每一张脸，都洋溢着佛光，显得福态而喜庆。

作为人生最后一站的送行人，殡葬师不可或缺，但这份特殊的职业，又让他们令人畏惧，令人避之不及。人们把殡葬业看成是低贱的行业，一般人都不愿从事，觉得没有尊严，遭人嫌弃，甚至从事这个行当的人，也会刻意回避自己的身份。孔子当年就曾从事过殡葬业，但这一事实数千年来一直被人们有意掩藏。刘老大团队现在用的名片，上面写的是"重庆急救"，下面有一行小字，"专业接送省内外病人出院、转院"，然后才是服务电话。采访中我得知，他们最初的名片上，印的是团队名字"康宁殡仪服务队"，但人们一接过名片，看到上面"殡仪"两个字就不高兴了，甚至发生过有人看到名片后，追打团队队员的事情。

医生和殡葬师，也许是这个世界触摸尸体最多的两类人，但他们在这个世界的待遇却大相径庭。因此，我幻想着通过《生死课》这部作品，赋予那些殡葬师尊严。我虚构了主人公小久，他的父母都是殡仪馆工作人员，这样的成长环境，使他在年幼时屡屡遭人嫌弃。他曾将殡仪馆的纸花送给喜欢的老师，企图讨老师高兴，却因同学锅盔的告密而遭到老师的拒绝，内心受到伤害。长大以后，为了摆脱"出身"造成的困扰，小久远走他乡，却又因生活所迫，宿命般从事了与殡葬有关的职业。

　　个人尊严的建立，既体现在对强者的反抗上，更体现在对弱者的悲悯、同情、宽容和关怀上。从生命的角度来看，死亡的人是终极的弱者，而殡葬师，只是比死者高一点的人，他们甚至被扛生意的苦力棒棒、擦皮鞋的、街头的锁匠以及那些每天挣几十块钱的小商贩看不起。因此，我幻想殡葬师通过与比他们更低的"死者"的关系，来确立自身存在的价值和尊严。为此，在塑造主人公时，我让小久这一代殡葬师有了与老一代殡葬师完全不同的职业态度，他们尊重死者，尊重比他们更弱的人，在给死者装殓时，他们希望通自己的努力，让每个逝者都能带着人世的温暖去到彼岸。为此，他们认真修复因车祸而逝世的遇难者被碾压变形的头骨，为渴望肢体健全的死者安装假肢，为面目狰狞的面孔整容，目的是尽可能让每一个死者保持应有的体面前往天国。小久的善良和敬业，打动了同城的竞争对手老蝙蝠，获得了作为同行的尊重。老蝙蝠不仅将自己的绝艺倾囊相授，还让小久成为了合伙之后的负责人。

　　生命也许有诸多的不公，但在人生的最后一个环节，小久试图让每一个人走得平等，走得有尊严。他统一了殡葬公司员工的工作服，训练他们走正步，设计了一套庄严的出殡仪式，让每一个死者都得到同等对待。他还承包了一座荒山，倡导最为环保，也最为平等的树葬。遗体深埋，不留墓碑，只在死者遗体上方种植一棵自己生前选定的树。小久幻想多年以后，石漠化的荒山能够绿树成荫，而每一棵树下，安息着的，都是一个曾活于尘世的亲人。

　　作为生命最后的摆渡者，殡葬师们与死亡朝夕相处，形成了他们独特的人生态度。老蝙蝠在小久对死者的悲悯中，意识到了人的尊严。他死前将眼角膜捐给自己的盲妻，一方面想让盲妻看看这个世界，另一方面，也想让盲妻获得健全人的尊严。他自己却担心到了另外那个世界成为一个盲人，被歧视，干脆将遗体也捐给医科大学。

　　因为尊严意识的复苏,老蝙蝠担心失去眼角膜以后,到另外那个世界会遭人歧视,这个将成千上万死者摆渡到彼岸的人,选择了放弃归途。我想借《生死课》来表达我的认识,个人尊严的获得,与强者的对抗固然是一种途径,但更重要的,是通过对弱者的悲悯与同情来获得。也就是说,哪怕是一个生活中的强者,他只有给予弱者以尊严,自己也才能获得尊严。我想,没有个体的尊严,就没有民族的尊严,也就没有国家的尊严。从这个角度来看,在走向现代国家的路途中,个人尊严的觉醒与保护,是我们民族在文化层面需要解决的问题。

　　我写《生死课》,是想写出严酷中的暖色,黑暗中的微曦和绝境中的企盼,我想用文字触及那些平凡人特殊的生存体验,感知他们的困境与不易。采访那些殡葬师是几年前的事了,现在与他们偶尔还会通个电话,他们是这个社会最孤独的一群人,来自同行和业务之外的电话,对他们来说,是如此珍贵,有时,我觉得自己是触摸到他们孤独却又无能为力的人。

　　曹斌:您的写作历史不短了,主要的作品是中、短篇小说,有没有写作长篇小说的计划?

　　胡性能:虽然我的写作历史不短了,但一直都处于一种"业余"写作的状态,缺乏大块的时间是一个原因,不够勤奋是另外一个原因。我一直觉得,长篇小说有如马拉松,以我平庸的资质,如果不在思想、阅历、见识、技巧、时间、精力等诸多方面做好准备,很难写出让自己满意的长篇。在退休之前,我的写作重心,仍然会是中短篇小说。

曹斌：在自己的创作中是否遇到过瓶颈，您认为最大的困惑是什么？

胡性能：我觉得一生都在瓶颈中。小说是用实证主义的态度，加天马行空的想象，加灵思泉涌的表达，以及上苍恩赐的感悟构建起来的世界，它要解决的环节太多，每一个环节其实都有提升的空间，理想的小说总是在前方，你加快追赶的速度，发现它永远与你保持着一个可以目测的距离，让你无法抵达，却又不让你因沮丧而放弃。至于瓶颈，几乎每一部小说都会给我带来障碍，瓶颈有时候是结构，有时候是语言，有时候是表达，有时候是人物之间的关系，有时候是这些问题的总和。我猜想，小说家面对自己心目中的理想小说，很可能像跳高运动员面对高度，注定是永远的失败者。

是的，我在自己的创作中常常感到困惑，最大的困惑是，我发现每一个小说都有它自主的命运，它的诞生，它的或广为流传或被雪藏的命运，都不由写作者说了算。很多时候，我能够感受到写作过程中的那种身不由己。

曹斌：请您给我们谈谈您的阅读与写作。

胡性能：几乎每个写作者都是阅读者，他需要在大量的中外作品的阅读中，构建起自己小说的价值坐标。我的阅读偏窄，这与我狭隘的趣味有关。众口交赞的一些名著，如果不对我的口味，我可能会将它束之高阁。相反，对于我喜好的作品，哪怕作者籍籍无名，我也会以饱满的热情一再翻阅。我记忆力不好，这让我重读那些我珍惜并尊重的作品时，都会有完全陌生的收获，我视那些作品为我远方的故乡，每一次阅读都是一次沉默的遥望。从某个角度来说，我的写作是对这些作品的呼应，但让我沮丧的是，我对自己创造的世界总是喜新厌旧，所有的精力、情感、注意力都在当下的这个作品上，一旦完成，尤其是发表之后，它们很快从我的情感世界中被清除，我很少再想起它们。

曹斌：您认为我们昭通作家最缺失的是什么？

胡性能：这个问题应该由批评家来回答。我并不清楚昭通作家最缺失什么，因为回答这个问题得建立在对昭通作家作品大量阅读的基础上，而这一点我显然做得并不好。可我却清楚自己的局限，在需要深邃的时候我常常流于浅薄，在艺术上需要心狠手辣时我又常常表现出妇人之仁，而需真正体现悲悯情怀时，我又做不到纯粹的善良。我很想让自己的创作具有大的格局，但才华、运气、机缘这些问题都不由我说了算，甚至看似个人可以把控的专注度和实践力，我也无力把控。

曹斌：您的文学观是什么？

胡性能：如果浓缩成一句话，我认为文学应关注现实在内心的投影。

100多年前，人类借助显微镜发现了肉眼无法观测到的微小粒子——分子。后来，又相继发现了比分子更小的原子和中子，之后发现还有比中子更小的夸克。有好奇的科学家将当时世界上所发现的最小粒子无限放大，奇迹便出现了，人们在夸克里看到了宇宙的辽阔与星河的灿烂。

举这样一个例子是想说明这个观点，对文学来说，看得见的外部世界固然宏阔丰富，应该被书写，但那些看不见的，幽微而深邃的心理世界也值得用文字去探寻。往人的内心深处走，在个人的心理体验上着力，同样也可以揭开一个放大后的"现实世界"。

在人类发现分子不久后的1830年，随着欧洲资本主义制度的确立，现实主义成为一种取代浪漫主义而占主导地位的文艺思潮。直到今天，大多数中国作家仍然围绕着现实主义题材来进行文学创作，他们在自己的创作中关注重大社会问题，聚焦生活中人们的悲欢离合，那些小说较深地触及了现实水面下隐藏的社会问题，生活在当下的人读了这些小说很容易产生共情。

如果说传统的现实主义是向外的，讲究的是作家对社会现象进行有效的认识、归纳、提炼、总结，最后通过塑造典型的人物来对现实进行表达，那么有没有一种现实主义是向内的，即作家关注的不再是典型环境中的典型人物，而是现实在人物心灵上的投影。换言之，作家不仅要描绘现实生活中人物内心的挣扎、恐惧、懊恼、孤独、犹疑……还要写出这些心理背后的价值选择。着墨的重点已不是人物的形象，而是人物内心的取舍。

我认为文学在关注重大社会问题，聚焦生活中人们的喜怒哀乐的同时，也应该向内延伸，关注现实在内心的投影，关注人内心微妙变化的瞬间。如果说传统的现实主义要表达作家对外部世界的认识，那么我更看重作家如何通过作品来看待自己。

曹斌：您认为年龄和创作力有关系吗？您是如何保持创作持续性的？

胡性能：我认为有关系，但不是绝对的。看上去，中外的许多小说家出成果的年龄不尽统一，但在我看来，这恰恰说明年龄与创作力还是有一定的关系的，但存在着非常大的个体差异。有的人早熟且早慧，年纪轻轻就写出自己的代表作品，而有的作家则大器晚成。也许，小说创作这门艺术和竞技运动有几分相像，大多数的小说家都能感觉到自己创作状态的好坏。

至于如何保持创作持续性，我想，除了热爱，就是不停地写。

曹斌：现在您在写什么？今后还有没有更大的创作计划？

胡性能：因为我主要写中短篇小说，所以现在写什么并不重要，毕竟中短篇小说的完成时间不太长。目前，手里有好几个小说需要写，但受时间、状态等因素的限制，总是没有如愿完成。我是一个用业余时间进行写作的人，更大的创作计划总是被我安排到退休以后，届时我也许会以更专业的态度去对待我的写作，至少我的时间、情感、投入度都能够比现在更有保证。说到创作计划，或许每个作家都会有，我自己也是，但因担心到时完成不了，所以它只能成为我个人的秘密。

# 胡性能创作年谱

## （一）出版情况

1. 《在温暖中入眠》（中短篇小说集），中国作家出版社，2004年。该书入选中国作家协会"21世纪文学之星"丛书。

2. 《有人回故乡》（中篇小说集），新疆美术摄影出版社，2012年。该书收入"中国作家前沿"文丛。

3. 《下野石手记》（中短篇小说集），云南人民出版社，2015年。该书收入"云南作家精品文库"。

4. 《孤证》（短篇小说集），学苑出版社，2017年。

5. 《生死课》（中篇小说集），言实出版社，2018年。该书收入"当代中国最具实力中青年作家书系"。

## （二）小说情况

1. 《米酒店老板的女儿》（短篇小说），载《滇池》1990年第3期。

2. 《大水之惑》（短篇小说），载《滇池》1991年第7期。

3. 《顺城街》（短篇小说），载《滇池》1993年第7期。

4. 《有人回故乡》（短篇小说），载《当代》1996年第1期。

5.《待铺》(短篇小说),载《女子文学》1996 年第 8 期。

6.《毒酒事件》(短篇小说),载《滇池》1997 年第 7 期。

7.《一个故事留下的印象》(短篇小说),载《滇池》1998 年第 4 期。

8.《暗处》(中篇小说),载《大家》1999 年第 1 期。

9.《谁是小杏》(短篇小说),载《大家》1999 年第 3 期。

10.《来苏》(短篇小说),载《山花》1999 年第 5 期。

11.《扑腾的鸟》(短篇小说),载《钟山》1999 年第 3 期。

12.《怀抱死婴的女人》(短篇小说),载《作家》1999 年第 5 期。

13.《兄弟》(短篇小说),载《作家》1999 年第 5 期。

14.《民工李朝东》(短篇小说),载《作家》1999 年第 5 期。

15.《记忆的村庄》(中篇小说),载《花城》2001 年第 2 期。

16.《在温暖中入眠》(短篇小说),载《当代》,2003 年第 2 期。

17.《尘封与岁月》(中篇小说),载《中国作家》2006 年第 1 期。

18.《守口如瓶》(中篇小说),载《飞天》2011 年 1 月号。

19.《一梦天涯》(中篇小说),载《山花》2011 年第 2 期。

20.《下野石手记》(中篇小说),载《十月》2011 年第 4 期。

21.《母亲的初恋》(短篇小说),载《十月》2011 年第 4 期。

22.《变脸》(中篇小说),载《十月》2012 年第 5 期。

23.《电线上的风筝》(短篇小说),载《绿洲》2013 年第 2 期。

24.《小虎快跑》(中篇小说),载《钟山》2013 年第 3 期。

25.《一语成谶》(中篇小说),载《西部》2014 年第 3 期。

26.《重生》(中篇小说),载《人民文学》2014 年第 7 期。

27.《孤证》(短篇小说),载《人民文学》2015 年第 7 期。

28. 《如影随行》（中篇小说），载《十月》2015 年第 6 期。

29. 《消失的祖父》（中篇小说），载《人民文学》2016 年第 4 期。

30. 《生死课》（中篇小说），载《十月》2017 年第 5 期。

31. 《鸽子的忧伤》（短篇小说），载《大家》2018 第 4 期。

32. 《雨水里的天堂》（中篇小说），载《长江文艺》2018 年第 8 期。

33. 《乌鸦》（短篇小说），载《上海文学》2019 年第 7 期。

34. 《恐低症》（中篇小说），载《花城》2020 第 2 期。

35. 《进修生》，作家出版社（收入作品集《在温暖中入眠》），2004 年。

36. 《疯狂的鹦鹉》，江苏文艺出版社，出版年份不详（收入作品集《丰与简》）。

37. 《震惊世界的锤音》，载《十月》2014 年第 3 期。

38. 《普洱红》（电影剧本），载《中国作家》2016 第 3 期（影视版）。

（三）获奖情况

1. 《下野石手记》，获第十届十月文学奖中篇小说奖，2013 年。

2. 《生死课》，获第十四届十月文学奖中篇小说奖，2018 年。

3. 《雨水里的天堂》，获《长江文艺》双年奖中篇小说奖，2019 年。

4. 《在温暖中入眠》，获云南文学艺术基金奖，2005 年。

宋家宏，1956年3月生，汉族，云南昭通人。1982年春毕业于北京师范大学中文系，先后就职于昭通师专、玉溪师专、云南人民出版社，现为云南大学文学院教授、云南大学云南文学研究所所长，云南省文艺评论家协会副主席。

主要从事"中国现当代文学"的教学和研究，对云南区域文学研究多有涉猎，曾获"第四届云南省文学艺术奖励基金会理论批评"一等奖、"云南省文学艺术'四个一批'云南文学艺术贡献奖""第八届中国文联文艺评论·著作类二等奖"。在《文学评论》《中国现代文学研究丛刊》《文艺争鸣》《中国诗人》《中国图书评论》《世界华文文学研究》《文学自由谈》《大家》《边疆文学·文艺评论》《文艺报》《文学报》《人民日报》《云南日报》等报刊发表评论百余篇，著有《走进荒凉——张爱玲的精神家园》《阐释与建构——云南当代文学专论》《审美与重构——中国现当代文学丛谈》《批评的空间》等。

# 宋家宏：我与文学评论

## 一

**曹斌**：您在20世纪80年代初就开始发表作品，写作初期，受到哪些方面的影响？

**宋家宏**：我的写作主要是文学评论，这种文体主要还是学校教育的结果，它和创作文学作品有所不同。创作可以自己摸索，评论需要比较正规的学术训练，自己摸索当然也可以出成果，但是可能慢一些。我大学的毕业论文就发表了，并且被收入了一个集子。那是研究民间文学的一篇论文，名为《试论民间爱情故事的起源及发展》，在今天看来这题目大得不得了，当时怎么敢写这样的题目？真是不知天高地厚。记得开题时题目比这还大，被导师切小了。最后通过了，北师大民间文学的老师认为写得很好。我花了8个多月完成这篇论文，天天泡图书馆。快毕业时得到通知，这篇论文要发表，导师让我修改、压缩。我进北师大图书馆去修改论文，发现七七级中文系的只有我一个人进图书馆了！心境颇感苍凉，又很兴奋。这次毕业论文写作对我的学术研究起到了非常重要的作用。1986年我又到中国社会科学院文学研究所去进修，那时刘再复老师当所长，文学新观念正盛行，我在赵园老师指导下研究中国现代文学，主要研究作家作品，又侧重于张爱玲研究方面。这对我后来从事文学批评产生了重要作用，没有那一段时间的学习，可能就没有我的今天。

曹斌：您的创作与您上山下乡的那段经历有着怎样的关系？

宋家宏：上山下乡当知青与后来从事文学评论没有直接的关系，增加了一些人生体验而已，有机会读了一些禁书而已。在乡下的几年，我和我的"插友"樊民是最爱读书的人，其他几位就不读书了，人各有志，他们都比我早参加工作，四位都当了工人，那时可是需要背景、后门一类才可以去工厂当工人的。现在有的人非要把自己后来的某种成功归功于上山下乡，这是我非常反感的，数千万人上山下乡，成功者极少，我们七七级考大学，录取率是50:1，这就能说明问题。上山下乡与写作、写评论有着直接关系的看法是必须彻底否定的。我们之前及我们之后的许多著名作家、评论家都没有经历过所谓上山下乡那样反文明发展的"再教育"，他们不是也对国家、对民族作出了自己的贡献了吗？

曹斌：您最初的文学创作主要写些什么题材的文学作品？

宋家宏：大约是大学三年级时，我们班几个同学办了一个文学社，写诗，直到毕业时才自己油印出来。我还给我们系的文学社投过一篇小说稿，后来也不了了之。回到昭通后写过小说、诗歌，小说好像在地区文联的刊物上发过，现在没几个人知道了，写得不好。我可能还是适合做评论，这有个人思维方式的问题，也有训练的问题。

## 二

**曹斌：**您在评论工作中能找到快乐吗？

**宋家宏：**不用去找，这事自然是有快乐的，没有快乐的事不可能做这么长时间，我几乎把自己一生的大部分生命价值都交给了它。我很反对什么"坚守文学"这一类的说法。坚守，就有不得已，有痛苦在里面，需要坚守，就需要牺牲某些东西。其实文学这个领域不需要谁坚守，做不下去，或者另有图谋，离开即可。一定是在这里有快乐，有愉悦，才会做下去。评论也是自我主体心灵的表达，人都有表达的欲望，这是人性使然。当你在读作品时，当你在思考某些文学现象时，你有所发现，并能把它表达出来，心境必然是愉快的，如果再得到某种承认，快乐就增加了重量。1995年夏，我曾因为一篇文章的发表，被中央电视台邀请去北京接受采访，这样的事当然是愉快的。

**曹斌：**是怎么回事？能说说吗？

**宋家宏：**可以。那时，昆明的《滇池》杂志主编是李霁宇老师，编辑部负责评论的编辑张倩与他商量，开一个栏目，直言不讳地评论作家作品，他们叫"钢性批评"，我也是他们约写文章的一个批评家，写的是曲靖作家吉成的小说，几乎没说什么好听的话。云南师大的胡彦写的是李霁宇的小说评论，真是直言不讳，几乎全否定了，尤其在艺术层面，李霁宇的小说与胡彦的小说观念很不一致。李霁宇把文章照样发出来了，作为主编，这是要有心胸，有境界的！当时全国正有一个重要事件"马桥诉讼"，《马桥辞典》的作家因为批评不准确，把批评家告上了法庭。这个事件影响非常大。联系云南作家的做法，我在这个背景上写了一篇短评：《为了文学，向我开炮——云南作家的雅量》。《文艺报》发出来了。中央电视台"文化视点"栏目的制片人见到了这篇文章,通过《文艺报》找到了我的联系方式,打电话给我,请我和李霁宇到北京去,要采访我们,谈文学批评的事。节目播出后,我看到同期被邀请的还有北京大学的王岳川教授。那时,我还在玉溪师专。你在一个很偏远的地方搞文学批评,接受了这样的邀请,喜出望外啊,心情肯定是相当愉快的。

接受中央电视台采访的事还有一次,就是2016年央视做彭荆风老师的专题片,也采访了我。但似乎心境就没那次愉快了。人在昆明,这样的机会比在地州上大得多。

曹斌:您是如何把您的研究成果很好地融入到您的教学当中的?

宋家宏:我在大学教的就是中国现当代文学,与我的文学评论范围是重合的,它自然存在于我的教学过程中。除了与我开的选修课"张爱玲研究"是完全重合,其他的是潜在影响。你研究问题的思维方式、研究带来的学术境界以及对作家作品的理解深度,都潜在地影响着学生。没有文学评论作为思想背景,教学效果可能就会有问题,照本宣科地讲课,不是我的风格。

曹斌:您的文学评论《走进荒凉——张爱玲的精神家园》受到评论界较高的评价,您是如何来看待这个评价的?

宋家宏:我较早进入了张爱玲研究的领域,那时大陆进入这个领域的人不多,当时昭通师专有位教师听说有个叫张爱玲的作家时,他认为这是个三流作家。这时我研究张爱玲的论文已经快要在《文学评论》上发表出来了。又过了将近十年,我的这本书才出版,是花了功夫的。当然这十年里也不是只做了这件事,是因为有两本必须读的作品大陆不能出版,我所在的云南不可能找到。我调到玉溪后,在一次会议上偶遇黄维樑先生,他帮助我从香港寄来了这两本书，我才开始写这本专著。现在张爱玲研究已经是学术界的一个热点，每年都有许多文章发表，我这只不过是其中之一。我在张爱玲研究中，化用了心理批评和社会批评，同时进入一个作家的研究，也有些个人的人生体验融注其中，这才有了些个人的独特发现，被学界认可而已，也不能说怎么了不起。我在学术著作的写法上有些探索，因此很好读。让我高兴的是，这本书有广泛的读者，重印了3次，十年前就发行了20000册，现在市面上早已断货，只在"孔夫子旧书网"上偶尔又会出来一两本。我想做一个修订版，一直没有时间。

## 三

曹斌：您认为作为一个文学评论家一直要坚守的底线是什么？

宋家宏：就是鲁迅所说的"好处说好，坏处说坏"。不人云亦云，不趋炎附势，不故作深刻，平等对话，追求明白晓畅平易近人的表达。

曹斌：在评论的创作过程中，您认为至少现在还没有办法解决的最大的瓶颈是什么？

宋家宏：从个人来说，是自己的学养不够，我最应该背诵诗词歌赋的时候，最应该读世界名篇佳作的时候，正是"文化大革命"期间，这些东西被认为是"封资修"的"毒草"。少年时代、青年时期受的教育会影响人的一生。考上大学后开始补课，可是很多东西补不回来了。在今天这个年纪，只能安慰自己说，"我已经尽力"。其实自己很清楚，评论的眼光，写出的文章，没有达到自己的理想。

曹斌：您认为一个优秀的评论家最理想的状态是怎么样的？

宋家宏：评论其实有两个领域，一个是文学批评，一个是文学研究。研究这一块我就不说了，大家都知道。文学批评这一块我说一下感受。最好的文学批评家，应该具有敏锐的眼光，能及时发现当前文学界的好作品，能准确地发现作品以及文学现象中的种种不足，发现刚刚露头的文学现象，及时地给以总结、提炼、命名，以此潜在地影响着作家的创作。他和创作界是平等交流、对话的关系，不是教师爷，也不是吹鼓手。这需要文学批评家具备强大的理论背景和良好的艺术感受能力。还有，一个优秀的评论家一定是具备优秀的语言表达能力的，他不搞术语堆砌，云山雾罩，故作高深，他的语言明白晓畅，富有吸引力，是作家和普通读者都爱读的。

曹斌：您在文章中反对评论服务于创作，从属于创作，但是在很多人的观念里，评论就是为创作服务的，是为推动创作繁荣的。想听听您的具体看法。

宋家宏：这涉及批评观的问题，不同的批评家有不同的批评观。说起来话就长了，其实有兴趣的读者可以去看我写的相关文章，大多数在我的集子里，有的在博客上。大约在20多年前我就写过一篇文章《说说批评观》，表达我对批评的理解，想想那时真是无知者无畏，竟敢把"批评观"这样的词用之于自己，现在却非常犹豫了。我有没有形成自己的批评观？尽管这些年来我写过10来篇关于文艺批评的文章，一直在对文艺批评本体进行思考，对20多年前那篇文章表达的观点有承续，也有修正，似乎形成了相对完整的对批评的看法，但仍然不敢说这就是自己的批评观。因为它没有太鲜明的个性，基本观点还是别人的，有点自己的理解而已。自从进入文学批评领域，我就对中国现代文学史上的"京派批评"，也就是李健吾他们的批评观很推崇，他们所承续的是印象派批评，又有所变化，不是典型的印象派批评。当然，我对他们的理解也不一定准确，实践起来更不容易，印象派批评是特别需要文学才华的。

我认为文学批评首先是批评家主体的精神漫游，是批评家面对作家作品和其他文学现象的创造性活动。批评家是借作家作品和其他文学现象来说自己的话，表现的是批评家自己。文学评论不是作家与作品的附庸，它无权利、无义务去解释作家的意图并让作家自己满意。评论是评论家的创造，是评论家面对作家作品的再创造，它要渗透评论家自己的主体意识。

曹斌：是不是写出了自己对作家作品的主观理解就是文学批评，那写了几篇文章就是文学批评家了，这批评家也太容易当了吧？

宋家宏：谁都可能对作家作品有自己的理解，大多数人都可能把自己的想法写得文通字顺。谁都有权利写出他对作品的理解，但并不是谁都能做一个有价值的批评家的。这就涉及批评观的第二个问题，特殊的识别。

文学批评是批评家对作家作品和其他文学现象特殊视角的识别。有个性、有价值的文学批评家都有自己独特的理论背景和切入文学现象的独特视角，拥有独特理论背景和视角的批评家在识别作家作品时才会有独特的发现。20世纪被称为"文学批评的世纪"，出现了众多的批评理论与流派，每一种理论与流派都有自己的出发点和归宿点，一直延续到今天。批评家们根据自己的理论背景和切入视角对文学现象进行识别，这样，有的作家作品在一些评论家的眼中可能有极为重要的价值，而在另一些批评家眼中毫无价值。个别的批评家要对作家作品作出"全面而深刻"的评论是不可能的，也不应该对批评家作这种要求。有个性的批评常常是"片面而深刻"的，批评不能求全，全面而深刻的评论只是一种理性追求的境界。批评的百花齐放，多种视角的切入，才有可能出现"全面而深刻"——它存在于众多的评论文章中。

评论家对作品的识别，一是识别到与作家同一的精神内涵，二是识别到作家没有意识到的精神内涵和审美价值，有个性的批评更重视后者。因为后一种识别是创造，是实现批评家精神价值的方式。如果他在文章中表明的看法是别人朦朦胧胧感觉到而没有说出来或说不出来的话，或是别人原来没想到，一经他说出来就恍然有悟，就达到他识别而后写文章的目的了。至于批评家引导社会阅读的责任，只能在批评的过程中潜在地存在，是第二位的。

最后，文学批评是对话，是与读者的对话，也是与作家的对话。对话双方在精神品格上是平等的，无论是面对拥有皇皇巨著的大作家，还是面对初出茅庐的文学青年，批评家都应该保持平等对话的精神状态，真实地说出你精神漫游的历程和感受。如果你无法保持平等的精神状态，就不要去写文章不要去与他"对话"。

## 四

曹斌：您在谈文学批评与创作的关系问题，这也是很多人搞不清楚的问题。能请您具体说说吗？

宋家宏：批评与创作，"两翼"和"双轮"的比喻我比较认同，它们是并行的，缺一不可，不能把它们等同。这几年来我对印象派批评的基本观点仍然是认同的，但他们把批评也等同于文学创作，我不太认可。还针对当前文学批评领域的一些现象，对文学批评和文学研究作了学理区分，引出了思考文学批评的定位问题。

文学批评家必须置身于文学创作现场，敏锐地发现新人新作，捕捉到新出现的文学现象，及时地给予评介、分析，作出初步的归纳总结，表达他的喜悦或者不满，以专业的眼光引导读者的阅读，间接地影响着作家的创作。

因此，文学批评的价值在于其中介和桥梁的作用。在文学的生态链中，它处于创作—批评—研究的中介状态，同时它又起到创作—批评—读者的桥梁作用。文学研究者通过对批评的初步总结，进一步开掘出作品的价值和意义，发现规律，总结理论意义。读者通过专业的批评，更为深入地理解作家作品，欣赏作品的审美价值，否定和淘汰不好的作品，从而推动更有效的阅读。文学批评对作家的创作有所启示，让作家写出更好的作品。批评对创作的影响是间接的，不是直接的，批评家不能去教作家怎么写，他只能说出他对作品的看法。

把文学批评也看作是文学创作的观点，在我看来也是不恰当的。从质的规定性上说，文学批评仍然属逻辑思维的领域，只不过它离创作更近，需要保持更丰富的感性特征。从创作—批评—研究的过程来看，是一个感性逐渐递减，理性逐渐上升的过程。文学批评处于两者之间，它需要一种特殊的独立的文体。有的把文学批评也当作创作来写的文章，文字很感性很灵动，却缺乏必要的归纳与判断，停留于对作品的描述之中，或者自己的感受之中。这样的文章也是没有多少意义的，作家会说，你还没有我写得鲜明生动，何必写呢？

曹斌：您自己多年来一直身处高校，但似乎对"学院派批评"不太认同，是怎么回事？

宋家宏：当前的文学批评家，尤其是身处高校的文学批评家们，往往以文学研究的方式进入文学批评领域，不是从文本阅读的审美体验出发，而是从理论概念出发，术语堆砌，生搬硬套，云里雾里，让读者和作家不知所云。作者自以为高深莫测，其实这样的批评文章对创作毫无意义。假如作者自己对某些西方文艺理论也还一知半解，又要强作高深，把鲜活的创作当作证明某些理论概念真理性的材料，那就更加让人反感。这有很复杂的原因，高校学术体制化是一个重要原因，今天不说这个原因。我只想从高校批评家对批评的理解说。

批评家应该始终把普通读者与作家作为自己文章的潜在阅读者，而且是最重要的阅读者，这样，他就必须把文章写得深入浅出，举重若轻，行云流水，不能搞艰深晦涩，云山雾罩，故作高深。当前高校的一些批评文章由于作者的读者指向模糊，自己都不知道究竟是写给谁看的，是普通读者和作家还是专业研究者？有的甚至两不搭界，从而丧失了文学批评的意义。

文学批评是对当下文学现象和文学作品及时作出审美判断并进行富于个性的阐释、评介的文字，文学研究则是对既往的文学现象，包括作家群体、思潮、文学史演进等作学理分析、价值判断、归纳总结的文字。即时和既往，是区别批评与研究的重要维度。高校的一些批评家在今天的学术体制下很难静下心来，沉于当下的文学现象、作家作品中去。他们必须去拿课题，进行"研究"，这就离开了"批评"。一些热爱文学批评的教师，不得不离开批评的场域，进入研究的场域，写出的文章就两不搭界。由于批评处于创作与研究之间，感性与理性的融合是批评文体的鲜明特色，批评更富于审美的感性的特色，研究则有更多理性的色彩。文学批评家只有清醒地认识到这一本质属性，才会在写作中自觉追求文学批评感性与理性融合的文体呈现方式。

曹斌：这么多年来，您的评论获了许多奖，请谈谈您最满意的是哪一篇，为什么？

宋家宏：其实我获奖不多，有10多个吧。重要的奖项是"第八届中国文联文艺评论奖"的"图书二等奖"，授给我的《阐释与建构——云南当代文学专论》；还有"第四届云南省文学艺术奖励基金会理论批评"一等奖，授给我的《走进荒凉——张爱玲的精神家园》。两个奖都是奖给图书的。文章如果只选一篇，那最满意的一篇却从来没有获过奖，就是《一级一级走进没有光的所在——曹七巧探》,在《中国现代文学研究丛刊》上发的,发在头条位置。这篇文章从三个角度去分析曹七巧,也就是从三个理论背景切入,使对这个人物的分析有了立体感,整体把握性强,使后来者选择新的角度有了难度。后来者当然也有新角度,比如从女性主义角度。文字不长,记得编辑是一个字没动就发了。文章的文字表达也很富有感性色彩,情绪很饱满,有综述文章认为是研究曹七巧最有深度的文章。我记得写的时候是一气呵成,写完之后才来改,我现在读起来还是满意的。有的文章现在读已经不满意了,有的读都不想读,编集子时最有感受。

## 五

曹斌:新时期以后昭通文学才得到蓬勃发展,差不多到新世纪以后才得到外界的认可。您回到昭通是20世纪80年代初,想请您说说那时您是如何参与昭通文学创作活动的?

宋家宏:这是个好题目,我见到一些文章说那时的情况,看得我这个亲历者都不知道是怎么回事了。我是1982年春从北师大毕业被分配回昭通师专的,那时昭通文学已经有了一定的规模,曾令云、蒋仲文、夏天敏他们是开拓者。《烟柳》杂志是曾令云他们办的,地区文联也办有刊物,工作开展得很好。我回来不久,就让我去参加活动,我给他们交的是一篇小说,写得不好,我都找不到了,也不想找。我一直在备课、讲课,参加他们的活动不多。但是我在学校做了一些推动学生文学创作的事。1982年4月回到昭通,9月担任了中文六班的班主任。我马上推动成立"野草文学社",班长张广生很热情,他喜欢写诗,我们一拍即合。他积极地去做具体的事。等到要成立的时候,拿到科(那时不叫"中文系",叫"中文科")里去讨论,少有人支持,有的人态度暧昧,有的人直接反对。可以理解，为什么呢？科里大多数老同志都是不久前才被从"右派"改正归来，心有余悸，怕学生文学活动出事，担不起责任。有的教师说，学生创作要鼓励，但是有"写作课"就行了，归给"写作课"去帮助学生创作。少有人听我这个班主任，这个最年轻教师的话。我当天晚上就去找了李力校长。李校长是个非常有魄力、非常有远见的领导，他没等我说完，就说，"你们抓紧成立，我来参加成立大会。中文科的工作我来做"。李校长怎么去做中文科领导的工作我不知道。成立大会那天，李校长一来，你们从照片上可以看到，该来的人大多数都来了，也还有人不来的。来的都表示积极支持，李校长还发表了热情洋溢的讲话。我也没有和学生们说这个过程，连张广生我也没告诉。成立大会后皆大欢喜。"野草文学社"的成立，对推动学生的创作发挥了重要作用。李校长的大力支持我永远记得，没有他，我们很难想象是个什么结果！他已经去世了，但是他对昭通文学的贡献不应该被忘记。不是说"昭通学院是'昭通作家群'的摇篮"吗？这个摇篮的第一推动力是李力校长！"野草文学社"成立后出版了油印刊物《野草》，我为学生们的作品写了一篇诗评，好像用的笔名是"晓雨"，记不清了，翻一下这本刊物就知道了。这是我为昭通作家写的第一篇评论。现在我看到有的写昭通文学发展情况的文章，说"野草文学社"成立很久后才到昭通师专的，说到成立时比当事人还清楚，似是而非，看得我啼笑皆非。

曹斌：还有一个"荒原文学社"又是怎么回事呢？好像比"野草文学社"影响还大？

宋家宏："荒原文学社"成立晚得多，是1986年前后的事。省作协在曲靖开了个"滇东北笔会"，会上夏天敏见到我的大学同学高文翔，他们一起说到了我。我那时参加地区文联的活动还是不多，彼此不大了解。说到昭通文学与曲靖文学的差距，说到高文翔与曲靖文联的密切关系。说得很客气，很慎重，要我"出山"，一起来为昭通文学做点事。把我吓着了，不存在这个"出山"问题，只不过是联系少罢了。后来不知道又经过多少次商量，决定成立一个面对全地区的文学社，"野草文学社"只是面对昭通师专的一个校园社团。我们首先做了一件事，就是编辑《荒原——昭通新诗选》，想以此来团结昭通的文学作者。果然起到了重要作用，"征稿启事"发出后，收到了雪片般的来稿，最后编成了那本绿色封面的小书。还出版了一张报纸《荒原》，发刊词《绿满荒原》是我写的。我与天敏分别担任社长、副社长，地区文联的杨力主席是个热心人，对我们的工作很支持。《荒原——昭通新诗选》是请他写的序，至今你去读，还会受他的感动。但是不久我就去北京中国社科院读书了，一年左右的事情都是他们做的，好像成立大会我都没能参加。从北京回来，带着一脑袋的新思想、新观念，我开始对昭通作家们开炮，在《荒原》上，更在《昭通报》上连续发了一组文章，逐个评论昭通诗人、作家。似乎也起了些作用，至少当时他们是认可的。雷平阳不仅是"荒原"的中坚，他还成立了一个诗社"大家"，汇集了一批诗人，很有影响，发挥了重要作用。他也是"野草文学社"的第二任社长。

**曹斌**：您写了很多关于昭通作家的评论文章，有没有出于故乡情结的"偏心"？

**宋家宏**：我从来不认为评论是"纯客观"的，都带有评论家的主观色彩，纯客观只存在于无数主观的追求之中。评论有主观体验融注其中，才会有生命的体温。我的评论中确实有不少关于昭通作家的，有两个原因，一个是你说的故乡情结，这自然会让我的评论带有一定的主观色彩，对有的作品有所"偏爱"。这也没什么关系，谁的评论都不可能一锤定音，别人不认可，很正常，他去写出不带偏见的评论更好。一篇评论引起别人对这部作品、这个作家的关注，也就达到一定的目的了。一个作家的作品发表了，最怕的是没人说话，连带偏见的话都没人说，沉默地让这个作品消失于每天都在发表的作品沙海之中。

二是我对这批人熟悉，对他们笔下的生活有感情。鲁迅说过，"我总以为倘要论文，最好是顾及全篇，并且顾及作者的全人，以及他所处的社会状态，这才较为确凿。要不然，是很容易近乎说梦的。"对作家和他所处的社会状态全然不了解，只能就作品论作品，写起来也没有感觉。这些年我虽然离开昭通了，但是昭通是我的根脉所在，我对昭通社会状态还是有基本的了解，差不多每年都会参加一些昭通的文学活动，对这里的一些作家有接触、有了解，读起作品来，感觉是不一样的。所以，作家、评论家要相互交朋友，相互有较多的了解，才能做到鲁迅所说的"顾及作者的全人"。

我牢记鲁迅的教导，对不大了解的作家，就不去写评论。但是，有的作家你是不可能认识的，又必须去研究，如我写张爱玲研究，不可能去与她面谈，但是我读了她很多资料，对她所处的社会环境，她的家族、家庭、个人已经很熟悉了。一个出道不久的作家不可能有这些丰富的资料让评论家来认识。让评论家认识你，是作家必须做的功课，除非你确实全然对评论不以为然。

**曹斌**：昭通文学现象和"昭通作家群"，您做了整体分析，您认为近三年来"昭通作家群"创作现状如何？

**宋家宏**：好像是三年前我写过一篇《四问"昭通作家群"》，昭通的报刊都发表了，我的博客上也还在。问题提得很尖锐，以至昆明的一些朋友问我，这样的文章你也敢写，他们接受得了吗？没有骂你？我说，背后骂不骂我不知道，当面至少没骂，还说了感谢的话。因为相互很熟悉了，好像说重一点也没关系，加之他们都知道我是个直言不讳的人。最近两年昭通作家们很努力,也发出了一些有分量的作品,不断在全国有影响的刊物上出现。尤其身居昭通本土的作家在名刊上发出作品来更让我感到高兴,夏天敏、吕翼、刘平勇,都写出了好小说,诗歌在平阳的率领下,不断出现新人佳作。小说创作的后续力量还是一个大问题,如何抓紧推出新人,是"昭通作家群"要高度重视的问题。相邻的曲靖这两年蓬勃之势很明显。

曹斌:您觉得昭通文学创作在全国处于什么位置?

宋家宏:这个问题恐怕谁也说不准确。因为要对全国的创作状态有个清楚的了解就不是容易做到的,再对昭通有个全面准确的了解,放进去衡量,实在太难了。不过,过去有人曾经说的"占领半壁江山""搅动中国文坛",这些话还是少说为好,现在好像没这么说了。低调一点,清醒一点,只有好处。就以整个云南来说,进入全国一流作家方阵的也没有几个,何况昭通呢?云南至今没有"茅盾文学奖",有的省有好些个,有的作家一个人就得过两次。"鲁迅文学奖"云南也只有五个,你去查一下的其他省,不比不知道,一比吓一跳。云南最多的是"骏马奖",昭通本土作家有吗?我不大清楚。获奖只是评价的一个维度,不能说明全部问题。还有作品影响力这个维度,就是长篇或者集子不断再版,在全国发行,被图书市场接纳,中短篇被不断收入选本。还有被评论不断地论说分析,开掘出作品隐含的客观价值,越来越多地被认为是绕不过去的好作品。这样的作家作品昭通有几个?

## 六

**曹斌**：您从事文学评论近40年，现实生活中多数人认为评论是为他人作嫁衣，您怎么看待？

**宋家宏**：所以评论是少数人做的事，现实生活中多数人不会来做这事，评论也不是多数人能做的事。别林斯基和果戈理都是俄国文学的大师，他们之间政治观点不同、社会理想不同，但别林斯基对果戈理的创作产生了重要影响，果戈理并不认可别林斯基从他的政治立场出发而写的评论，他创作了《死魂灵》第二部，就是要写出一部与别林斯基的评论完全相反的作品，但他在去世前却把这部作品的手稿付之一炬。我们今天能读到的只是《死魂灵》的第一部，也就是被别林斯基高度评价的作品。你能说别林斯基在为果戈理做嫁衣吗？别林斯基不过是在借果戈理的作品说出他对沙俄社会的批判与否定，别林斯基那些精彩的评论文字烛照了沙俄时代的黑暗王国。在前面我已经说过我对评论的理解，评论是自我心灵的表达，是借作家作品说自己的话，正如作家借生活说自己的话，评论借作家作品以及生活说自己的话。自己无话可说的人，又要在文坛混，去写评论，只好去做作家作品的"吹鼓手"，制作出一件又一件的"嫁衣"来送给作家，还要看人家的脸色，高兴不高兴，愿意不愿意穿，心里挺委屈。何必呢？

**曹斌**：您是一位勤奋的评论家，一个勤奋的评论家一定在不断地大量阅读，请问您的阅读量一年是多少？您是如何界定阅读范围的？

**宋家宏**：文学评论只是我生活的一部分，说起来还是业余的，我的职业是教学，四十来年都如此，其间还做过五年的出版社编辑。

加之并不是很勤奋，我不赞成为文学"以命相搏"，文学也不是仅靠勤奋就真可以"补拙"，阅读也不是"量大"就一定有收获。创作心理是一个非常复杂的事，童年经验、少年学养、所处环境都会影响创作心理。一个评论家有没有成就，和他的创作心理有密切关系，而与"阅读量"没有多大关系。

我从未统计过自己的"阅读量"。因为要完成《彭荆风创作论》，读他的作品就有近千万字，很多作品不是读一遍，而是要反复读。还有相关资料没有算过有多少字。此外还写了一些别的文章，参加了一些会议，也要提交论文、发言稿，实在说不清楚阅读量是多少。我也没有自己限定的阅读范围，根据需要来阅读。年轻时候还有些计划，现在完全没有计划了，往往是为完成一些具体的任务来读书。

曹斌：在培养青年评论家方面，您有什么建议吗？

宋家宏：在文学界，我不大说"培养"这个词，因为作家、评论家真不是谁都可以培养出来的。冯牧先生也说过类似的话，他可是 20 世纪五六十年代"云南军旅文学作家群"的领军人物，一大批部队作家在他的率领下成长起来。"冯牧培养了一大批部队作家"的说法很流行，一些当年在冯牧麾下成长的作家也满怀深情地忆及冯牧对自己的培养。但是，冯牧自己对"培养作家"的说法断然否认。他说，"什么培养？谁培养谁？别林斯基培养了果戈理？笑话！""我就不承认我培养过谁，我所做的全部工作，只不过是像报上常说的：扶上马，送一程！"（见《远行的冯牧》，华龄出版社 1999 年版，第 278 页）我们都应该有冯牧先生的这种心胸，这种认识。数十年来，我们也看到了不少教训，生拉硬扯地"培养"，其实没多大作用。作家、评论家的成长，他的内在气质、所处的环境、个人的努力起着重要作用。

但是，如何推动作家、评论家成长，文学组织者、具有一定成就的作家、评论家确实可以做一些事。我认为，办读书班、研讨班是个好办法。把一些有志于文学评论，而且有一定基本素质的年轻人集中起来，一边读一些理论书籍、听课，一边读作品、研究现象，一起讨论，然后写出文章，这是推动青年文学评论家成长的好办法。大家集中在一起，学习、讨论，思想有碰撞，有碰撞就会产生火花，激发起写作的欲望。写出的文章经过大家的讨论，可能会更深入、更规范。

还有，组织青年评论家深入生活，开阔视野。我们经常说组织作家深入生活，很少有人说组织评论家深入生活。其实评论家同样需要深入生活，只待在书斋里是不可能写出好的评论文章的。生活都不了解，怎么会理解作家的作品？一些只在大学的围墙里生活的人，写的评论文章从术语到术语、从理论到理论，对鲜活的作品的生命没有理解，其实往往是对生动的生活没有感受。

**曹斌：**感谢宋老师在百忙中接受我的采访，今天对宋老师有了更深一些的了解。

**宋家宏：**你让我重新回顾了许多事，度过了一段美好的时光，我要感谢你！

2019 年 4 月 8 日

# 宋家宏创作年谱

## 一、出版著作

1. 《走进荒凉——张爱玲的精神家园》，花城出版社，2000年。
2. 《张爱玲名作欣赏》（与人合著），中国华侨出版社，1996年。
3. 《审美与重构——中国现当代文学丛谈》，云南人民出版社，2011年。
4. 《阐释与建构——云南当代文学专论》，云南人民出版社，2011年。
5. 《城南旧事·评注》，吉林出版集团·北方妇女儿童出版社，2012年。
6. 《批评的空间》，云南人民出版社，2015年。
7. 《张爱玲研究资料》，海峡文艺出版社，1994年。
8. 《张爱玲的世界》，台湾允辰文化出版公司，1989年。
9. 《张爱玲评说六十年》，华侨出版社，2001年。

## 二、主要论文

1. 《张爱玲的"失落者"心态及创作》,载《文学评论》1988年第1期。(本文被收入《人大复印资料·现当代文学研究》1988年第3期)

2. 《一级一级走进没有光的所在——曹七巧探》,载《中国现代文学研究丛刊》1988年第3期。

3. 《开一扇夜蓝的窗户——从张爱玲的作品封面设计看张爱玲》,载《中国图书评论》1992年第6期。

4. 《〈茉莉香片〉解读》,载《中国现代文学研究丛刊》1996年第1期。

5. 《女性意识的自审与重建——张爱玲小说中的女性叙述》,载《文学评论·丛刊》2001年第1期第4卷(本文被收入《世界华文文学的多元审视》,云南大学出版社,1996年)

6. 《无情的亲情——张爱玲小说世界中的亲子关系》,载《云南文艺评论》1997年第4期。

7. 《悲剧意识与世俗人生——论张爱玲的散文》,载《海南师范大学学报》2007年第3期。

8. 《论〈秧歌〉》,载《海南师范大学学报》2008年第3期。

9. 《城里人张爱玲》,载《长江文艺》2017年第6期。

## 三、云南文学研究

1. 《滇东北高原的奉献——漫谈一组戏剧作品》,载《云南戏剧》1989年第6期。

2. 《古老土地上新的生命树》,载《边疆文学》1991年第4期。

3.《边地小说与主流文化》,载《文学界》1992年第4期。

4.《越是民族的越是世界的吗——谈云南文学》,载《云南民族报》1995-9-11。

5.《为了文学,向我开炮——云南作家的雅量》,载《文艺报》1997-7-3。

6.《云南作家与民族、地域》,载《云南文艺评论》1995年第4期。

7.《云南当代文学的两个传统》,载《云南文艺评论》1996年第2期。

8.《云南第三代作家的角色意识》,载《春城晚报》1996-1-30。

9.《书评两篇》,载《文学界》1996年第1期。

10.《立体地表现云南文学——漫谈"云南文学新人作品展"》,载《滇池》1996年第12期。

11.《云南作家与云南刊物》,载《春城晚报》1996-12-21。

12.《关于二十世纪云南文学》,载《边疆文学》1997年第1期。

13.《高原女性的文学天空》,载《滇池》1997年第5期。

14.《吉成小说的艺术缺憾》,载《滇池》1997年第6期。

15.《李琳和他的小说》,载《云南文艺评论》1997年第1期。

16.《读〈情逝〉》,载《春城晚报》1997-8-26。

17.《〈梧庐随笔〉的平民意识》,载《云南日报》1998-1-10。

18.《〈风中的群山〉印象》,载《文学界》1998年第2期。

19.《李乔小说与云南二十世纪文学》,载《民族文学》1999年第1期。

20.《追寻精神价值》,载《春城晚报》1999-4-10。

21.《世纪木鼓：佤族人民奋进的史诗》，载《文艺报》1999 - 4 - 24。

22.《传记文学的重要收获——读〈聂耳〉》，载《昆明日报》1999 - 11 - 7。

23.《李冬春和他的〈拉木鼓〉》，载《文学界》2000 年第 2 期。

24.《说说大散文》，载《文学界》2000 年第 1 期。

25.《守望我们的家园——关于民族文学的对话》，载《文学界》2000 年第 1 期。

26.《纪实文学的集中展示》，载《文学界》2000 年第 3 期。

27.《抒写生命的本真体验——读夏吟的诗》，载《云南文艺评论》2000 年第 2 期。

28.《他奔波于城市与乡村之间——访青年作家潘灵》，载《文学报》2001 - 3 - 22。

29.《漫谈云南文学批评》，载《云南文艺评论》2001 年第 4 期。

30.《都市女性的情感空间——读杨鸿雁的一组小说》，载《边疆文学》2001 年第 6 期。

31.《诗人樊忠慰》，载《春城晚报》2001 - 6 - 8。

32.《〈黑暗的火车〉：行进中的小说艺术》，载《春城晚报》2001 - 7 - 13。

33.《在类型中发现个别》，载《春城晚报》2001 - 8 - 10。

34.《〈天麻〉：济世的梦想》，载《春城晚报》2001 - 8 - 30。

35.《李霁宇的两部长篇小说》，载《云南日报》2001 - 9 - 18。

36.《〈记忆的村庄〉：叙事的迷宫》，载《春城晚报》2001 - 9 - 30。

37.《关注底层》，载《云南日报》2001 - 10 - 30。

38.《敬畏写作》，载《云南日报》2001 - 11 - 13。

39.《诗化的乡村生活——雷平阳的散文》,载《春城晚报》2001-11-15。

40.《〈云南的山〉:山里的人生风景》,载《春城晚报》2001-11-29。

41.《〈好大一对羊〉:底层的卑微》,载《春城晚报》2002-1-17。

42.《重建云南文学批评》,载《云南文艺评论》2002年第3期。

43.《云南的四代作家群》,载《滇池》2002年第1期。

44.《关于玫瑰和她的母亲》,载《文学界》2002年第3期。

45.《"昭通作家群"的成长与未来》,载《云南日报》2001-9-18。

46.《写属于自己的诗——读鲁诺迪基的诗》,载《春城晚报》2002-7-18。

47.《对"情死"的女性解读》,载《春城晚报》2002-8-1。

48.《同期登场的三篇云南作品》,载《春城晚报》2002-8-22。

49.《他们永远是朋友》,载《春城晚报》2002-11-28。

50.《青年诗人孙世祥》,载《边疆文学》2002年第12期。

51.《于坚:对诗性的重铸》,载《中国诗人》2004年第2期。

52.《昆明在呼唤这个城市的代表性作家》,载《云南文艺评论》2004年第3期。

53.《一刻也不敢忘却作家的良知》,载《文艺报》2004-11-25。

54.《关于云南文学批评——宋家宏访谈》,载《文学界》2004年第2期。

55.《欲穷千里目 更上一层楼》,载《云南日报》2004-12-3。

56. 《文学奖与云南作家》,载《云南日报》2004-12-24。

57. 《他掌握的农民故事太多了》,载《文艺报》2005-8-16。

58. 《云南军事文学:一片待开垦的沃土》,载《云南日报》2006-2-24。

59. 《从彝良县重奖学生作家说起》,载《云南日报》2006-4-14。

60. 《重评李广田散文》,载《云南日报》2006-9-29。

61. 《余继聪的乡村世界》,载《文艺报》2007-9-6。

62. 《云南边地的传奇人生》,载《文学报》2007-12-27。

63. 《文学批评主体性的陷落——云南文学批评的关键性缺失》,载《文学界》2008年第2期。

64. 《〈泥太阳〉:农村精神价值的缺失与重建》,载《文艺报》2008-10-30。

65. 《诗意地生活着》,载《民族文学》2008年增刊。

66. 《关于作家挂职深入生活的思考》,载《文艺报》2009-2-28。

67. 《重返批评的隧道——云南当代文学评论回顾》,载《边疆文学·文艺评论》2009年第9期。

68. 《一部具有史诗品格的作品——读彭荆风的〈解放大西南〉》,载《边疆文学·文艺评论》2010年第3期。

69. 《用心追求光明——说说史光柱诗歌新作》,载《边疆文学·文艺评论》2010年第7期。

70. 《忠实于自我的内心体验——读长篇小说〈天涯地角〉》,载《边疆文学·文艺评论》2010年第9期。

71. 《〈动物启示录〉的启示》,载《边疆文学·文艺评论》2012年第5期。

72. 《领会文化本质特征,推动民族文化艺术繁荣》,载《民族艺术研究》2013年第1期。

73.《沉重与悲悯——读警官杨洪昌的〈囡囡集〉》，载《边疆文学·文艺评论》2013年第5期。

74.《乡村精神与悲剧英雄——评〈一个人和村庄〉》，载《大家》2013年第6期。

75.《云南精神与作家群研究》，载杨荣华主编《云南精神名家谈》，云南大学出版社，2013年。

76.《关于战争与个人的命运》，载《边疆文学·文艺评论》2014年第3期。

77.《飞行在天空中的诗人》，载《作家》2014年第1期。

78.《公仆形象的声音艺术塑造——评广播剧〈打工局长〉》，载《边疆文学·文艺评论》2014年第5期。

79.《云南文学的第三次浪潮》，载《边疆文学·文艺评论》2015年第1期。

80.《建构属于自己的文学批评场域——评周明全的文学批评》，载《创作与评论》2015年第4期。

81.《新世纪以来云南女性文学述评》，载《职大学报》2015年第4期。

82.《〈万物生〉：新农村建设需要什么》，载《文艺报》2015-11-2。

83.《〈野草〉：34年的校园文学坚守》，载《文艺报》2016-7-20。

84.《〈旌旗万里〉：洞察历史的深邃眼光》，载《文艺报》2016-8-26。

85.《彭荆风：从"恋歌"到"史诗"》，载《红岩·重庆评论》2016年第2期。

86.《立足民族，超越其上——谈云南的三部"骏马奖"获奖作品》,载《文艺报》2016-11-4。

87.《创作时可否评论前置》,载《云南日报》2017-4-3。

88.《用文学为脱贫致富尽力》,载《云南日报》2017-4-15。

89.《婚恋叙事中的价值选择》,载《文艺报》2017-8-11。

90.《〈红霄屋〉弥漫温情与乐观》,载《云南日报》2019-2-25。

91.《悲剧意味的温情表达——读中篇小说〈红霄屋〉》,载《神剑》2018年第4期。

92.《关注人的尊严——读〈生死课〉》,载《昆明作家》2019年第8期。

93.《70年来云南文学的五个特征》,载《文艺报》2019-7-3。

## 四、其 他

1.《在苦涩中品味人生》,载《作品与争鸣》1987年第1期。

2.《〈城南旧事〉新释》,载《世界华文文学研究》1996年第6期（被收入林海音文集《静静地听》,台湾尔雅出版社,1996年）。

3.《谈接受者的"期待"心理》,载《文学自由谈》1992年第3期。

4.《华文文学研究小议》,载《台港文学选刊》1995年第4期。

5.《说说批评观》,载《云南民族报》1995-7-31。

6.《直面历史中的自我——〈血与铁〉读后》,载《文艺报》1998-10-31。

7.《应予质疑的一个命题》,载《文学自由谈》1998年第6期。

8.《诗歌,在平静中生长》,载《文学界》1998年第3期。

9.《〈马桥词典〉的价值迷失》,载《滇池》1998年第3期。

10.《东方之光——中国诗歌的红色经典》,载《中国文化报》

2001 - 6 - 21。

11. 《中国现代知识分子的正气歌——读〈精神的雕像——西南联大纪实〉》，载《文学报》2001 - 9 - 6。

12. 《不要以"小脚"作为卖点》，载《文艺报》2002 - 6 - 27。

13. 《蘑菇房的消失》，载《文艺报》2002 - 9 - 19。

14. 《为了一个诗人的激情》，载《光明日报》2002 - 10 - 31。

15. 《不能忘却的奉献》，载《中国新闻出版报》2002 - 8 - 16。

16. 《网络文学：现代社会的民间文学》，载《中华文学选刊》2002 年第 3 期。

17. 《〈全家福〉的三层象征》，载《文学报》2003 - 5 - 8。

18. 《作家与市场》，载《文学界》2003 年第 4 期。

19. 《市场经济不能"冲击"文艺吗》，载《文艺报》2003 - 9 - 30。

20. 《文化何以要搭台为经济唱戏》，载《文艺报》2003 - 11 - 22。

21. 《〈梦之坝〉与报告文学的文体创新》，载《文学报》2004 - 12 - 2。

22. 《文化建构中文学批评关注什么》，载《文艺报》2005 - 5 - 12。

23. 《描绘真正的西部文学地图》，载《人民日报》2005 - 5 - 12。

24. 《一生坚守真诚的巴金》，载《春城晚报》2005 - 10 - 23。

25. 《重评李广田散文》，载《云南日报》2006 - 9 - 29。

26. 《媒体贬损文学的一次盛宴》，载《春城晚报》2007 - 1 - 7。

27. 《全球化语境下的西部文学》，载《云南文艺评论》2005 年第 4 期。

28. 《小郭夸赞鲁迅,谁的悲哀》,载《文学自由谈》2008 年第 3 期。

29. 《反腐文学的潜价值:呼唤体制创新》,载《边疆文学·文艺评论》2009 年第 1 期。

30. 《刘震云笔下的国民心理本相》,载《云南日报》2009 - 5 - 22。

31. 《一花引领万花开——首届聂耳音乐(合唱)周论坛述评》,载《边疆文学·文艺评论》2009 年第 7 期。

32. 《丧失批判精神也就丧失了文学理想》,载《文艺报》2011 - 1 - 21。

33. 《西部文艺批评家素质建设问题》,载《红岩·重庆评论》2012 年第 1 期。

34. 《建设性文学批评的践行者——贺绍俊文学批评论》(与人合作),载《文艺争鸣》2012 年第 2 期。

35. 《批评,还是研究》,载《文艺争鸣》2012 年第 8 期。

36. 《"爱物"还是"怪物"》,载《小说选刊》2013 年第 10 期。

37. 《浴火重生的〈大家〉》,载《文艺报》2013 - 10 - 98。

38. 《吹响"80 后"批评家的集结号》,载《大家》2014 年第 2 期。

39. 《追求文学批评的独立性》,载《文艺报》2015 - 1 - 21。

40. 《微电影艺术的核心是"微"》,载《边疆文学·文艺评论》2015 年第 2 期。

41. 《战争题材应有更为深度的开掘——观电视剧〈待到山花烂漫时〉》,载《边疆文学·艺术云南》2015 年第 2 期。

42. 《重说文学创作的"思想性"》,载《边疆文学·文艺评论》2015 年第 5 期。

43.《我对文学批评的理解》，载《边疆文学·文艺评论》2017年第5期。

44.《追寻文学批评的独立性》，载《红岩·重庆评论》2017年第1期。

## 五、主要获奖情况

1. 1995年获"五省区文艺理论研讨会优秀论文奖"，五省区省文联。

2. 1999年获"首届全国中青年当代少数民族文学研究优秀论文奖"，中国当代文学研究会。

3. 2004年获"第四届云南省文学艺术奖励基金会理论批评"一等奖，云南省文艺基金会。

4. 2004年获"云南省优秀图书"一等奖，云南省新闻出版局。

5. 2004年获"第十四届中国图书奖"，中国图书出版协会。

6. 2004年获"第三届云南文化精品工程奖"，云南省委宣传部。

7. 2005年获"首届云南金石碑文学评论"一等奖，云南省作协。

8. 2005年获"第七届云南日报文学"二等奖，《云南日报》。

9. 2006年获"云南省文学艺术'四个一批'云南文学艺术贡献奖"，云南省。

10. 2007年5月获"第八届云南日报文学奖·评论奖"，《云南日报》。

11. 2012年11月获"第八届中国文联文艺评论奖著作类"二等奖，中国文联。

　　沈洋，70后，昭通市昭阳区人。中国作协会员，中国电影家协会会员，中国电影文学学会会员，昭阳区委常委、区委宣传部部长。业余从事文学创作，在《中国作家》《中国校园文学》《文艺报》《中国艺术报》《人民日报》《光明日报》《四川文学》《广州文艺》《黄河文学》《绿洲》《橄榄绿》《散文选刊》《散文诗》《边疆文学》《滇池》等报刊发表作品百余万字。已出版小说集《红裙子的流向》《穿透瓦房的阳光》《当歌》，长篇小说《大救驾》《万物生》，长篇纪实文学《彝良大地震》《遥远的洛泽河》《他乡是故乡》（与沈力合著）。中篇小说《包裹》被改编为同名电影（编剧之一），入围第三十五届开罗国际电影节"金字塔金像奖"、第四届澳门国际电影节"金莲花"奖，获评国家教育部和广电总局第三十批向全国中小学生推荐的十部优秀影片之一。央视八套、一套黄金时段热播电视剧《锻刀》文学原创作者之一。曾获全国首届"情系三农"微电影大赛优秀作品奖、云南文化精品工程奖、云南省政府文艺基金一等奖、云南文艺基金贡献奖等奖项。

# 沈洋：写作已经变成我生命中的一种状态

**曹斌**：请谈谈您在大山包17年的生活经历。

**沈洋**：我出生在一个叫大山包的村子里，我们的村庄背靠大山包梁子，那山高仅次于大山包境内海拔3364米的课车梁子，站在山顶上，晚上可以看到灯火通明的昭通城。小时候，我常常把牛马放在大山包梁子上，一个人披一件小披毡端坐在石包上，看着远方的昭通城发呆。那时常常觉得自己很孤独，只有呼呼的风从耳边刮过，每天最盼望的，就是太阳赶紧下山，我也好赶着牛马回家。

那时，我每天除了读书，放学后还要背着一个比我还高的大背篓，和同学们一起去荞麦地或者洋芋地里找猪草。因为土地贫瘠，地里一种叫酸猪草的草不多，弯腰在地上拔几分钟，才能拔到一把，用镰刀把根锯掉，反手丢进背上的背篓里。打满一篓后，再背到沟里去清洗，洗完后装进背篓，浸下水，就背着回家了。为了不让水浸湿衣服裤子，我们就把一个装尿素的塑料口袋剖开，夹在背篓和屁股之间。

每天晚上回到家，已月到中天。就这样年复一年，一直循环往复，每一年，我们家都要喂大两头猪，都是由我找猪草来供着。

在大山包村，我一直生活到10岁。读小学时，我们班只有5个学生，每天在一间用竹秧盖顶，但一半破了个大窟窿，雨水可直接落到室内的破烂教室里上课，因没有生源，三年级读完后，我们就并到了大阳窝中心完小，我于是每天走路去上学。后来，就住在了爷爷的合作商店里，直到小学五年级毕业。小学毕业后，我去了昭通市第九中学，后来上了昭通地区师范学校；毕业后，又分配到大山包中心校任教，第一年当初一一班的班主任、语文老师；第二年，就没有教书了，担任了中心校的校长；两年后，又调入乡教办，分管全乡的教学工作。

在大山包学校工作的 5 年时间，给我留下深刻记忆的，是创办了一份文学小报《山风》。1994 年，我在大山包发起成立黑颈鹤文学社，和当地几位爱好文学的老师一起创办了一份文学小报《山风》。当时没有经费，就到处寻求支持；没有作品，就发动学校里的师生创作；没有经验，就自己摸索。我记得第一期创刊号，是在大山包教办的木楼上编辑成册的，是一本油印刊物。那是一幢老旧的土墙瓦房，两层，一层是我们教办主任的办公室，非常简陋，土地皮，坑坑洼洼，地上长满了"财包"。二楼有几间窄小的房间，住着我们教办的出纳，因此，这幢楼就很热闹，经常有报账领工资的老师来来往往，把木楼梯踏得哐哐作响。其中一间，是我们一位同事的宿舍，木板楼，墙上黑漆漆的，都不知有几十年的历史了，这房子大概新中国成立后就建好了，都住过些什么人，有过怎样的历史，我也不得而知。

就是在这间陈旧的、破烂的土房子楼上，我们几个文学爱好者有的看稿改稿，有的直接动手编排，有的刻字，有的负责操作油印机。

就这样，我们在大山包寒冷的冬天，常常坚持工作到深夜，写出了一篇篇虽然稚嫩却情真意切的文章，还指导学生修改了一些作文。当时，没有加班费，但是没有一个人会觉得吃亏，倒像是在做着一件无上光荣和崇高的事。今天想想，我真的佩服当年几个年轻人的冲闯劲。那种毫无功利色彩的举动，完全出于对于故乡的热爱、对于文学的向往和敬畏。

由于油印刊物制作费力费事，传播面窄，办完第二期，我们就感觉不过瘾了，决定办成铅印小报。我们学习摸索，四处争取资金，历经千辛万苦，有时还会遭人白眼，但都没有动摇我创办这份报纸的决心。就这样，一份四开四版的文学小报，于1996年正式诞生于海拔3000多米的故乡大山包。

更让我感动的是，原昭通地区文联主席、书法家张正华老师亲笔题写了《山风》的刊名。因为大山包扶贫调查工作，我有幸认识了第三届鲁迅文学奖获得者夏天敏老师，他也欣然答应担任《山风》的顾问。这让我信心倍增，异常振奋。之后，我也有幸得到了夏天敏老师很多的关心提携。

曹斌：童年时留在您记忆里的家乡是什么样子的？家乡给予您怎样的滋养？

沈洋：在我的记忆中，家乡总是那么美，我甚至觉得，我的家乡大山包村，就是这个世界上最安逸的地方。那里虽然高冷，但我不觉得那有什么明显的不好，反而觉得我们村常年有太阳照耀，没有洪水、滑坡、泥石流、地震、海啸等灾难会降临。那里的乡亲都热情厚道，朴实勤劳，从他们身上，我看到了一种不屈服于生活苦难的无穷力量。正是这样一种力量，给予我一种奋斗的动力。

同时，我也看到，尽管我的那些农民亲戚和乡邻一生吃苦耐劳，尽管他们穷尽毕生心血去和土地较劲，他们永远也摆脱不了贫穷的围困，他们一辈子终其一生，只能过着脸朝黄土背朝天的日子。正是因为贫穷，在他们的身上，自然也有狭隘、自私、小农意识的一面。我的这些乡亲们大多都能心安理得地这样一辈子过下去，可我觉得我不行，我不能让我的子孙永远困在那片瘦薄的土地上，他们应该还有另外的活法可以去追寻，所以我要挣扎，我想要走出大山。于是，我做到了，与故乡大地有了一次和解。我喜欢着这片土地，但我又渴望离开。这些，构成了我的全部书写。

曹斌：您的文学启蒙来源于什么？

沈洋：应该说，我的文学启蒙老师，正是我的父亲。我的父亲1965年考进了昭通地区第一中学读初中，但刚读了一年后，"文化大革命"就开始了，他成了一名回乡知青，后来成了一名民办老师，在大山包大队茅坡湾自然村教书。在我的记忆中，父亲写得一手好字，喜欢文学，喜欢读书看报，常常教我作文如何写。记得有一次，他读《人民日报》上的一篇散文，专门把我叫过去，指着报纸上的一段描写念给我听，告诉我人家是如何进行外貌描写的。他的那种专注和认真劲，让我开始慢慢有了一种写作文的概念。小时候，父亲常年订阅《大众电影》和《知音》等杂志，杂志看完了，过年前几天就拆散了，用来贴在墙上，整个屋子里都贴满了花花绿绿的影视明星，显得热闹而喜庆。爸爸还给我们三兄弟订了《小朋友》《小学生优秀作文》《作文通讯》等杂志。每个月，当邮递员骑着一辆绿皮单车，摇着铃铛来到我们村子里，我就会兴奋地跑到单车旁，等着拿自己的杂志。今天想来，正是这样的等待与阅读，从小培养了我的写作兴趣，也让我的作文一次次成为老师在班上念的范文。

曹斌：您是什么时候走上文学创作之路的？

沈洋：真正开始文学创作，是从师范开始吧。1994年9月我考上了昭通地区师范学校，我们的班主任陈康文老师是西师毕业的高材生，古文功底扎实，对文学有独到见解，常常给我们讲一些文学常识和背景。他还一直坚持带领我们背诵古诗，进一步激发了我对文学的兴趣。我感觉自己很荣幸，又遇上一位文学导师。陈老师当时让我出黑板报，正好当时昭通城在创建卫生城市，为了应景，我写了一首律诗，没承想，寄给《昭通市报》后，竟然给我发了。那时候，著名作家夏天敏老师已经是报社主编，但我们还不相识。报社的两位老编辑也正好热爱古诗词，我很有幸发表了那首律诗。我记得，当时报社给我寄了样报，信封只有二指那么宽，一个长条，报纸就折成条塞进去。还同时给我寄了十元的稿费。今天看来，那首律诗虽然不能算得上真正意义的文学作品，但却是我第一篇见报的作品，意义非凡，给了我很大的鼓励。

紧接着，云南省教育厅搞了一次全省的师范生作文竞赛，要求每个地州的师范学校按照1%的比例上报参赛。当时，我们学校有800多个学生，按照要求就应该报送8篇文章参赛。我的一篇《借书记》获得了三等奖，是我们学校报送的8篇文章中获得最高奖项的一篇，还有其他两篇获得了优秀奖。那篇文章还发表在当年度的《云南中师》杂志上。这一次获奖，像是给我的文学起跑注入了强心剂，我加入了学校的文学社，还在《春城晚报》上一次发了两首诗歌，一首是《吻》，一首是《距离》。

在昭通师范的后两年时间，我每年都写一篇散文投给《云南中师》，一篇是《心愿》，一篇是《家乡添了一口锅》，两篇散文都给我发表了。而我与编辑老师并不熟识，这让我十分感动，也信心大增，觉得自己是可以走文学创作这条道路的，想尝试一把，于是暗自下定了决心。

曹斌：起初写作的目的是什么？

沈洋：最开始也没什么目的，就只是那种发自骨子里的喜欢，觉得文学作品最为温暖，最能带给自己慰藉，最能让我感觉到人生充满意义，最能体现自身的价值。后来工作以后，觉得有了一定的目的性，那就是可以借助文学作品宣传自己的家乡，因为家乡太贫困，但风光又太美，比如有国家一级保护动物黑颈鹤、鸡公山大峡谷、高山草场、淡水湖泊、蓝天白云，觉得把这些自然风光宣传出去，应该会吸引来更多的游客，应该会给故乡带来收入、带来变化，助农脱贫。这一点，我觉得自己觉醒得是比较早的，也做了一些工作，比如创办文学小报，撰写游记投给《昭通日报》发表等。今天看来，我的好心也许并未真正办了好事，当太多的人涌入家乡景区时，在带来新的思想、带来消费的同时，也带来了垃圾和污染等明显问题。但细想想，发展与保护永远都是一对矛盾体，永远都值得琢磨和重视，这是一个一直在路上的永久话题，需要一步一步加以改进，方能保护与开发并重，实现可持续发展。

曹斌：您的人生经历十分丰富，当过教师、中心校校长、记者、编辑、区政府办秘书科长和副主任、市委组织部办公室副主任、市文联秘书长和副主席、乡镇党委副书记、新农村建设和扶贫工作队队长、村常务书记、镇党委副书记，现在又担任区委常委和宣传部部长，这样的经历是否与文学结下了不解之缘？

沈洋：确实，在我的人生经历中，变换了好几个岗位。这样的机会，还真是因为文学。因为喜欢弄文字，在单位，领导都觉得我能写文学作品，那一定也能写公文，就有意无意地让我写了不少的公文。事实上，文学和公文是两回事，两种思维。准确来说，二者是一种对抗关系，是一对矛盾体。试想想，如果用公文语言去完成一部文学作品，那还有看头吗？显然是一种失败。反之，如若用文学的语言去写讲话稿，那无疑显得矫情，不合时宜。但在单位，还得听从上级领导安排啊，完成工作任务可是一名公职人员的天职，领了工资，那就一定得把工作做好啊！因此，无论自己喜不喜欢写公文，那都是工作，工作永远在那儿。而这样写去写来，我写公文就达十年之久,写着写着,自然就在单位形成了一个共识,大家觉得沈洋是可以写公文的。因此,一些急难险重的公文写作任务,自然而然地落到了我的身上。写着写着,自然就写到了更为重要的岗位上。今天想想,要特别感谢文学,更要感谢组织的多年培养。要是没有这么多岗位的历练,我是不会有今天的见识和境界的。今天,当我静下心来写一部小说,我一定会站在一个客观的立场去塑造人物,而不是只当一个愤青。

曹斌:您在全国文明村三甲挂职期间创作了长篇小说《万物生》,这是一部关于脱贫攻坚和新农村建设的现实主义题材的长篇小说,包含了极其丰富的底层意蕴、巨大的现实性和生命力。《万物生》完全站在中国新农村建设的土地上写作,它的主角不是"历史"而是"现实",不是时间,而是人性。可以说是一部弘扬主旋律、传递正能量的优秀作品,能谈谈这部小说的创作思路和出版后所产生的影响吗?

沈洋:每一个时代,都会有一些作家把目光聚焦当前生活,十年、三十年,甚至五十年、一百年,以自己独特的视角和眼光去审视时代的变迁。这样的例子可追溯到西汉时期司马迁的《史记》,包括后来出现的唐传奇、明清小说,鲁迅等五四时期的文学大家及新中国成立后涌现出来的柳青、赵树理、路遥等以写农村题材见长的作家们,他们都在以自己的笔触去书写他们所处的时代。前辈作家们已经给我们做出了样子,到了今天,我想,作为一个写作者,更不能退缩、逃避,尽管我深知自己笔力不健、功力不深,不可能像大家们一样去深刻反映一个时代,但作为一个写作者,尤其是一个从农村的土地上成长起来的写作者,我觉得自己有这个责任和义务,用自己的笔去反映火热的现实生活,为我们的时代书写。"深入生活、扎根人民""以人民为中心的创作导向",是一个作家担当精神的体现，因此，哪怕自己做得很不好，也要去尝试。

至于这部小说的现实意义，我想更多的要留给时间和读者去检验和考量。不过，我可以说说自己的初衷。我一直在思考一个问题，新中国成立以来，中国农村已经发生了翻天覆地的变化，土地依然，种的作物却在不断变化。当今农民，虽然身份未变，但从思想深处，其骨子里，早已在悄然发生变化。随着交通、水利、科技、教育、文化、卫生、通信等的不可想象的改变，农民群众的思想也在发生着巨大的变化。今天的写作者，如果不深入农村，不走进农家，而是宅在书房，泡于网络和酒吧，沉溺城市的安逸生活，还在以以往文学作品里反映的农民生活状况和心态去看待今天的农民，那作为一个写小说的人，无疑是远远落后于时代的。在三甲村5年的深入体验让我感触颇多。今天的三甲村，在村支书黄训奎和后任班子的带领下，村民住上了洋房，开上了小车，骑上了摩托，吃上了大米，鱼虾也不是稀罕之物。表面上看，村民的物质生活水平已经得到了很大的提高。而这样一个在全市率先富裕起来的村庄，有"昭通市第一村"之称的全国文明村，是不是就已经在发展的道路上达到了顶点，是不是就没有提升的空间了呢？

像三甲村这样的富裕村庄，甚至比三甲村还富裕的村庄，在全国更是不少。那这些村庄是不是就不用再拼搏了，是不是就要安于现状了？在思考这些问题的时候，我又同时看到了这些率先富裕起来的村庄里依然还有不赡养老人的儿女，依然还有不重视公共环境卫生的村民，依然还有一些不文明甚至自私自利的丑恶现象，一些人先富起来了，有时甚至不知道自己的钱该花在哪儿才是最好的。

我也看到，这些率先富裕起来的村民，他们对文化有着比城里人更为巨大的渴求。比如他们更渴望自己的孩子能够读书明智，更渴望自己的家里充满着书香味，他们甚至会在我们组织作家、艺术家送书画艺术作品和图书下乡的现场哄抢字画和图书，那场景，真是让我感动落泪。如果他们抢的不是书籍，而是粮食，我也许不足为奇，可他们竟然为了抢一本书而豁出去，这种感动，这种场面，于我而言是十分震撼的。这就是今天的农民，他们更渴望生活质量的提升，更渴望活得自由，包括精神层面的自由，他们更想活得体面，活得更有尊严。这就是我想写这部小说的初衷。我想把新时期农民渴求文化提升、生活品位提高和精神飞扬的这种心态和变化写出来，写出他们在这块土地上一种不断向上的无限生机与力量。有了这种力量，世界万物，何愁生长。

事实上，不只是昭通作家，我认识的一些外地作家，都不想也不愿意直接书写当下，因为这样的写作是有风险的。一般认为，现实只有成为历史之后，才会沉淀出更加本质的一面，人们去看它，也才会更客观。作为一个写作者，不愿直接书写当代甚至眼下的生活，我认为不是因为技巧不娴熟，也不是没有勇气，也许更要命的，还是怕自己蒙住自己的眼睛，怕看不清方向，怕主观臆断，误导大众，这对于一个写作者而言，显然是一种严峻考验。尤其写脱贫攻坚和新农村建设这样的题材，一不小心，就成了图解政策的简单工具，成了喊口号式的漂浮之作，成了简单颂扬式的赞歌吟诵。显然，这样的作品肯定是不受群众欢迎的。因为，一写当前的现实生活，必然触及改革、发展、稳定的一些敏感问题，而要处理好这些问题，又要使作品能够传递出正能量，这样的写作显然更像是在走钢丝，必须站稳自己的脚跟。而要做到这一点，我认为有一条很重要，那就是对老百姓的情怀，永远站在群众中间，替群众着想，忧群众所忧，急群众所急，唯其如此，才不至于站偏了立场，选错了方向。

在《万物生》这部长篇小说中，我塑造了以新农村建设工作队队长文雅琪为代表的正义力量，在与以宗官员为代表的反派的艰苦较量中，文雅琪的正气撼天动地，经过她和她的队友及镇村干部的共同努力，终于促成了鹤镇苹果村的苹果产业升级改造。其实，这就是一种正义文化的无限力量所致。即使像宗官员这样自私自利、作恶多端的人，也在这种正义文化的浸润下，自愿转身，成为苹果村产业升级的支持者。这种文化的力量，也正是万物生长的阳光、雨露、水分和空气。

至于在创作中遇到的最大困难，我认为就是处理好正能量和负能量如何交锋的问题，因为矛盾不尖锐，不足以推动故事发展；太尖锐，又会触及现实生活中的很多人和事，有些还会让人对号入座，把握不好，甚至还会出现导向上的偏差。因此，如何处理这种正与负的关系，成了我在塑造人物、推进情节发展中的一个最大障碍。

因此，这个小说之所以从思考、准备到完稿用了6年左右时间，就是因为我一直纠结于人物如何塑造，才具有典型性，又具有合理性，同时还能够让小说中的人物具有冲击人心灵的震撼力量。想来想去，我还是从传统文学创作的方法中去找出路，那就是杂取种种，反映众生。因此，在《万物生》这部小说中，为了尽量避开我自己的影子，我甚至替换了主人公的性别。小说塑造了一位女性工作队长，这样，作为一个男性写作者，去写一位女性，显然又增加了难度系数。同时，凡是小说中出现的人物，我都尽量避免活脱脱的生活原型，让人一看就知道这是在写生活中的某一个人。让小说中的人物在似是而非之间，在现实与超现实之间，既显得真实可触，又与生活有一点点可以接受的距离。

**曹斌**：您近期将出版的中篇小说集《当歌》，主要书写了农村渴望进城女性的命运，请您谈谈您的这部新作品。

**沈洋**：《当歌》这部中篇小说集，收入了《当歌》《红裙子的流向》《凤凰，凤凰》《佛光》《太阳相伴》《平衡幸福》《随羊群一起消失》《爱情之书》《养母的宗教》《最后的故土》《鹤事》等我近年来创作的，以农村女性为题材的11部中篇小说。

我出生的村庄叫大山包，我在那里生活了12年。我喝村子脚下背阴沟和村南堡子塘的水长大，吃水要等，耐心等那水从石头缝里咕嘟咕嘟地一丝丝冒出来，常常等得心烦气躁、等得地老天荒。故乡在一种慢极了的速度中浸润着，从某种意义上来说，这也许正是故乡的幸运，她让一些极其草根的记忆在刀尖上飞速行走的岁月时空里依旧鲜活着、深刻着。记忆里的村庄充满了诗意和诡秘，有着极浓厚的魔幻色彩。眼下的村庄则更具质感，泥土、石头、树木和房舍伸手可触，贫穷和富裕共存，古老与年轻同在，愚昧与文明交锋，善良与丑陋同台，神灵与凡人对话。这些，都让我的笔离不开我的村庄。

我的根扎在大山包村庄泥土的深处，就是走到都市的中心，也改变不了粘在脚上黄泥的颜色。村庄的生活让我更多地目睹了农民兄弟姊妹活着的艰难，但也让我真切地感受到了他们的坚韧和快乐。他们热爱生活，勤劳、朴实、善良；他们和这个世界上所有的人一样，渴望发展和进步，渴望能够过上更好的日子。可是，瘦瘠、边远、贫穷、落后成了他们行道上的绊脚石，他们要获得一丁点物质上的收获都得付出上百倍上千倍的努力。他们活得很苦涩。如果他们安于现状，生活在他们自己营建的小圈子里，整天在他们的黄土里刨食，伴着牛马羊度日，他们会一样地充满幸福感。问题在于，日新月异的社会大变革使得他们不可能安于现状。他们也是人，是一群出生卑微如草芥，生命低贱如蝼蚁的人，他们无限自卑又十分自尊，他们常把"面子"贴在脸上最显眼的地方，这就注定了一出出喜剧和悲剧不可避免地要发生和上演。

收入这部集子的小说曾试图去深入故乡大地的灵魂和内心，却更多地为一种表象的浅显书写和表达。这让我十分苦恼，让我更深刻地感受了故乡大地的博大与宽容、古老和沧桑。再大的作家都不过是故乡大地的一个玩孩，对于故乡，没必要摆出一副救苦救难、大慈大悲、大智大慧的样子。但面对养育自己的土地发自内心的倾诉和流淌，无疑充满了对故乡大地的无限景仰和敬畏。我愿意终身成为一个故乡大地的歌者，或者故乡古老与年轻的记录员。

我的这些小说，更多地关注农村底层小人物的生存状态。我笔下的女人，大多漂亮、温柔、善良，她们或知足常乐，或不安现状，但都一样向往美好生活，渴望过上一种她们祖祖辈辈都盼望着的好日子。可是，她们的起点太低，成也姿色败也姿色。在这个社会转型期，她们行进的道路障碍重重，有时甚至会以牺牲自己的健康、自尊、生命为代价。但她们没有退缩，她们在布满荆棘的道路上艰难行进；她们在一个充满无限未知因素的隧道里摸索，这条隧道充满了陷阱，暗藏玄机，她们渴望找到一条通向光明的道路。可是在这个过程中，她们的辛酸、艰难、彷徨、无助、无奈和迷茫谁懂？走进这一群人的内心，去探寻她们心灵深处的隐秘，感受她们心灵的疼痛，呼唤道德和人性的回归，促使社会秩序回归到一种真正健康的本真状态，是我多篇小说的写作初衷。如《凤凰，凤凰》中向往城里人美好生活却满路荆棘的凤凰，《太阳相伴》里向往爱情、在爱情道路上艰难行进的马绍玲，《佛光》里渴望通过巴结上司改变命运的刘芸等，她们是一朵朵盛开在寂寞山野里的花儿，在岁月的风风雨雨中，她们花开的声音悄无声息，她们的花期几近于无，但是她们开得认真，开得热烈，开得无怨无悔。

在《养母的宗教》等一些篇目中，我也试图在人性扭曲和异化的背后找寻到爱的源泉，使爱的力量在一种悄无声息的氛围中，弥漫得开一点、深一点、浓一点，因为爱的阳光一但穿云破雾，所有阴暗的东西必将闪电般退出。

我的每一篇作品，我都认真对待，都倾注了对待故乡一样的情感，都力求在语言、结构、立意上有所创新，找到一种有别于过去的小说的感觉。我知道离前辈的要求和自己的目标差距还很大，不过我会一直努力，因为有那么多老师、朋友和读者在关心着我。

**曹斌**：您的长篇纪实文学《彝良大地震》和《遥远的洛泽河》的创作注定是一段不平凡的历程，您从采访到写作最大启示是什么？

**沈洋**：2012年9月7日，云南昭通市彝良县分别发生5.0级、5.1级地震，造成80多人死亡。10月4日，彝良龙海乡镇河村油房村民小组发生山体滑坡，18名学生被埋。

彝良县5.0级、5.1级两次连环地震发生后，我在第三天即深入灾区一线，连续十天没有固定住所，白天冒着生命危险奔赴地震中心采访，晚上赶稿，每天只在县医院办公室的椅子上眯上一两个小时，半夜三更还时常被强余震惊醒。那段时间，我平均每天要完成5000~10000字的创作，给市电台供稿，确保在第一时间向全社会传递灾区的救援情况。每天高强度的工作，让自己疲惫不堪，但还得强打精神，坚持挺住。在完成艰巨的采访任务后，又花2年的时间创作完成了《彝良大地震》和《遥远的洛泽河》2部长篇报告文学。

采访创作的过程给我最大的启示就是，无论任何时候，要永远和人民群众站在一起，这一点很重要。尤其在危机和灾难中，要和群众手挽手，心连心，一起度过危机和困苦，给群众以自信和力量。让他们觉得，他们不是独自一个人在面对，他们的背后，他们的身边，还有一群人，在力挺他们，在关心他们，永远和他们站在一起。

**曹斌**：您写的《大救驾》这部长篇小说您认为成功之处在什么地方？对这样的历史题材小说，在创作的过程中您感到最难把握的是什么？

**沈洋**：长篇小说《大救驾》由云南人民出版社公开出版，已完成25集剧本提纲的创作；该作品被改编成广播剧在云南人民广播电台FM99香格里拉之声、昭通人民广播电台播出。小说讲述了明永乐年间，流亡皇帝朱允炆逃至云南，朝廷派锦衣卫追杀朱允炆，朱允炆多次陷入危境，命悬一线的他，数次被云南各族人民所救的故事。在与锦衣卫的对抗中，许多山寨被毁，许多人民和英雄蒙难，纯朴的云南各族百姓用他们力所能及的方式，全力救驾。在流亡途中，朱允炆尝遍了独具特色的云南美食，看遍了绚烂绮丽的云南风光，深切感受到了云南各族百姓的纯朴、勇敢和善良。在被多次营救，尝尽人间酸甜苦辣后，幻想着东山再起的逃亡皇帝朱允炆思想上得到了升华，放弃了根深蒂固的皇权思想，为让国家安宁、社会和谐、百姓安居乐业，他决定遁入境外夷方，去过一个普通人的生活。云南的各族百姓用真诚、生命、鲜血，不仅拯救了一个帝王的生命，而且拯救了他的灵魂。

《大救驾》这部小说，我觉得其成功之处在于通篇贯穿了美食文化，把云南丰富的美食有机地融入小说之中，使整个小说作品在讲述历史故事的同时，有了文化味，增添了更多的"味道"，使之有别于其他的历史题材小说，这也是把美食文化与历史故事有机结合的一个探索。在创作过程中，最难以把握的，还是对历史事实的精准描述和把握，为了克服这个困难，我买了不少方志类、风物类、历史类的图书，还看了明朝题材的好几部电视剧，从正史、文学和影视作品中去吸取更多营养。

曹斌：回过头来看，您感觉您最满意的作品是哪一部，为什么？

沈洋：目前，我最为满意的一部作品还是长篇小说《万物生》，这部作品调动了我多年来的生活积累，在语言上区别于其他小说作品，在故事的架构和讲述上也显得轻松自如，还算满意。但也还有很多不足，希望下一部作品会更好一些。

曹斌：您认为您在创作上的瓶颈是什么？您是否找到了突破创作瓶颈的方法？

沈洋：最大的瓶颈就是自我突破有难度，还需要不断加强阅读和思考，不断创作出新的作品。当阅读和写作的量达到一定程度的时候，相信会有所改变，要实现这一点，会很漫长。

曹斌：在您众多的作品中刻画了许多人物类型，那么能否总结一下您笔下的昭通人具有怎样的生活状态和性格特点？

沈洋：总的来说，我笔下的昭通人都有一个共同特点，那就是有深厚的家国情怀和悲悯情怀。他们有个性、有血性，勤劳朴实，敢于拼搏，仗义执言，善良厚道。

曹斌：您的作品修改得多吗？

沈洋：我的作品完成初稿以后，一般会放一段时间，再反复修改，直到自己满意为止。

曹斌：写作对您意味着什么？除此之外您喜欢什么？

沈洋：写作已经变成我生命中的一种状态，我喜欢这种状态，只要有一部电脑，我可以安静地一个人待很多天，不会觉得孤独和寂寞。要是一天不阅读和写作，我会觉得自己又浪费了一天的时间，会很焦虑和不安。除了写作以外，我还喜欢骑行、散步和爬山等运动，也喜欢听听音乐，和朋友聊天喝茶。

曹斌：您觉得自己是一个怎样的作家？

沈洋：我觉得自己就是一个天分一般、执着坚韧的老黄牛一样的写作者，而且还会一直坚持下去，直到写不动为止。

曹斌：您是一个想象力非常丰富的作家，您如何看待想象力和生活的关联？

沈洋：对于一个小说家而言，想象力是第一生产力，没有丰富的想象力，就像是一架失去了动力的飞机，无疑面临成为一台废机器的命运。当然，想象也是建立在有丰富生活的基础之上的，火热的现实生活始终是想象的基础和源泉，与生活没有了关联，那无异于胡思乱想。

曹斌：通过写作您最想得到的是什么？

沈洋：最想得到的，就是我的作品能够为读者所喜欢，让读者受到启发，至少让读者感觉到赏心悦目。能让读者感动并受到影响，那当然是最好的。在这个过程中，我也得到了满足和愉悦，觉得自己是个对社会有用的人，我的劳动是有价值的。这个，也就够了。

曹斌：对于写作您有怎样的习惯？

沈洋：我的写作一般利用节假日时间，平时都在工作。我也不会熬夜，通常十二点就睡觉了。我觉得写作已经成了我的业余工作。

曹斌：回顾二十余年的创作，您经历了哪几个阶段？可否对自己做一个阶段性的总结或评价？

沈洋：大致可以分为四个阶段。

第一个阶段是1991年至1994年，这个阶段主要从事校园文学创作。这个阶段是文学的启蒙期，比较稚嫩，多是一些学生眼睛看世界的作品，更多是一些理想表达，浅薄抒情。

第二个阶段是1994年至2007年，这段时间开始慢慢知道文学创作是怎么一回事，有了从事文学创作的更明晰的理想，更进一步坚定了从事文学创作的决心和信心，但这一阶段都是在一种工作状态下很忙乱地从事一些业余创作。

第三个阶段是 2007 年至 2017 年，这十年，是我的文学创作从业余逐步走向职业创作的一个重要阶段。这个阶段也是我的丰产期，创作了《包裹》《大救驾》《万物生》《锻刀》《他乡是故乡》等一批作品。

第四个阶段是 2017 年至今，这个阶段，因为转岗到区委宣传部工作，事情繁杂，这个阶段创作基本处于停滞状态。

曹斌：是什么机缘，让您接触了影视？

沈洋：2008 年 9 月，云南省基层文联工作经验交流座谈会在盐津县豆沙镇召开，当时省文联有意通知一些影视制作机构参会，来到了盐津。正好会议由我在具体负责组织联络，我搭上了车队最后一辆车。闲聊中，云南一影视机构的编剧了解了我的工作经历，我当过中小学校长和一直从事小说创作的经历引起了他的兴趣。因为他们正有个打算，拟把 2007 年发生在大关县瓦房小学教师毛利辉在网上发了个"学生走光，我哭了"的帖子，引发全国各地爱心人士捐赠狂潮的故事搬上银幕。他们正愁找不到合适的编剧来写这个剧本，想请我来完成这个任务。当时我有些犹豫，后来还是答应下来了，这就有了我写的第一个电影剧本《包裹》，也从此与影视创作结下了不解之缘。

曹斌：您的中篇小说《包裹》第一次被改编成同名电影，是否启发了您影视文学的追求？

沈洋：可以这么说，这个小说改编成电影剧本，一直持续折腾了 3 年多时间，期间花费了我大量的精力和心力。我不仅没有拿一分钱稿费，还用我的微型车拉着剧组的人奔波于大关县和大山包之间，可谓倒贴银子二两。但想到自己的努力能够促成一部电影在昭通拍摄，尤其是有 70% 的镜头能在我的家乡大山包拍摄，就觉得再难也要坚持。最终，还真实现了，虽然仍有很多不满意的地方，但作为人生的第一部电影，我还是觉得很值。

电影《包裹》最终入围第三十五届开罗国际电影节"金字塔金像奖"、第四届澳门国际电影节"金莲花"奖，获评为国家教育部和广电总局第三十批向全国中小学生推荐的十部优秀影片之一。分别在全国 31 个省市举行了首映式，在全国产生了广泛影响。

曹斌：您和昭通 8 位作家共同参与了《锻刀》的文学脚本原创，36 集电视连续集《锻刀》在央视 8 频道播出后引起了社会的强烈反响。从电影到电视剧的创作给您最大的感受是什么？

沈洋：关于电视剧《锻刀》，我也有自己的一些理解和看法。

这部无论在全国观众还是业内人士中间都广受好评，被大家纷纷点赞，堪称现象级的电视剧，一改以往抗日神剧的样貌，以感人的故事、丰富的情感、曲折的人物命运、饱满的人物形象、最贴近真实的历史、震撼人心的战争场面、博大的家国情怀，本着"大事不虚、小事不拘"的创作原则，再现了昭通热血青年参与滇军肉搏抗战的传奇历史，吸引了眼球，博得了掌声，赢得了好评。在一度以调侃崇高、抹黑英雄为能事，手撕鬼子、裤裆藏炸雷等"雷剧"横行的时期，《锻刀》的出现无疑给观众以正本清源、耳目一新之感。回顾整个创作历程，作为 8 位昭通作家组成的《锻刀》文学原创团队的一员，我感慨颇深。

为圆满完成《锻刀》的创作任务，2011 年年底，昭通市委市政府、昭阳区委区政府决定与云南文投集团联合拍摄电视连续剧《锻刀》，创作文学脚本的重任就历史性地落在了以著名作家、鲁迅文学奖获得者夏天敏为首的昭通作家团队的肩上。2011 年 11 月，由夏天敏、蒋仲文、吕翼、杨莉、刘平勇、周远清、沈力，以及我在内组成的"夏天敏文艺工作室"成立，《锻刀》电视剧文学脚本的创作就此拉开了帷幕，8位作家饱含激情和热情，克服种种困难，全身心地投入剧本的创作。为了写好文学脚本，昭通作家创作团队几乎每两天就开一次碰头会，相互探讨、碰撞、批评，然后指出存在的不足，再反复进行修改。正是这种对历史高度负责、严肃认真的创作态度，使得昭通抗战热血青年的侠肝义胆、豪情壮志以及昭通人的血性跃然纸上。

在《锻刀》剧本的创作上，昭通文学创作团队承担了三大任务。一是对历史资料进行收集整理，二是完成故事的原创脚本，三是负责剧本的最终审核把关。正是因为有了对历史的高度负责和对战争场面的高度还原，才使得这部抗战剧与以往"手撕鬼子""手榴弹炸飞机"等"抗战神剧"完全有别，在传奇性和情感方面深深触动了观众，最终为《锻刀》赢得了口碑爆棚的完美格局。

我认为，这些土生土长的昭通作家参与《锻刀》剧本创作，他们对昭通的抗战历史有着深厚浓烈的感情。从感情投入上来讲，其饱和度是非常高的，是怀着深厚情感投入创作的。剧中的江小刀就是一个敢爱敢恨的昭通人，他不怕牺牲、侠肝义胆，让观众看到了有血性的昭通人的典型形象。"我们九连要当昭通的先锋连。""宁愿正面死，决不背后生。"这些令人血脉偾张的台词是最能打动人心，也最能触动情感的。

《锻刀》播出后，大家一致认为，该剧故事逻辑性强，剧情高潮迭起，是战争剧中不可多得的上品佳作之一，被业内人士盛赞为"战争传奇情感巨制"。该剧在传奇性和情感方面深深触动观众，而剧中人物在血与火的战场考验中不断历练成长，最终走向光明，这样的心路历程更是扣人心弦，表现出来的精神更加振奋人心。

正如《中国作家》杂志副主编高伟所说，《锻刀》的成功，说到底还是文学的胜利，因为有昭通作家创作团队从头到尾的深度介入，本着还原历史、还原事实的原则拿出了有情怀、有昭通元素、有昭通人血性的原创文学脚本，再有具备良好专业素养的编剧团队的精心改编，昭通作家创作团队最后审定剧本后投拍，如此完美结合，才有了今天这部收视率和口碑俱佳的电视剧。

曹斌：您的长篇小说《万物生》也即将改编成40集电视连续剧，请您具体谈谈电视剧改编的基本情况。

沈洋：2018年，昭阳区政府已与龙虎风云（北京）影视文化传媒有限公司签订合作协议，目前，电视剧《万物生》的剧本已经创作完成，定于2019年8月开机拍摄，2020年播出。这部电视剧的制作播出，必然对昭通苹果的宣传推介起到极大的促进作用，对于弘扬昭通脱贫攻坚、乡村振兴以及在这个奋斗过程中干部群众敢为人先，敢于创造的奋斗精神，必将产生重要的影响。

曹斌：您目前是中国作协会员，中国电影家协会会员，中国电影文学学会会员，这三个国字头的称号，给您带来了什么？

沈洋：我觉得首先这是这些文学艺术组织对一名基层作者的关心和提携。当然加入这些协会，是有门槛的，还不低，但我认为，成为这些协会的会员，更是一种责任和压力，我得继续努力写作。一个作家，如果不出作品，那光有这些头衔是没多大意义的。我会珍惜这些光环的。

曹斌：您的文学观是什么？
沈洋：文学就是人学，永远站在人群里，不要试图去高过他们。

曹斌：有没有那样一本您还没有写过，但却热切渴望写的书？
沈洋：有的，那就是一部关于故乡大山包的长篇小说，我想我会完成的。

# 沈洋创作年谱

## 一、出版著作

1. 小说集《红裙子的流向》，文化艺术出版社，2007年。
2. 小说集《穿透瓦房的阳光》，云南人民出版社，2009年。
3. 长篇小说《大救驾》，云南人民出版社，2012年。
4. 长篇报告文学《彝良大地震》，云南人民出版社，2013年。
5. 长篇报告文学《遥远的洛泽河》，云南人民出版社，2013年。
6. 长篇小说《万物生》，作家出版社，2015年。
7. 长篇纪实文学《他乡是故乡》，云南人民出版社，2016年。
8. 文学评论集《来自"深扎"第一线的报告——沈洋文学作品评论》，云南人民出版社，2016年。
9. 长篇报告文学《磅礴大地》，云南人民出版社，2019年。
10. 长篇报告文学《问渠那得清如许》，云南人民出版社，2019年。
11. 散文集《大阳窝》，云南人民出版社，2019年。
12. 小说集《当歌》，上海游读会出版有限公司，2019年。

## 二、作品发表情况

1. 《太阳相伴》（中篇小说），载《边疆文学》2004 年第 1 期。

2. 《立碑》（短篇小说），载《边疆文学》2007 年第 2 期。

3. 《满天黑发》（短篇小说），载《广州文艺》2008 年第 7 期。

4. 《爱情之书》（中篇小说），载《边疆文学》2009 年第 6 期。

5. 《养母的宗教》（中篇小说），载《滇池》2009 年第 1 期。

6. 《平衡幸福》（中篇小说），载《安徽文学》2009 年第 2 期。

7. 《佛光》（中篇小说），载《梦岛》2010 年第 2~3 期。

8. 《包裹》（中篇小说），载《四川文学》2011 年第 2 期。

9. 《最后的故土》（中篇小说），载《百家》2011 年第 4 期。

10. 《凤凰，凤凰》（中篇小说），载《边疆文学》2011 年第 10 期。

11. 《红裙子的流向》（中篇小说），载《滇池》2011 年第 11~12 期合刊。

12. 《请出示身份证》（短篇小说），载《边疆文学》2012 年第 3~4 期合刊。

13. 《随羊群一起消失》（中篇小说），载《滇池》2013 年第 9 期。

14. 《鹤事》（中篇小说），载《边疆文学》2013 年第 10 期。

15. 《小巷·提拔（2 篇）》（短篇小说），载《百家》2014 年第 3 期。

16. 《龙头山记（6 篇）》（散文），载《边疆文学》2014 年第 10 期。

17. 《故乡的天（5 首）》（诗歌），载《边疆文学》2014 年第 10 期。

18.《还生命笑脸》(歌词),载《边疆文学》2014 年第 10 期。

19.《如果录取通知书寄不出去(2 首)》(诗歌),载《中国艺术报》2014-8-18。

20.《花开春城》(评论),载《边疆文学文艺评论》2014 年第 4 期。

21.《浸透大爱的文学正能量》(评论),载《边疆文学》2015 年第 4 期。

22.《创作接地气的电影》(创作谈),载《中国作家》2015 年第 11 期。

23.《乡村才是我的归宿》(创作谈),载《作家通讯》2015 年第 11 期。

24.《城子的生命力》(散文),载《人民日报》2017-4-26《大地》副刊。(入选《人民日报 2017 年散文精选》,2018 年《人民日报》出版社)

25.《当歌》(中篇小说),载《绿洲》2017 年第 5 期。

26.《昭通古城遇时光》(散文诗),载《散文诗》2018 年第 5 期青年版。

27.《昭通乡街打铁匠》(散文诗),载《散文诗》2019 年第 3 期青年版。

28.《大阳窝》(散文),载《中国艺术报》2019-8-26《九州》副刊。

29.《磅礴大地》(长篇报告文学),载《中国作家》2019 年第 10 期。

30.《易地记》(中篇小说),载《边疆文学》2019 年第 10 期。

## 三、研讨会情况

1. 《遥远的洛泽河》研讨会。2014年2月25日，由云南省文联和昭通市委宣传部主办、云南省作协和昭通市文联承办的"沈洋长篇报告文学《遥远的洛泽河》首发式暨研讨会"在昭通举行。

2. 《万物生》研讨会。2015年11月5日，中国作协定点深入生活办公室和作家出版社联合在北京中国现代文学馆举行了"沈洋长篇小说《万物生》研讨会"。中国作协党组成员、书记处书记、副主席白庚胜出席并讲话。全国著名文学评论家雷达、葛笑政、梁鸿鹰、施战军、胡殷红、王山、徐忠志、王干、杨晓升、顾建平、郭艳、俞胜、刘琼、宗永平、夏天敏等出席研讨会并发言，对该作品给予高度评价，认为该小说是习近平同志主持召开全国文艺工作座谈会后，中国作协组织作家定点"深入生活、扎根人民"涌现出来的关注民生、传递正能量的难得佳作。

3. 长篇报告文学《磅礴大地》研讨会。2020年1月5日，《中国作家》杂志社在北京中国现代文学馆举行长篇报告文学《磅礴大地——昭通扶贫记》研讨会。中国作协副主席、中国报告文学学会会长何建明，云南省文联副主席、省作协主席范稳，《中国作家》杂志副主编高伟，云南昭通市委宣传部常务副部长朱大庆，云南人民出版社副社长尚语以及李一鸣、徐坤、李炳银、黄传会、李朝全、胡平、张陵、王山、王干、陈福民、王国平、傅逸尘等评论家与会研讨。会议由《中国作家》杂志社主编程绍武主持。

## 四、影视创作及获奖情况

1. 中篇小说《包裹》改编成同名电影，作者为编剧之一。2012

年5月14日，该电影荣获第六届云南文化精品工程奖；2012年5月28日在央视电影频道播出；2012年11月28日，入围埃及国际电影节"金字塔金像奖"主竞赛单元；2012年12月，入围第四届澳门国际电影节"金莲花奖；"2013年3月19日，荣获云南文艺基金贡献奖。

2. 歌词《苹果红了》于2012年3月荣获第七届云南文艺基金奖一等奖；2012年5月14日，荣获第六届云南文化精品工程奖。

3. 电影《我和三甲有个约定》（文学策划、主演），于2015年2月8日，荣获由中国农业电影电视协会和八一电影制片厂联合主办的首届"情系三农"微电影大赛优秀作品奖；2014年11月，在云南省委宣传部组织的"中国梦·云南美"百部微电影创作展播中，荣获优秀作品奖。

4. 参与完成电视剧《锻刀》文学脚本原创，该剧成为央视五年来的收视冠军、三年来全频道冠军。

5. 长篇小说《万物生》改编成40集同名电视剧，作者为编剧之一。2019年9月20日在昭通开机拍摄，于2020年在央视播出。

6. 2019年12月，中篇小说《易地记》荣获云南省委宣传部、云南省文联等5部门联合举办的"我和我的祖国"征文一等奖。

7. 2020年8月17日，根据中篇小说《易地记》改编的云南首部反映易地扶贫搬迁的电影《安家》，在全国最大的跨县区易地扶贫搬迁安置区昭通靖安新区正式开机拍摄，预计2020年年底上映。

8. 2020年8月24日，中篇小说《易地记》荣获2019年度云南文学优秀作品奖。

吕翼,彝族,1971年生,《昭通日报》社总编辑、昭通文学艺术家创作中心主任。在《人民文学》《民族文学》《中国作家》《大家》《雨花》《边疆文学》等发表小说多篇(部),有作品入选《小说选刊》《小说月报》《作品与争鸣》《2005—2015中国少数民族小说精选》《2018年度中国中篇小说精选》等。出版作品有《寒门》《割不断的苦藤》《马嘶》《岭上的阳光》等十余部。获云南省文艺精品工程奖、云南省优秀期刊编辑奖、云南省少数民族文学精品奖等。中国作家协会会员,鲁迅文学院第十五届高研班学员,中国首届少数民族文学之星,云南省委联系专家,云南省德艺双馨青年作家,昭通市委联系专家,昭通市文化名家。

# 吕翼：奔跑从杨树村开始

**曹斌：** 留在您记忆深处的家乡是什么样子的？如何理解生活和文学意义上的家乡？

**吕翼：** 每个人都有自己的童年，都有自己的家乡。我的家乡在洒渔坝子北端的一个小山村，名叫碓房村。村子内外，到处长着高大的白杨树，春风一吹，整个坝子便被若有若无的嫩绿的雾霭所笼罩。到了秋天，秋风一吹，白杨树叶一片金黄，四下里又是光彩夺目。碓房村分为上碓房村、中碓房村和下碓房村。我隐隐约约记得，村子的另一头，有几间大大的碓房，红土作墙，谷草苫顶。碓窝用两人合抱的大青石琢成，碓棒则用大碗粗的麻栗树和石头合成。每到腊月，家家户户就抬着米到碓房去舂，舂成细细的米粉，大年初一好包汤圆。随着时代的发展，米粉由机器加工，石碓就慢慢消失。到现在村子里早没有了那些房屋，也没有了石碓。但这样的场景，一直在我的脑海里闪现。所以后来写长篇小说《寒门》时，这样的场景老是出现，小说也就以碓房村作背景来展开。

我上学的时候，学校破旧，没有课桌，我们就从家里带吃饭用的小方桌去，座位是谷草绾就的草墩。红土筑就的土墙裂开很宽，大人的拳头都可以塞进去。窗户没有玻璃，老师用塑料封住，但冷风太大，常常将塑料吹开，唰唰作响。冬天就很冷，班上的每个学生都提一个烘笼，柴炭作燃料。常常是烘笼提到学校，柴炭还没有燃尽，满教室的烟雾，黑板根本就看不清。一般要两节课后，柴炭才能燃尽。这时的热量最大，学生都从家里带来洋芋，放在烘笼里烤熟，既当早点，又是午饭。

记得小时候，每天都要下地劳动。洒渔乡是乌蒙山区里气候相对好、土地相对肥沃的地方，那些土地可以种苞谷、洋芋、水稻、南瓜、大豆、烤烟和苹果，品质还非常好。家里什么都种，却又没有劳力，我就什么都参加了，什么都会。其中较为复杂的烤烟生产，从育苗、移栽、田间管理、烘烤，直到分级扎把，每个环节我都会。后面写长篇小说《土脉》，大量种植烤烟的细节便出来了。在那样苦涩的岁月里，读书就成了我最大的梦想，能找到的书，我都读。书读百遍，其义自现。读过之后，我就想，什么时候，我也写一本书，一本关于自己的爱恨和梦想的书，多好。

后来长大了，觉得中国其实就是一个村庄，乡下人则是这个庞大的村庄里最为弱小和无助的群体，他们生是蝼蚁，活如草芥，死若浮尘。想想便觉得心酸骨痛。所以后来我的作品都和这个有关。我的作品不是对别人的悲悯，而是对自己生活的表达。我不敢说为谁代言，那种大大咧咧地为人代言的话，我还不太敢说。我是在写自己，写身边的一群朋友和亲人，写他们的处境，他们的爱与痛，写他们的茫然与坚韧。这个世界太大，大得我们乡下人祖祖辈辈难以感受到阳光的温暖；这个世界也太小，小得每走一步，不是碰到头，就是闪了脚。下笔之前，想得很多，笔落纸上，却发现它是何等的软弱无力。愈是如此，内心愈多悲愤，愈是如此，内心更多刻骨。所以生活和文学常常相互裹搅，写来写去，真不知道自己笔下这些，哪些是真实，哪些是虚构。真不知道，自己属于小说，还是小说属于自己。

曹斌：您的文学启蒙是什么？您是从什么时候开始创作的？

吕翼：上初中时，我的班主任就是村里的雷万云老师。我常常和他一起，早上迎着朝阳、踩着田埂、跨过小河，走五里乡间小路到学校。傍晚也和他一起，背对夕阳回家。他教数学，但他是学校的工会主席，书报一类全由他管，他主动借给我看，《边疆文学》《滇池》就是在那个时候看到的。他还给我讲鲁迅、茅盾笔名的由来，要我向他们学习，给自己起个笔名什么的。到现在，成绩平平，我还不敢有个笔名，真是愧对已在九泉之下的先生。那个时候，又遇上了陈代明老师，他教语文，酷爱写作，在地方的刊物上发表过很多有着浓郁地方特色的小说。在他那里，我得到很多的鼓励，看到了莫言的《透明的红萝卜》、王蒙的《来劲》、古华的《芙蓉镇》、肖洛霍夫的《静静的顿河》等重要作品。他甚至还将自己刚写完的小说给我，要我"在上面改"。读中师时，班主任杨旭春老师对我关爱有加，时时给予鼓励，并安排我当学生会主席，让我在学生时代就有了锻炼的机会。1990 年，一篇短文《得到的和失去的》上了《昭通报》副刊，我便觉得写作是人间第一大好事。文学的种子，可能就是在那个时候播下的。此后多年，我结识了很多品德高尚、亦师亦友的作家，他们博大的胸怀、高水准的写作，让我知道自己应该做什么、怎么做。要说创作中的"土地情节"，就应该是在那个时候催生的。无边的原野，没有尽头的小路，总不听话的牲口，村子里不断死去和不断出生的乡亲……他们被苦涩的生活所逼，演出了一幕幕让人绝望又让人再生的故事。我出版的十多部作品，都是从泥巴堆里刨出来的，和泥土都有着千丝万缕的关系。这些作品，有的是一挂苞谷，有的是一堆洋芋，有的是一篮青菜，或者是一地落叶。我某年发表的一个中篇小说，标题干脆就叫作《记住泥》。

曹斌：给我们谈一谈您的挂职经历，这样的挂职对您的创作有什么影响？

吕翼：2007年，云南省作家协会在玉溪峨山县成立社会主义新农村文学创作基地，我作为签约作家，到了甸中镇挂职镇长助理，体验生活一年。此后我写成了长篇小说《土脉》，发表于2009年4期《大家》，第二年由云南民族出版社出版。作品以十一届三中全会以后的30年为背景，从生产队劳作写到当下的"新农村"，以彝族老龙头、龙坝、龙田三代人为核心，书写了红泥村人坎坷复杂的命运以及与土地的不同情感。"为了生，我们常常忘记了死。为了爱，我们常常忘记了恨。为了幸福，我们常常忘记了苦难……"在该书的题记中，我是这样说的。评论家艾自由认为，这部长篇小说的最成功之处，是通过塑造几种农民典型形象，从而形象化地指明了农民的几种出路：一是视土地为传家宝的老一代农民，二是无可奈何的"廉价农民工"，三是"鲤鱼跳农门"的出人头地者，四是背叛土地的"农民暴发户"，五是以青春和身体为本钱的农村浪女，六是有一技之长返乡创业的新一代农民。小说长了，装的内容很多，我觉得非常满意的就是其中有大量的烤烟种植和烘烤的细节，那是我童年的记忆，是我独特而富足的生活体验，我觉得写够了，写到位了，这是其他作家所没有的生活。

曹斌：回顾一下您30余年的创作经历大致可分为几个阶段，能作一个总结吗？

吕翼：2007年前算是第一个阶段，或者说是个分水岭。那之前一直在学习。写作的最初想法，就是表达自己的心声。生活中有啥就写啥，想到啥就写啥。生活太累了，就写累；看到某人的手不干净了，就写一篇关于手的文章。从散文开始，写过几十篇散文后，就忍不住想写小说，觉得小说里面的空间更大些，更能表达自己的心事，真的假的，别人也不一定看得清，就写了一些，从《金江女儿魂》《山雨》开始。其实那个时候的东西，自己以为是小说，其实就不像是小说。写得多了，也有些是发表的。甚至《大家》《青年文学》都发表了，还被《小说月报》《作品与争鸣》等选载，但现在看来，还是觉得稚嫩，不成熟。不成熟的原因是对社会的理解不够，很多故事、很多人物都是想象得来的，与现实生活融不在一块儿。写作的手法上也比较单一。刊物发，那是人家的包容。《雪色秋意》啦，《别惊吓了火车》啦，《割不断的苦藤》啦，的确还差一些东西，差人生的体验，差写作的技术，差读书，差思考。有人说，小说就是写人的困境，一个作家，只有自己在困境里亲身体会，有疼痛，有爱，那样写出的作品，才是有味道的作品。现在想来，为当年的能写感到恐怖，为当年的自以为是感到汗颜。近两年写了《冤家的鞋子》《马嘶》《逃跑的貔貅》这样的作品后，才觉得写出了一点点人生的况味。写作是一件十分精密的事，和科学家研究的行星的轨迹，化学家研究的分子、原子，或者更细小的东西，是一回事情。一个词语、一个句子、一个细节，放在那里，不准确就是不准确。别人用得恰到好处，你用下来就是别扭，就是勉强，就是臭，那就是水平问题了。至于以后，能不能写出更好的作品，真不知道。或者说，上天自有安排。

曹斌：您的小说总给我们带来很多过目不忘的艺术形象，比如《行走的秩序》中的"老转"，《方向盘》中的村主任"许振仁"以及《割不断的苦藤》中的"辛苦"。您是怎样处理这些人物的多样性和丰赡性的？

吕翼：《方向盘》啊，《行走的秩序》啊，都是以前的作品。人比畜牲高贵，比动物复杂，比大海和天空广阔，就是因有自己的内心，有与别人不一样的个性。小说就是要在表现人物的丰富和复杂上下功夫。每个城市都有自己的"老转",每个乡村都有自己的"许振仁",每个时代都有"辛苦"这样的角色。他们工作踏实,认真负责,在一个小地方负着主要责任,都以自我为中心,自己说了算。他的正确便是这个世界的正确,他的方向便是这个世界的方向。某一天,他发现自己的指挥失灵了,内心世界也便坍塌。在《方向盘》中,我写了一个回乡的大学生,目的就是让他与"许振仁"有一个抗争的机会,有一个替代的机会。可是,给他机会,他却无力反抗,他太弱小,满目迷茫,最后也只能成为附庸。"许振仁"的高大与威仪,不仅因为他有一个漂亮的女儿,还因为他在村里的根基,更因为中国农村世世代代的传统文化。新的力量尚未集束,旧有的势力还很强大,这就是中国农村的现状。《割不断的苦藤》发表后,曾被《小说月报》《作品与争鸣》等多家刊物转载,评论家张冰是这样说的"……作者对于这样一个人物是充满了同情和理解的。辛苦的腐化是由一心为了幸福路的建设而开始,直到起了普通人都会有的贪欲,对心理细节细致入微的刻画,使小说具有了更大的可信性与真实性。"《方向盘》中的许振仁,村子里还的确有这样霸道的人。每隔一段时间回老家,都会听母亲说,某某死了,某某又死了。那些死去的人,恶人有,善良的人也有。人都会死,突然觉得名利都是无聊的东西,写的速度就慢了下来。

曹斌:在《别惊吓了火车》这个短篇中,我还记得里面的开头是这样的,"江水像是一把老锈的锯,在峡谷里割来割去。日积月累,峡谷就日愈深入……"读之便可感觉您的语言蕴涵与凝练,那么请问,您有刻意推敲语言的"嗜好"吗?您是怎样打磨小说的叙述语言的?

吕翼:我最早是从散文开始写作的,写文章喜欢慢,字斟句酌。写作没有多高尚,其实就是种地,在土地里一锄一锄地劳作,早晨从地埂的这头开始,傍晚在地埂的那头结束。有石头拣掉石头,有硬土破碎硬土,遇上禾苗就多培点土,遇上杂草就连根挖掉。一天下来,腰酸背痛,又累又饿,体衰力竭,头昏眼花,说实在话,有时候连死的感觉都有了。但看着禾苗在新翻过的土地里轻轻摇动枝叶,在夜露里生长得连声音都可以听到,过不了几天又有了成长的痕迹,真的是满心欢喜。写作的时候就是这样,写一千个字,一万个字,其实就是奔着一个故事而去,一个人物而去,一个想法而去。"吟安一个字,捻断数茎须"嘛!找到一个好字、一个好词,一句有意味的话,就如同意外收获了一个最大的南瓜,一株金色的谷穗。这一点作家们都有共识,王安忆概括为"缓慢和遥远",孙甘露的体会是"比缓慢更缓慢",王小鹰的体会更是具体,叫"非人磨墨,墨磨人"。对,墨在磨人,互相磨吧,互相熬吧。文章本天成,谁是妙手谁得之,谁磨到最后,谁就有机会得到好句。

**曹斌**:近些年来您一直专注于小说的突破和超越,《村庄的喊叫》在技法上明显就跟以前的小说大不一样,有"新魔幻现实主义"的写作倾向。但不管怎么"魔幻",您都似有意地将"土地精神"贯穿到底,您认可吗?

**吕翼**:好的小说,它应该是一个上升的东西,从峡谷升到山顶,从大地升到天空,从一棵嫩芽长成参天大树。在现实生活中解决不了的东西,只能依靠想象,就魔幻了。魔幻的东西,可以解决很多问题。《西游记》如此,《聊斋志异》如此,《百年孤独》也是如此。2011年,在鲁迅文学院我的一个研讨会上,作家出版社的张水舟老师曾这样说过,"吕翼的小说具有魔幻情调和现实关怀,当我在吕翼的小说中发现大量的、浓郁的、不断涌现的魔幻情调,欣喜之情可想而知。中国作家太现实了,现实有余,魔幻不足。在《割不断的苦藤》里的魔幻,像冰块一样神奇。他的魔幻不是一种点缀,不是外在涂抹的色彩，而是有机的一种格调。他的作品有些现实不能现实主义地反映，所以需要魔幻，我想吕翼就是这样做的。世界这么魔幻，作家怎么办？或者是接近真相地说，没有办法。这样一个关怀现实的作家，他过于现代，他除了把笔触伸向小人物，观照他的渺小而卑微的命运，他还能做什么呢？连现实都不能批判，我能体会吕翼写作的困境。严肃的故事不能严肃地讲，吕翼只能魔幻了"。你这里说到的新，我想大约就是这个了。相比而言，《寒门》更结实些，更可靠些。小说以老家碓房村为背景，村民们都希望自己的孩子能考上大学，飞出穷山沟，到大城市里去生根开花，他们在一条朝天的路上挣扎拼搏，梦想着有朝一日奔出寒门。他们有从不妥协的高考抗争，有上天入水的科幻梦想。读书、考试是他们在苦难深渊里改变命运的唯一通道。现实与理想交融，苦难与阳光并存。谷壳里的天空，小中有大，底层人的命运，实中见虚。寒门内外，恩怨交织；冷暖之间，唯有自知。一幅乡村学子锲而不舍的众生相，一部高考历史的备忘录。著名评论家、中国作协副主席李敬泽认为，《寒门》是最现实也是最历史的故事。在中国，芸芸众生的梦想和奋斗大抵与考试有关，由"寒门"到"龙门"，是生之大欲，也是生之大苦。此书道尽个中滋味，沉郁顿挫，悲天悯人。从这个意义上说，我的长篇从《村庄的喊叫》到《寒门》，算是往前走了一小步，也是将"土地精神"贯穿到底的表现吧。

曹斌：可以这么说，正是这一部部的扛鼎力作，奠定了您在云南小说界的地位，那么您对自己目前较为满意的小说作品是什么？

吕翼：云南文学真是棒极了！诗歌、小说、散文都非常不错的，云南作家的作品我常奉作范文，日读夜诵。取得这点成绩，都是向他们学习的结果。至于我，当年写《雪色秋意》的时候，我很满意；写《雨水里的行程》的时候，我感觉也不错，而后来，写《寒门》

和《冤家的鞋子》等时，我也觉得花了不少的精力。但作品完成之后，说实在的，真不再想看它，感觉它好丑，感觉它一无是处。夜深人静，我就一直在想，什么才是最好的作品，什么作品才值得自己肯定？自己的作品连自己都没有肯定，那一定是有问题了。我就只好鼓励自己，好作品，应该还在路上。目前，我对自己作品的要求就是，写黑暗里的光明和笑容里面的利刀，写泥土里的飞扬和天空的沉着。我深深知道，没有爱就没有作品，没有痛，就没有精品。我感谢爱，它让我继续写作；更感谢痛，它让我的作品有了重量。

曹斌：这些年来，肯定有无数的书在伴您成长。您读过些什么书？最近有些什么书值得推荐？

吕翼：我的书柜里，大师云集。那些名字，一个个静静地立在高处，灯光漫过，寂然无声，尽管有岁月的洗礼，尽管他们早已离开人世，但依然光华灼灼，令人景仰。每每下班回来，拖着疲惫的身体坐下，便感到他们在看着我，催我读书，我便不敢怠慢。早年我非常喜欢明清小品，时常买些放在床头，那时写起散文来，便有些顺溜。当代作家中，苏童、余华、贾平凹、徐则臣和刘亮程等让我觉得是高山仰止，云南、昭通名家大师也不少，都值得学习。国外的作家有很多值得学习。最近，工作之余我就读伊斯梅尔·卡达莱、艾特玛托夫、伊萨克·巴别尔，再就是雷特海乌。我把别人买烟、买酒的钱，用来买书。新的旧的都买，有的在书店买，有的在网上买，有时在旧书摊买。我特别喜欢那些别人读过、有着烟火气息的书，觉得那些书活过一次，在我这里又活了一次。读着那样的书，我会很兴奋。我特别喜欢读地方史料，特别是没有公开出版书号的那种。那样的资料有着特别的气息，更质朴，更本真，做作更少，假面具更少。面对它们，我常常有一种和某些老头儿坐在一起的感觉。他们或坐老街前，或坐火塘边，或坐田埂上，一手捏着烟杆，一手端着陈旧的茶罐。他们说出来的话，比我写过的更有文学的气息；他们讲的故事，比我虚构的更精彩。现在我的屋子里书都堆满了，每天最累的时候，我第一时间就是坐在书房里喘喘气，定定神，养养眼。无数的老头儿，他们笑我，要我别把案牍之劳和丝竹之乱带回来，别把与自己无关的人和事带进来。我没有让那些书死掉，而是让那些书活过来。不是活在别人眼里，而是活在自己心里。

曹斌：您有过就读鲁院的经历，谈谈鲁院给您个人的写作带来了一种怎样的契机。

吕翼：鲁院的确是作家的黄埔军校，好多知名作家都是从那里走出来的，包括莫言、余华等，真是数不胜数，应该说，当代有影响力的作家中，有90%都进过鲁院。鲁院的授课与其他地方不一样，90%的授课老师都是从外面请的。我2011年春季进入鲁院。在那段时间里，我听了很多中国重量级作家、评论家和各界名宿们的讲课，莫言、陈忠实、贾平凹、格非、刘庆邦等就是在那里认识的。班里的同学非常优秀，到目前，就有徐则臣获了茅盾文学奖，徐则臣、张楚、肖江虹获得鲁迅文学奖。其他还有很多同学成就不俗。他们现在都是中国的一线作家，写出了和正在写着传世之作。昭通隔壁的威宁，就有曹永。人很年轻，写出不少好作品，创作突然就在那个高度，让人佩服。跟他们一同学习、交流，境界真是开阔了不少。这对于我这样一个在乌蒙大山里生活了半辈子的人，仿佛重生了一次。我也在那里看到了一种江湖，对于我进一步认识文坛，起到了相当重要的作用。写作，还真是个复杂的事情。

曹斌：《割不断的苦藤》发表后，产生了不小的影响，您是如何来进行小说人物形象的构思的？从作品中可以看出"割不断的苦藤"贯穿小说始终，请问苦难是不是您创作永不背离的主题？

吕翼：我曾经目睹过无数的花开花谢，也曾见证了很多的世事变迁。给县委领导当秘书的四年多时间里，我就一直在为自己所面对的一个个故事产生疑问。但那样的思考，更多的只能在非纪实的状态下来完成。几年之后，我开始了真正意义上的写作，知道可以把那些东西变成财富，把这样的话放在小说空间里来完成。同时，在审视自己创作的目的时，我在想这样一个问题，那就是：小说该为谁说话。

我是想为"辛苦"这样一个人说话。

农村难以摆脱的贫穷和落后，是我这篇小说的背景。在这样一个背景之下，有了"辛苦"这样一个人。"辛苦"这样一个人的成长，是没有错的。他靠脚踏实地地工作当上了副县长，要为家乡修一条幸福路，要把家乡的苦藤割掉，要把家乡的穷根铲尽，这样的想法，也是合情合理的。但是，在贫穷落后的环境里长大的"辛苦"，忍受了贫穷之苦，却忍受不了官场之苦；经受了风霜雨雪和亲人的生离死别，却经受不住权、钱和女色的诱惑。但更重要的是，我觉得批判的重心不在他本人，而是在于在"辛苦"的周围，那些长期以来形成的、那些在一些特殊情况下形成的小人物的阴暗心理所构建了的一个不平衡的社会环境。

"辛苦"走上这样一条路，和环境有着密切的关系。"辛苦"的悲剧的产生，我觉得有两个原因。

一是疏于管理。在"辛苦"所处的官场中，上有主要领导、实权领导。主要领导出过几次场，一次是在专题研究农村工作的会上，"辛苦"提出了要修"一条苦寨人的生路"，因为要投入一百多万，班子成员一个个像斗架的公鸡。最后，主要领导出来了，他要大家

"不要急,一步步地来"。作为一把手,他有些含糊,有些和事佬的样子。第二次是"辛苦"对吃拿卡要的驾驶员有想法了,他去找主要领导汇报,主要领导说,"……你考虑好,如果要处理,一是要有证据,二是你拿出个意见来。"一个如果,让"辛苦"惶惶无主。第三次是插叙,将最早发生的事摆到需要的时候来说。"辛苦"得知自己成为副县长的候选人时,给主要领导送了礼,主要领导拒绝了他,批评了他。但他最后还是当选了,这说明主要领导明知他有犯罪的行为,却纵容了他。第四次是"辛苦"被监视居住以后,他去找主要领导,主要领导发出这样的痛苦的内心话,"是我工作没有做好,让你这样的人上来。我对不起苦寨的老百姓,对不起丙县人民……"主要领导出场几次,但他没有主动找"辛苦"谈过一次心,每次出场,都没有为"辛苦"解决实际问题,没有一次能真正温暖过他,致使"辛苦"最后走上不归路。

二是泥淖太深。一个没有背景、没有关系的人,走上这样一个岗位,其实是很难融入那样一个群体的。驾驶员有驾驶员的想法,秘书有秘书的苦痛,办公室主任有办公室主任的处事技巧,班子里其他人有其他人的工作原则。在乡下"辛苦"可以如鱼得水、大刀阔斧地干自己想干的事。在县级岗位可就不行了,他不是主要领导,他说了不算;他不是官场老手,他不能左右逢源。我们的体制的确还需要进一步发展和完善。

小说里还有一出戏,就是妻子乡村美与情人城市美的对比。真爱与假情,现实与梦魇在小说的结尾一针见血。"辛苦"的无助和堕落,实在令人同情和深思。我想通过这一点,体现我对传统道德的坚守。

希望的火光在跳。在写这样的文章时,我一直把握这样一个原则,即旧社会的光明是阴暗笼罩下的光明,新社会的阴暗是光明笼罩下的阴暗。在新中国成立,特别是改革开放40多年的时光里,中国社会特别是中国农村，有了翻天覆地的变化，人们的生存环境有了很大的改变，而我们党的执政水平也得到了前所未有的提高，因此"辛苦"的悲剧是个体的，也是暂时的。

曹斌：《寒门》里的爱与痛，是从哪里来的？通过这本书您想表达什么样的思想？能不能说这是您小说创作上的一个突破？

吕翼：我在农村长大，打小的梦想就是有一份工作，不再整日里面朝黄土背朝天。我为此不懈努力，坎坷很多。2007年，我在玉溪峨山甸中镇挂职，一天晚上，一个人坐在宿舍里看电视。突然看到一报道，说的是一个"高考最牛的钉子户"的故事。从十七岁开始，连续考了十三次，最后一次考上了自己较为满意的大学，可大学已经不包分配了。这件事对我的触动很大。一次到雷平阳老师家里，他找出了一张《南方周末》的报纸给我，上面就有反映甘肃会宁县高考苦难的长篇通讯。平阳老师要我"写写它。"于是，我开始了这个小说的构思。这个小说写得断断续续，和我的生活一样曲折。这部作品，原来我用的题目是《谷壳里的天空》，《寒门》这个名字，是后来潘灵老师给起的，更绝。作品完成后，2016年发表在《雨花》杂志第6期B版，2017年由作家出版社出版，2019年由中国文史出版社再版。我国在1996年实行了大学的教育制度改革，不再对毕业大学生进行工作分配，且国家不再承担大学生学费。从此结束了自1977年高考恢复后，近二十年的大学生包分配工作等制度。《寒门》横跨这段历史，以平稳的虚构描写把一拨人因高考倾注的个人和家庭乃至家族的付出推到读者眼前，在历史与现实交织的时间维度下，强调了文化的社会烙痕。小说中以冯天俊为代表人物的个人高考史，是一部乡村底层民众的精神追求史，也是一部基层某一层面的众生生存相，囊括了这个层面涉及的与高考有关的众多事与物，提供了其范围内的生动细节和形象化的历史材料。《寒门》

的作品主题是在故事人物产生之前就确定的,所以,它有自带的社会疼痛,更有横跨疼痛的各种努力。

曹斌:在文学创作这条道路上,有没有什么批评对您产生过深刻的影响,您有回应过吗?

吕翼:对于我来说,文学批评一直是领航的灯。在我刚开始写作的时候,便有一些老师对我有过关注,他们亦师亦友。有时,他们给予的是安慰鼓励;有时,却是板着面孔痛批。这些对我是非常有帮助的。而最近刚离开人世的柏桦先生,对我也曾给予关注。他在2001年昭通作家座谈会上这样说过,"……应该提到吕翼的短篇小说《雪色秋意》。这是一篇笔法较为圆熟的作品,作者在比较长的跨度里划开了一条长长的创口,剖析了改革开放前后两个历史阶段农民的际遇。在含泪的微笑中,对中国农民的苦难生活进行深入的解析。这篇文章给我们提出了这样一个问题:农民进入市场仅仅是为了摆脱贫困的束缚吗?不!最大的束缚还是灵魂上的束缚"。他简短的批评,让我警醒,也给了我鼓励。记得当年,北京大学有一个论坛——"当代文学原创期刊最新作品点评"论坛,该论坛由著名作家学者曹文轩教授提议、青年学者邵燕君博士主持,他们组织中文系当代文学专业的研究生,对《收获》《当代》《大家》《人民文学》《上海文学》等纯文学期刊最新发表的作品进行追踪研读,并做定期点评。也曾对我发表在《大家》上的一些作品提出过严厉的批评,让我觉得如芒刺在背,十分过瘾。几次研讨会上,我也遇到过直言的名家大师,他们毫不留情的质问,让我发现了自己的不足。而很多的评论家和朋友们,多次不厌其烦地对我的作品进行解析、分析,既有肯定,也有建议和鞭策,让我感动,催我努力。

曹斌：中篇小说《逃跑的貔貅》也是一个有意思的作品，有人说，这是良心深处的叹息，能谈谈吗？

吕翼：《民族文学》2018年第6期的中篇小说《逃跑的貔貅》，我自己也觉得是一个有意思的小说。小说塑造了一个对主人公知根知底的形象——"舍且"，真实地剥开马宽披着的层层外套，还原恶的真实嘴脸。小时候，以农村人的标准评判，马宽本是一个力气小得连锄头都举不起来的孱弱之人，本是一个懒得连脸上歇了苍蝇都不想拍一巴掌的懒人，本是一个干什么事都干不好还会打伤自己的无用之人，本是一个读书的时候没心思读书，却把班花肚子搞大，辍学在家躲着的流氓。后来，他当了人贩子，骗当地漂亮的女孩子出去卖；有钱了，摇身一变，变成外商，成了镇里对外招商的重要对象，伙同镇上的一个副乡长贪污公款，获刑入狱，半年取保候审出来，成了有案底的人；非法集资放高利贷，榨取了众人的血汗钱后，竟然敢再回来，原来他华丽转身，变成做跨国生意的人了。每一次，他本该受到严厉的惩罚，但他如猛火，越扑越烧得旺。面对这样一种现实，不禁让人毛骨悚然。

头上长疮脚下流脓的马宽，随着作恶水平不断升级，身上披着的华丽外套越来越多。贩卖人口时，他披着赤裸裸的恶人皮；招商引资，披着官商勾结的皮；狱中出来，披上文化、慈善、高雅的皮；高利贷亏损后，他又披上跨国公司的虎皮。他不但有钱，而且有名气，是品茗行家、文化人、诗人、儒商、慈善家、发明家、跨国集团老总，诸多光环，试图掩盖他作恶的本性，删除他的种种罪孽。

马宽一心向佛，吃素，到寺庙烧香听经，向佛许愿。但舍且母亲去世无钱安葬的悲惨事件，揭开了他冷酷无情的真面目；马宽时时邀请救命恩人，表现出知恩图报的一面，但舍且的钱还是被骗，这真切地告诉大家，谨防那些你相信的人，他们才是最可能骗你的人。

《逃跑的貔貅》除了揭露世人给狼披上华丽外衣这一可怕现实外,还抒发了文化、艺术、科学依附于毒瘤的悲叹之情。本来,文化人、艺术家和科学家,具有相对独立自由的人格,但一些文化人、艺术家和学者专家,不甘于贫穷与寂寞,依附于本质不好的商人,与眼里只有利益的奸商交朋友,还引以为豪,高谈阔论,卖弄学识。仅因为奸商扶持小微文化企业,将本地的手工艺品送到了省上参加文化博览会;仅因为奸商出钱组织召开了不同层次的作品研讨会和作品展览会;仅因为奸商不时花钱购买文人字画,聘请作家写传记。文化、艺术、科学就要依附于毒瘤吗?说不定,一些半夜害怕鬼敲门的人,难免会对号入座。若真是如此,那只能是此地无银、自讨无趣了。

曹斌:您的《马嘶》,在《人民文学》发表后,又被数家刊物选载,请问这个作品是如何产生的?您想表达的是什么?

吕翼:某年某月,我从乡街子上走过,突然看到一匹负重的马,在小巷里沉重地走来,突然觉得人生就是一匹马,就想写马。马的形象也就不可遏制地跳了出来。于是就有了《冤家的鞋子》。那匹被主人亲切地称为"马老表"的枣红马,随主人奔走江湖,饥饿良久,突然嗅到谷草的香味,就不顾一切,奔去啃吃。枣红马的贪吃,犯了一个小错。但这一个小错,导致了马背上的乌铁犯了一个大错——将正在草堆边纳鞋的女孩开杏抢走,并使之成为自己的女人。马老表犯了错,它一定要付出代价。在后面的故事里,它的经历那样的惊心动魄,那样让人绝望。乌铁犯的错,也注定了他必须还债。纵然上了前线、历经生死、丢了双脚,他还是无法回避。于是,收债的人来了。这个人就是开杏的哥哥开贵。开贵通过马老表来收债。马老表归属于乌铁,开贵因为枣红马,提升了自己的地位;通过马老表,发泄了自己的仇恨;通过马老表,实现了自己的梦想。马老表是他发泄的对象,他不仅在肉体上对它进行蹂躏,还在精神上对它进行摧残。这样一个收债人,是阎王派来的魔。他的坏,杨树村少有,乌蒙古城少有,在人间恐怕也少有。他收债收得合情合理,收得一丝不苟,收得千方百计,收得让人恐怖。也正是他的坏,凸显了乌铁的好;他的无耻,凸显马老表的隐忍。对,是隐忍。隐忍成就了乌铁,成就了这匹被开贵称为"烂乌铁"而乌铁称为"马老表"的乌蒙马的形象。开贵一次次坏下去,乌铁一次次好起来;开贵一步步矮小下去,乌铁一步步高大起来。两者既是对立的,又是统一的。在对立和统一之间,我写哭了。马老表连呻吟都没有了的时候,我居然泪雨滂沱,心似刀绞。于是就有了《马嘶》。

在这一场没有刀枪也没有拳脚的搏斗中,乌铁和马老表受尽了屈辱,吃尽了亏。开贵是一个绝顶聪明的人,是一个吃苦耐劳的人,是一个放得下又拿得起的人。他放得下面子,放得下骨架,放得下良知。当一切都被放下的时候,他的"功夫"何等了得。开贵不断地逼近,不断地使出阴招。乌铁不断地往后退,不断地敞开胸怀。乌铁最用力的还击,就是不断地诅咒。可他那一次又一次的诅咒,事实上是对善的一种歌颂。原来,后退也会成就一个人。在后来的故事里,马的日子好过一些,疼痛转到了乌铁的内心。这样的几个人物,在特殊的环境里,在特殊的背景下,被逐渐丰富和完善起来。于是,这一连串的几个小说,倒不像是写几个小故事,写几个小人物,而是写人的命运了。《马嘶》拥有短篇的篇幅,却有中篇的容量和长篇的气象。至少,我是这样认为的。

我觉得自己有限的文字,无法承载这样一个宏大而沉重的主题;我觉得一两个中短篇,根本无法表达我对马老表的敬仰和内心的疼痛。在写完《马嘶》之后,我又写了《门外的诅咒》《黑夜灼心》《要命的马靴》《少年的金牙》等。这些作品都共同拥有着几个鲜明的人物,他们就是乌铁、开杏、开贵、胡笙……他们在不同的作品里有着不同的故事、不同的疼痛、不同的遭遇，却都有着相同的善良与高贵的品质。我读过《红色骑兵军》，读过《米格尔街》，读过苏童的"香椿树街"系列，也读过徐则臣的"花街"系列。那一种新的中短篇小说的集成模式，为我的"杨树村"系列，或者说是"马老表"系列，提供了十分重要的参考与借鉴。我想尝试互文式的写作，让人物在不同的篇章里拉拉扯扯，时断时续，相互裹缠，让人物的命运，在时空里经纬交织，互相补济，以立体的方式呈现出来，最后完整地、丰富地抵达小说的内核——人与人之间的碰撞、排斥、交融、接受、大爱。

曹斌：在扶贫题材上，您作了一些有益的探索，可否谈谈您取得的成绩？

吕翼：昭通的贫困，由来已久，世人皆知，中央、省、市各级高度关注。身在其中，我感受了别人所没有的苦痛。但如何切入，写出别人没有的角度和深度，一直是我在反复思考的事。中篇小说《来自安第斯山脉的欲望》，是我的一个尝试，写省里下派的干部不切实际的扶贫，给人物质和精神上带来的困境。2019 年第 7 期《民族文学》发表的中篇《马腹村的事》，写的是基层村干部的坚守、贫困户藏在内心深处的良知，以及扶贫干部更深层次的痛苦与贫困。贫困户有人帮助、村干部有人关爱，而城市人口精神上的贫困又有谁得知？这个小说得到了文学界的认可，《小说选刊》《小说月报》都相继作了转载。与此同时，我再写《背篼支书》，正面塑造了一个入党四十年、任村支书三十年的勒吉，在背篼村整体搬迁时的矛盾心情，写了一代人与贫困抗争过程中自强、诚信、感恩的故事。而儿童文学长篇小说《岭上的阳光》，则是以少年闰生的视觉，抒写了爷爷、爸爸妈妈和自己三代人，在野猪岭上种土豆的故事，写出一家人对贫困生活的拒绝、对幸福生活的向往。

曹斌：近年来，您突然转向，写起了儿童文学，好像还得心应手，能谈谈具体的情况吗？

吕翼：孩提时代，我读过不少《儿童文学》和《少年文艺》，深深感受到儿童文学的魅力。近几年里，在吴然等老师的指导下，我写过几本儿童文学作品。2014年10月，我出版了以鲁甸"8.03"地震为背景的长篇儿童小说《疼痛的龙头山》，获第八届"云南文化精品工程奖"；2016年5月，出版了以红军长征过昭通为题材的长篇儿童小说《云在天那边》；2018年6月，出版了以闰生一家与土豆无法割舍的恩怨为题材的《岭上的阳光》，入围《中华读书报》评选的"2018不可错过的15种少儿好书"；短篇小说《鹤儿飞呀飞》入选《2016年中国儿童文学精选》，获云南省2017年度优秀文学作品奖；短篇小说《水冰糖》获得了2018年度的冰心儿童文学新作奖。最近，我刚完成了《比天空更远》，这是一部以中国这块土地上奴隶制统治最后被彻底摧毁的凉山为背景的长篇小说，也是新中国第一幅以儿童视角呈现祖国西南地区解放战争中多民族悲欢离合的生动画卷。作品抒写了彝族地区的少年儿童在蒙昧混沌岁月里的苦难生活和他们的向往。同时，作品更着力于抒写的是，在共产党光芒照耀下，少数民族地区的少年儿童认知世界、逐步成长、融入新中国这一大家庭的感人故事。新国家的建立，新生活的到来，为少数民族儿童描绘了全新的未来，彻底改变了他们对世界的理解和对生活的认识。作品已被浙江少年儿童出版社列入2019年度的主题出版计划，国庆之前可与读者见面。儿童文学创作给我的回报太多，我心存感激。

# 吕翼创作年谱

## 一、出版著作

### （一）长篇小说

1 《土脉》，云南民族出版社，2009年。

2.《村庄的喊叫》，云南人民出版社，2014年。

3.《疼痛的龙头山》，云南人民出版社，2014年。

4.《寒门》，作家出版社，2017年。

5.《云在天那边》，晨光出版社，2016年。

6.《岭上的阳光》，浙江少年儿童出版社，2018年。

7.《寒门》，中国文史出版社再版，2019年。

8.《比天空更远》，浙江少年儿童出版社，2019年。

### （二）中短篇小说集

1.《灵魂游荡村庄》，作家出版社，2003年。

2.《割不断的苦藤》，云南民族出版社，2007年。

3.《是否爱》，云南人民出版社，2015年。

4.《马嘶》,作家出版社,2019 年。

5.《别惊飞了鸟》,云南人民出版社,2009 年。

6.《风过杨树村》,长江文艺出版社,2011 年。

7.《来自安第斯山脉的欲望》,成都时代出版社,2019 年。

(三)散文集

1.《雨滴乌蒙》,中国文联出版社,2005 年。

# 二、省级以上公开报刊发表

1.《角色》(短篇小说),载《滇池》1997 年第 7 期。

2.《中考纪事》(散文),载《滇池》2001 年第 2 期。

3.《都是小车惹的祸》(中篇小说),载《边疆文学》2001 年第 4 期。

4.《刃畜》(短篇小说),载《滇池》2003 年第 12 期。

5.《天上一个月亮,地上一个月亮》(短篇小说),载《边疆文学》2003 年第 3 期。

6.《笔落高原风雨路》(散文),载《文艺报》2003-2-1。

7.《雪色秋意》(中篇小说),载《大家》2004 年第 1 期。

8.《苹果的心谁懂》(短篇小说),载《边疆文学》2004 年第 3 期。

9.《行走的秩序》(短篇小说),载《青年文学》2004 年第 4 期。

10.《割不断的苦藤》(中篇小说),载《大家》2004 年第 6 期。

11.《灵魂游荡村庄》(短篇小说),载《滇池》2004 年第 7 期。

12.《寻找美丽》(短篇小说),载《青年作家》2004 年第 9 期。

13. 缩写和创作谈《小说该为谁说话》,载《领导科学》2005

年第 23 期。（入选改革开放 40 年云南 40 部小说排行榜）

14.《雨水里的行程》（中篇小说），载《边疆文学》2004 年第 11 期。（《小说月报》选载）

15.《哥哥的创造》（短篇小说），载《青年作家》2004 年第 12 期。

16.《寻找美丽》（短篇小说），《青年作家》2004 年第 12 期。

17.《行走的秩序》（短篇小说），载《文艺报》2005 – 4 – 23。

18.《父亲的园子》（散文），载《时代风采》2005 年第 4 期。

19.《往事》（散文），载《文学报》2005 – 9 – 8。

20.《透明的纯白》（短篇小说），载《时代风采》2006 年第 5 期。

21.《爱在虚无缥缈中》（短篇小说），载《时代风采》2006 年第 5 期。

22.《阅读高原》（散文），载《云南日报》2006 – 7 – 14。

23.《海蓝色往事》（短篇小说），载《佛山文艺》2006 年第 12 期。

24.《别惊吓了火车》（短篇小说），载《大家》2006 年第 3 期。

25.《别伤害了创造》（短篇小说），载《大家》2006 年第 3 期。

26.《别惊飞了鸟》（短篇小说），载《大家》2006 年第 3 期。

27.《方向盘》（中篇小说），载《民族文学》2007 年第 2 期。

28.《会到尽头》（中篇小说），载《边疆文学》2007 年第 4 期。

29.《秋夜的蚊蚋满天飞》（短篇小说），载《大家》2007 年第 6 期。

30.《房顶上的鸟》（短篇小说），载《金沙江文艺》2007 年第 3 期。

31.《深入生活的底部》（散文），载《羊城晚报》2007 – 2 – 16。

32.《生活的歌唱家》（散文），载《辽河》2007 年第 7 期。

33.《山地上的路谁不走一辈子》（散文），载《云南日报》2007-6-29。

34.《你的爹我的儿》（短篇小说），载《骏马》2008 年第 3 期。

35.《写作与灵魂》（散文），载《文艺报》2008-6-6。

36.《峨山、甸中和农事》（散文），载《云南日报》2008-1-4。

37.《此河彼岸》（中篇小说），载《边疆文学》2009 年第 2 期。

38.《仙鹤湖纪事》（中篇小说），载《北京文学》2009 年第 7 期。

39.《孝子》（短篇小说），载《滇池》2009 年第 1 期。

40.《吃鱼》（外二篇）（散文），载《边疆文学》2010 年第 2 期。

41.《竹杆》（短篇小说）（二篇），载《边疆文学》2010 年第 6 期。

42.《树叶风尘》（短篇小说），载《边疆文学》2010 年第 6 期。

43.《高考疯子》（中篇小说），载《边疆文学》2011 年第 9 期。

44.《田与地》（散文），载《山花》2011 年第 11 期。

45.《云朵上的鱼钩》（短篇小说），载《边疆文学》2012 年第 2 期。

46.《记住泥》（中篇小说），载《边疆文学》2014 年第 6 期。

47.《冤家的鞋子》（中篇小说），载《民族文学》2015 年第 10 期。

48.《鹤儿飞呀飞》（短篇小说），载《少年文艺》2016 年第 3 期。（入选《2017 年度中国儿童文学作品精选》）

49. 长篇小说《寒门》，载《雨花》2016 年第 6 期。

50.《寒门内外我在说些什么》（散文），载《雨花》2016 年第 6 期。

51.《稻谷的歌唱方式》（散文），载《云南日报》2017 年第 12 期。

52.《没有了泥巴的鞋》（散文），《人民日报·海外版》2017 - 9 - 2。

53.《马嘶》（短篇小说），载《人民文学》2018 年第 5 期。［入选《小说月报》（大字版）2018 年第 9 期；入选《作品与争鸣》2018 年第 10 期］

54.《逃跑的貔貅》（中篇小说），载《民族文学》2018 年第 6 期。

55.《来自安第斯山脉的欲望》（中篇小说），载《中国作家》2018 年第 9 期。（入选《2018 年中国中篇小说精选》）

56.《在版纳看见一棵树》（散文），载《边疆文学》2018 年第 2 期。

57. 创作谈《一匹马能承载多重》，载《人民文学》微信公众号 2018 - 7 - 10。

58.《黑夜灼心》（中篇小说），载《边疆文学》2019 年第 1 期。

59.《向阳的山脉》（散文），载《文艺报》2019 - 6 - 5。

60.《马腹村的事》（中篇小说），载《民族文学》2019 年第 7 期。［《小说月报（大字版）》第 9 期、《小说选刊》第 10 期选载］

## 三、省级获奖情况

1. 中篇小说《雨水里的行程》，获 2004 年度《边疆文学》奖，《边疆文学》杂志社，2005 年 12 月。

2. 中短篇小说集《灵魂游荡村庄》，获云南省第五届文艺创作奖三等奖，云南省文联，2007 年 2 月。

3. 散文《阅读高原》，获第八届《云南日报》文学奖，《云南日报》报业集团，2007年5月。

4. 散文《心和太阳的距离》，获改革开放三十年征文铜奖，新浪、搜狐等七家网站，2008年10月。

5. 中篇小说集《割不断的苦藤》，获第六届云南省文艺创作奖励基金三等奖，云南省文联，2009年10月。

6. 长篇小说《土脉》，获第七届云南文艺基金奖三等奖，云南省文联，2012年3月。

7. 短篇小说集《风过杨树村》，获云南省少数民族文学精品奖，云南省作家协会，2012年8月。

8. 长篇小说《疼痛的龙头山》，获第十四届云南优秀出版物三等奖，云南省新闻出版局，2015年5月。

9. 散文《寒门内外，我在说些什么》，获云南省报纸副刊一等奖，云南省报业协会，2017年10月。

10. 长篇小说《疼痛的龙头山》，获云南文学创作2016年度优秀作品奖，云南省作家协会，2017年11月。

11. 短篇小说《鹤儿飞呀飞》，获第八届云南省文化精品创作奖，中共云南省委宣传部，2017年12月。

12. 中篇小说《一匹马的遭遇》，获云南省边防文学奖，云南省报告文学学会、边防文学杂志社，2018年4月。

13. 中短篇小说集《马嘶》，入选首届"中国少数民族文学之星"丛书，中国作家协会，2018年10月。

14. 短篇小说《水冰糖》，获冰心儿童文学新作奖，冰心儿童文学评奖委员会，2019年6月。

刘平勇，1968年生于云南昭通。1995年开始文学创作，在《中国作家》《北京文学》《当代小说》《大家》《小说月报》（原创版）、《鸭绿江》《星火》《山花》《四川文学》《绿洲》《青年作家》《广州文艺》、《边疆文学》《滇池》《散文》《散文百家》等多种文学刊物上发表文学作品200余万字。著有散文集《行走的草垛》，小说集《另一种悬崖》《一脸阳光》《因为有爱》《香味》《天堂邂逅》，长篇小说《如尘》。部分小说被《小说选刊》推介，《小说月报》《中篇小说选刊》选载。为中国作家协会会员，昭通市作家协会副主席，昭阳区作家协会主席，昭通市昭阳区委党史研究室主任。

# 刘平勇：真诚健康的灵魂
## 必定自带亮光

曹斌：作为一个作家，请您谈谈您对文学的理解。

刘平勇：文学是关乎人心、解释灵魂的，如果仅仅用来评一个职称，二级作家或者一级作家，意义不大。我们对文学应该怀着更大的抱负，更宽广的视野，并与世界建立起更深邃的对话关系，这样，才能找到写作原初的价值。否则，在当今高度商业化的社会里，写作所能获得的物质利益是微乎其微的，你根本没必要苦苦地在文学里挣扎。

文学终归不能只是满足于表达外生活，而是要深入内生活，要追问，要挖掘人精神的深度、广度，要敞开人灵魂的纵深感，让人看到生活的希望和亮光，获得一种能站立起来的精神，而不是趴下，在怨毒和呻吟中沉沦。

文学的作用是愉悦和教化，也就是启迪智慧，提升思想。一个写作者如果能够通过写作，解剖人心，探析人性，渡己渡人，达到自我灵魂的救赎和他人灵魂的救赎的目的，那么这个写作者，可以算作真正意义上的作家。

曹斌：阅读和写作对您心灵的锻造和生活有什么作用？

刘平勇：我个人觉得，一个有阅读和写作习惯的人，即使独自漂流到荒岛或被关在监狱，只要给他书籍并允许他书写，他就能够很好地活下去。几乎所有的作家，都是从阅读开始的。一个作家只写自己的人生经历是不够的。一个人的人生经历，是有限的。我们通过对古今中外优秀作品的阅读，就能拓宽自己的视野。我们不是贾宝玉、林黛玉，不是潘金莲、西门庆，不是聂赫留朵夫、玛丝洛娃，不是安娜、渥伦斯基，不是阿Q、孔乙己、祥林嫂……但是，我们通过阅读，就了解了他们的家庭、地位、情感、生活、命运等，我们就设身处地跟随他们过了一遍他们的生活，我们就看到了更广阔世界的不同的人生景象。当然，我们的阅读，不只是文学方面的，还有经济的、政治的、文化的、历史的等诸多方面的学科。一个优秀的作家，必然是个杂家，知识结构既要专又要博，一个作家必须发出自己的声音，阐释自己对这个世界独特的理解和认识。写到什么领域，对什么领域就要有科学的理解和认识。

另外，阅读能开启我们心灵的大门。我们每个人的内心深处，都封存着许许多多的东西。平时它就这样深埋着，往往在阅读中，常常会灵光闪现，照亮时间深处的那些有价值有意义的东西，再通过自己的精心构思，一篇有意义的文章就产生了。

阅读就像一个人对美食的品味，当你从没吃过好吃的，你会觉得眼前的食物就是美味，而当你吃遍了美食，你对食物的胃口就会变得挑剔，你宁愿饿着也不吃那制作粗糙的食物。这个比喻还不够恰当，人饿极了还是会吃随意递给他的食物的。而阅读则不然，阅读是一个螺旋上升的过程，你所读过的每一本书都是一级台阶，每一级台阶都把你引向更高处，你也只愿向更高的地方去阅读。

阅读和写作，能启迪心智，矫正灵魂。每一次的阅读和写作，都是一次对灵魂的矫正和洗礼。我们在阅读和写作中，不仅丰富了自己的知识，提高了自己的审美，更重要的是提升了自己的修为。使自己在这纷繁复杂的世界，具有明辨是非的能力，发现抵达更完美世界的有效途径。

写作是关乎灵魂的事，在这个浮躁的年代，还有多少人有心思抚摸一下自己的灵魂？许多人都变成了物质的奴隶。心里只是装着金钱和功名利禄的人，内心为了物质的获取而焦躁不安的人，是不适合搞写作的。当不择手段挣来的金钱不能为人的精神愉悦服务的时候，其实金钱就变成了刀子和毒药。

于我个人来说，写作使我过上了自己想要的生活，一种简单而又丰富、宁静而又自足的生活。我的后半生将继续这样生活下去——阅读和写作，如果有人问我为什么还要这样，为什么不改变一下尝试点别的，我会说，经过多年的切身体验，我觉得阅读和写作既节约能源又有益于身心健康，是最为环保的生活。我喜欢这种生活。

曹斌：听说您是昭通第一位与上海游读会签约的作家，您认为这是对您作品的认可吗？

刘平勇：现在出书都比较难，即便文章质量还行，大都要自己掏钱出书，一掏，就是三五万，不是小数。即便书出来了，也是要么堆着，要么送人，读者少得可怜，书籍没有了读者，就是死的，死了的书籍，其实就是废纸。对于一个写作者，这是残酷的事实。游读会与我签约，他们是看中我的小说可读性强、接地气、有读者，也有市场。我认为这是对我作品的认可。因为我以后出书，不需要自己掏钱，还可以得点稿酬，还有一个强大的宣传阵营，这无疑对我作品的传播起到较好的推进作用。这样，自己辛辛苦苦写出来书，就不至于很快死去。

曹斌：曾有评论家说，您是一位被低估的昭通作家。对这种说法，您是怎样看的？

刘平勇：在生命中，应该感谢鼓励我、高看我的人。世界太大，也深也复杂，人有人运，文有文运，别人低估我，是别人的事，但我自己不能低估自己。凡事尽力而为，顺其自然吧！相信每一个自己，都是这个世界的唯一。

曹斌：这么多年来，您在文学创作方面也取得了一定的成绩，很想知道您曾经是怎样与文学结下不解之缘的？

刘平勇：说句掏心窝的话，文学是我儿时的梦想。

我1968年阴历四月出生于云南省昭通市乐居乡仁和村刘家营，1983年考入昭通地区师范学校。那时，15岁的我常常用一个洗得发白的帆布包背着冷洋芋走40里山路到学校上课。一个人走在山路上，常常停下脚步，看蚂蚁搬家，捧山泉洗脸，听山风唱歌。日出日落，晨昏交错，我常常能够穿越时空看到躬腰摘菜的母亲，肩扛犁耙的父亲，手提菜篮的姐姐……我想哭，我想歌，我想对着太阳倾诉我的疼痛和幸福，于是我就开始了用诗歌来表达感情。尽管当时的我不明白什么是诗歌，但写下的那些纯真的语句，能够表达我当时内心的情感。现在偶然翻开那一本又一本的手抄本诗歌，仍然还会面红心跳，那是一些原生态的情感表露，虽无多大技巧可言，但却回归本真。1986年，我被分配到昭通最贫瘠的高寒山区大山包教书。在极度贫困孤寂的环境里，我只能在煤油灯下苦读诗书来排解灵魂的孤独。当时只领76元工资的我，毅然拿出37元来读吉林函授创作班，一读便是3年。尽管没有一篇文章见诸刊物，但我的文学梦却得到了延续，孤独的灵魂有了寄托。

从写作的真正意义上说，我是从1997年开始文学创作的。我还清楚地记得我的第一篇小说是怎样写出来的。当时是1997年一个秋天的下午，已在昭通很有名的作家夏天敏老师鼓励我写一篇小说在昭通地区文联主办的《南高原》上发表。我闭门造车近十年，从来没有与外界接触，忽然得到一个作家的鼓励和支持，激动的心情可想而知。于是从早上10点写到夜间3点，我便完成了15000余字的小说《荒原血泪》，后在1997年的内部刊物《南高原》第4期上刊登出来。

曹斌：您在小学教师、中学教师、村长、记者、编辑、教导主任、副校长、区报社副主编、区文联副主席、区作协主席、市作协副主席、市作协秘书长、区委办副主任、区文产办主任、区委党史研究室主任15个不同的岗位上经历了15种不同的历练，这是不是为您后来的创作打下了坚实的基础？或者说为您的创作提供了很好的创作素材？

刘平勇：我是1986年师范毕业的，一分工就分到了离家近200里的偏远山区去教书。从某种程度上说，我后来工作的改变，都是因为文学。我记得1987年的时候，我写了一份文采飞扬的工作总结，就被当时的中心校长看上了，我就被调到了中心校当教导主任。教导主任这个角色，多少靠近了乡村权力的边缘，争斗就在所难免。当时只有19岁的我，单纯得像一张白纸，失败就成为必然。不到一年，我就被别人取而代之。我是一个敬业的人，做什么都会力求做得更好，因此教书就有了一些名气。后来就调到我的家乡乐居中学去教书。大概是1993年，我们当时的县级市委组织部把乐居乡当作干部任用改革试点，针对当时村干部文化水平普遍偏低这一问题，要在学校通过文化考核、施政演讲的方式，招考村干部，由于我喜爱文学，我以第一名的成绩被录用为上街村的村长。村长这职位所面临的工作多如牛毛，真是上管天文，下管地理，中间还管老百姓的鸡毛蒜皮。除了政治任务催粮要款、刮宫引产等要事，那些邻里争斗、婆媳不和、父子吵架、偷牛盗马等鸡毛蒜皮的事，你都要亲自过问。

后来也是因为文学，我小有名气，我便调到了县级市的报社，从记者做起，一路走来，便经历了这10余个工作岗位。对自己的工作岗位，对于一个在体制内的人，在现有的体制下，我是没有能力选择的，只能在奋斗中顺其自然。会有什么样的结果，真的是我个人不能掌控的。我能做到的，就是不管我从事什么工作，我都尽力地把它做得更好。我相信因果，什么因结什么果，这也是对机缘巧合的某种解释。当我在工作生活中遇到困难和磨难时，我就会想，这是上苍在磨砺我的心智，是上苍为了让我写出更好的文学作品准备的财富。这样想，就乐观了、释然了。

记不清哪个作家说过，一个作家，其实就是个杂家。所谓杂家，就是要懂的东西很多。一部优秀的作品，它的信息容量、思想容量一定是很大的，它所涉猎的知识也一定是很多的。譬如《红楼梦》，天文、地理、哲学、医学、玄学、宗教、民俗……包罗万象的，被作者那么精当、艺术地在作品里表现出来，叹为观止。要是作者没有这些经验、这些知识，肯定就不可能有这么一部伟大的作品了。对于我而言，这些经验都是一些底层的经验，有了这些经验，无疑丰富了我的写作资源。

曹斌：从您的简历来看，我发现您在许多部门都是领导，工作应该很忙，您是如何来处理写作与工作的关系的？

刘平勇：其实像我这样在小地方工作的人，时间也不是那么紧的。我喜欢小地方，小地方的生活也算慢生活。我所生活的小城市，街头巷尾，喝茶的、玩麻将的、小歌厅里飙歌的，比比皆是。像我这样的小公务员，白天肯定必须上班，但晚上的时间是自由的，周末和节假日的时间也是可以自由支配的。我晚上除了走走路打打太极拳锻炼一下身体,其余时间就用来读读书,有灵感的时候就写一写。但周末和节假日的时间,我大都用来写作。可以说,我 90% 的作品,都是周末和节假日里写出来的。

曹斌:您是一个从基层走出来的作家,在作品发表方面经历了些什么?

刘平勇:我从发表第一篇小说到现在,已经 20 年了。每位立志成为作家的人,渴求发表是共性。20 年前,由于地域限制和信息的不畅通,我的家乡边缘化现象十分严重。远在边远地区的基层作者,很难看到外面的世界,对外面世界的了解,基本上靠的就是有限的书本阅读和模糊不清的电视观看。

20 年前的我,真的是闭门造车,整天读着有限的几本书,闷着头写,遇到有点喜欢文学的朋友,便逮住他,就念文章给他听。有些时候,我还在念得激情飞扬,对方早已昏昏欲睡。那时没用电脑,用手写,一个 2000 字的小说,用手写完,反复修改,再抄写一遍,那种费时费力可想而知。然后是盲目的投稿,然后是遥遥无期的等待,脑海里整天都是邮差送信的样子。结果大都一样,泥牛入海。当然偶尔也会接到几封回信,有的回信会有几行字,更多的一句是,不拟采用。那时,做梦都会梦见心仪的作家跟我谈文学,比如史铁生、贾平凹、路遥、陈忠实、迟子建、毕飞宇、苏童等。那种激动、幸福、惶恐,真是用语言难以表述。现在想起,在文学的道路上蹒跚而行,其间的酸甜苦辣,还真让自己感动。

曹斌:可以说您的作品无论是散文还是小说,在言语上个性十分鲜明,而且形成了自己独有的特点,您是如何来处理小说人物与语言的关系的?

刘平勇:小说是塑造典型人物,反映社会生活的一门艺术,小说人物的语言必须要符合人物的个性和身份，这是小说艺术的基本要求。我一生的努力，就是寻找到最符合我的小说人物个性和身份的那种精准的、鲜活的、掷地有声的语言。朴拙也罢，华丽也罢，高雅也罢，低俗也罢。只要符合人物的个性和身份，就是好的语言。阿Q的"和尚动得，我动不得"，孔乙己的"多乎哉，不多也"，都是极其符合他们的个性的。我小说里的人物，大都是底层人物，他们的语言本身就是朴拙的，只有朴拙，才符合他们的个性和身份。无须有意朴拙，而是其人物个性决定了他们的语言风格。

曹斌：在您写作的过程中，最初有哪些人给予您最直接的帮助？

刘平勇：在我的写作过程中，给予我帮助的人很多，最初的，最直接帮助我的，就是曾获得第三届鲁迅文学奖中篇小说奖的夏天敏老师。1999年12月24日，时任县级《昭通市报》主编的夏天敏老师，把我和另外三位平时喜欢写点豆腐块文章的、在乡村教书的朋友调到报社来当记者，我们有幸得到了夏老师面对面的教诲。他的勤奋成为我们的榜样，他关注现实、关注当下的写作理念，给我们的创作以很大的影响。他对我们文学作品的把脉、推介，使我们的创作水平有了长足的提升。

我最初在公开刊物上发表的作品，就是在我们云南省作协主办的刊物《边疆文学》上发表的。《边疆文学》是1956年创刊的一本老牌杂志，立足云南，面向全国，特别注重对云南作家的培养。十多年来，我几乎每年都要在《边疆文学》上发一篇作品，大都是头条。这给我极大的鼓励，同时也十分的感激。我的小说从《边疆文学》逐渐走向全国的刊物。刘永年、何真、王洪波、范稳、潘灵、雷杰龙、田冯太等一大批老师，对我的作品都亲自指导过。后来，全国许多刊物的编辑老师们，与我虽未谋面，但在文学上交流颇深，我对他们的无私的关心和帮助，感激于怀。

曹斌：这些年来您的写作有自己独特的写作风格吗？

刘平勇：说风格，很惭愧，我还真没好好想过我的写作属于啥风格。风格，指文学作品从整体上表现出来的独特而鲜明的风貌和格调。我觉得我还没有形成自己特有的固定风格。风格受作家主观因素及作品的题材、体裁、艺术手段、语言表达方式及创作的时代、民族、地域条件等客观因素的影响，并在一系列作品中作为一个基本特征得以体现。我觉得，一个作家的写作风格，是变化着的，不同时期，面对不同的题材，会产生不同的审美，也就有不同的艺术表现形式，当然也就有了不同的风格。

我最初的写作，是没有经过严格的写作训练的，抓到什么，就写什么，对所谓文本、题材、语言、思想、结构方面的东西，缺乏较深的思考，这跟我当时对写作认识的浅陋有关。当时的写作，激情有余，思考不足，虽然血肉饱满，但也瑕瑜参半、泥沙俱下。当时追求语言的华丽，常常为写出一些华丽的词句沾沾自喜。殊不知，那些骨肉分离的词句，缺少体贴和温度。后来读得多了，写得多了，对文本、题材、语言、思想、结构方面的东西也就有了更深层次的认识和更严格的要求了。

通过多年的写作磨砺，我逐渐形成现在的这种风格，在题材上，以乡土题材为主，其他题材为辅。除了继续关注农村、农民自身生活的苦难外，更关注改革开放、城镇化进程，以及城乡二元结构中，所呈现出的新问题，并把人物放置在激烈的矛盾冲突中，刻画人物性格，塑造人物形象，突出人性中存在的深层次问题。作品真正体现生命关怀、灵魂书写这一主题。作品关注的都是人的生存困境和精神困境，试图对生命进行细致入微的洞察，以及对人物命运的沉浮和走向从文学的角度作有益的探索。在表现形式上，特别注意叙述的节奏、调子、气息、氛围，力求从容、沉静、诗意，给人一种视觉的冲击，灵魂的震颤和回味。书写的对象大都是"小人物"，主人公大都是农民、民工、乡村教师、手艺人、小商小贩等,都是我们熟悉的、身边的小人物。对笔下的小人物、底层人、受苦人,作品有一种来自灵魂深处的悲悯情怀,试图用深情细腻的笔触,去刻画这个时代面临困难和危机的社会弱势群体。试图揭示这个群体的生存困境,极力展示每个个体生命与现实不可调和的对抗与冲击。这种揭示,不是刻意张扬困境和苦难,而是希望从另一种角度来观照人道主义的缺失,召唤理想价值的到来,提醒人们如何摆脱生存的尴尬与苦痛,以恢复人类生命内在的尊严。我在作品中,从自然生存中的人追溯到社会存在中的人,从社会存在中的人追溯到精神存在的人,力求站得高,抓得准,开掘得深,真正走上了一条灵魂关怀的文学之路。

曹斌:昭通作家的很多作品都选择了关注底层的小人物。您的中篇小说集《天堂邂逅》以及《因为有爱》等,从乡土到城市,也同样聚焦了人的精神困境及生存困境,为什么会选择这样的基调进行创作呢?

刘平勇:一个作家的背后,隐藏着一块与之息息相关的土地,也隐藏着一群与之血脉相通的人。古今中外的文学名著,绝无例外。我出生在中国云南东北部的一个边远偏僻的山村,我的亲人们在这块贫瘠的土地上面朝黄土背朝天地刨食生存,他们的生存是艰难的、窘困的,他们的精神生活,可以用荒芜一词来形容。作为农民的儿子,我深深地融入农民与土地中。他们的喜怒哀乐,他们的酸甜苦辣,无不深深地打动我的心灵。当村长的时候,我抓计划生育、追缴公余粮、拔麦种烤烟、放水插秧、抗洪抢险、秋收抢种……那些来自人为的或自然的种种苦难,毒蛇一样缠绕着我那可亲可敬的农民父母、兄弟姐妹,我的心疼痛无比。

就为着我可亲可敬的农民父母、兄弟姐妹们,我开始思考这一群为土地而生，为土地而死，为命运而抗争的人们。我用小说来书写他们的生存状态，书写他们的勤劳、善良、朴实、勇敢，书写他们的狭隘、自私、愚昧、凶残。在农村，一有丧事喜事，家家团结、和睦相处的大家庭景象随处可见；为了一只鸡、一头蒜、一撮土而发生人命案的现象比比皆是。我就生活在这样的环境中，耳濡目染的全是一些不可思议的令人心痛的事实，我手中的笔怎能不流泪、不滴血？

后来随着社会的变革发展，他们能够吃饱穿暖了，可在这块土地上一茬又一茬生长起来的人们，又为了能更好地生存和有更美好的精神追求撒遍了中国的各大城市，变成了名副其实的农民工。他们渴求美好，向往美好，在生存和精神困境中头破血流地突围，最终大都迷失自我和回家的方向，他们在陌生而缤纷的城市里，慌乱而盲目地演绎了许多令人伤感的悲剧。作为生在其中的我，作为与他们有着相同血脉的我，作为一个试图用文字书写悲喜人生的写作者，所写的文字，就不可避免地打上了探析生存和精神困境的烙印。

曹斌：您的许多小说，故事的结局都走向了死亡。比如《恰到好处的活着》中疯疯癫癫的张盼春头撞玻璃而死；《另一种悬崖》中王三贵在民警鸣枪警告下不小心跌入悬崖；《夜如白昼》中考上大学的小娟因车祸而死；《王老歪不想成为杀人犯》中的王老歪骑在自己房梁嗝敂敂畏……这是您有意安排的，还是另有缘由？

刘平勇：其实这不是有意安排的，而是特定人物命运的必然走向。可以说，我小说中的人物形象，在生活中都是有基本原型的。对于一个熟悉底层生活的写作者，写反映底层生活的作品，很占便宜。不需要挖空心思去虚构，只要把生活中的真实，稍加演绎写出来，那种荒诞和疼痛，就足以让那些在城市里生活的作家和读者感到揪心和震撼。

当我把目光投向我的村庄,我作品里的主人公就不请自到了。我的几篇作品里的主人公,当我还在创作的时候,他们确确实实还活着。当我在作品中以他们的性格、能力、角色演绎他们生活的走向时,他们不可避免地走向了死亡。而几年以后,生活中的他们,就像我作品中的他们一样走向了死亡。为此,我感到震惊、害怕,以至于现在,我都害怕写死亡。我常常觉得自己有罪,是我把他们写死了,是我杀了他们。我常常在心里假设,假设我不把他们写死,他们还会死吗?

当然,也有一些死亡是这样的。他们在生活中已经死亡了,我只是一个目击者,把他们的死亡在作品中艺术地再现出来而已。

曹斌:《天堂邂逅》总的由7篇小说构成,其中6篇结局都是死亡。《找啊找》中赵岚失手杀了丈夫的情人梅子,梅子被赵岚推倒后碰到桌角意外死去;《天堂邂逅》中进城谋生的小摊贩张大鹏,杀死城管队长何胜利后畏罪自杀;《茶花的月亮》中的茶花身首分离……对这样的结局您是怎么想的?"死亡意识"是您在创作中的一种潜意识吗?

刘平勇:可以说,在这几部作品中,诸多社会因素的作用,促使作品中主人公不可避免地走向了死亡。说实在的,在创作中,我真的舍不得他们死,但我没有能力留住他们。我也为此伤感难过。文学是人学,人生是文学之源。作家赋有生的意识,也赋有死亡意识。直面死亡、认同死亡是其表,在对死亡的直面、认同乃至超越中,传达的应该是作家强烈的对生的关注和热爱,二者辩证互生。许多优秀的作品,都是通过对死亡的描写激发出读者对人生与社会的深沉思考。

"死亡意识"可能是我在创作中的一种潜意识,平时我还真没有意识到。我的小说集《天堂邂逅》出来后,有朋友说我的7篇文章中，就有6篇涉及死亡，这让我大吃一惊。我开始对自己的内心和创作倾向进行细致的梳理。忽然发现我的心里潜伏着一个哲学命题，那就是，死是另外一种生。

　　从《天堂邂逅》这部集子所展现的"死亡意识"来看，死亡不是作品所要表达的思想和主题，作品也不是想通过死亡来思考人生的终极意义这种形而上的哲学问题。我发现"死亡意识"关乎我所创作的小说的叙事结构，换句话说，是"死亡"构成了故事的结局，使一系列事件的发展找到了着落，也成了这部集子最频繁出现的主人公生命的结局方式。但是在我的作品里，死亡不是单纯的生命个体的终结，也不是形式上的故事的结局，死亡意识说到底其实就是一种生命意识。没有死亡意识，文学作品便难以切近生命的本质，进入不了人文和生命终极关怀的最高层次。所以在这部集子中，死亡是形态化了的生命意识，作品借助对死亡的呈现，来思索深层次的复杂人性、生命价值、社会问题等，表现强烈的人文关怀精神和对个体生命的深沉凝视。

　　**曹斌**：昭通学院教授朱海燕在评论您的《天堂邂逅》时发现，您直面当下农村的变迁，尤其是现代商品经济对农村和农民，包括对大批农村妇女思想观念的冲击。这样的主题，在您的写作中有什么变化吗？

　　**刘平勇**：变化肯定是有的，我们所处的时代，是价值观念更加多元化的时代，不同人物面对生存压力、金钱、权色诱惑、物质利益等时，展现出了不同的人生选择。在小说中，一个作家必须要有对复杂社会环境下的人物生存状态逼真的呈现和深刻的审视，更要有对人性悲悯的观照和透心的追问和思索。譬如《找啊找》中，梅子是从农村进城的年轻漂亮的打工女孩，渴望爱情，渴望过上一种有尊严的城市生活，刚进城时也看清过现实，明白年轻漂亮的打工妹"充其量也就是有钱有势的男人的玩物和发泄工具",她想通过自己的努力过上有人格和尊严的日子。但是在城市经历过各种遭遇后,她慢慢发现"这种所谓的尊严,其实还是有些虚幻,有些不堪一击。自己的心总是有些悬空空的,落不在实处。她想找一个有钱有势的男人嫁了",但是"有钱有势的男人怎么会娶一个打工妹",他们"大都明媒正娶的是有钱有势的女人"。梅子"也曾想过傍个大款,做二奶或者小三","可那是一种暗无天日的地下生活,她的自尊心不允许她这样。"于是,年轻帅气的表哥大龙,虽然无钱无势,但是很仰慕敬佩她,这让梅子找到了尊严与自信,于是不管大龙有妻子孩子,就和他鬼混在了一起。梅子需要大龙这个精神的港湾,但是梅子同时也需要丰富的物质,她同时还做着城里一个机关干部的情人,梅子想成为城里人,于是就想逼男人的老婆退位。而进城找大龙的赵岚,在机关干部家里做了保姆,并且答应机关干部的要求,假扮干部的老婆和梅子谈判,结果赵岚失手害了梅子,自己身陷囹圄。故事中大龙牵扯着两个农村女人——赵岚和梅子。进城后的大龙面对花花世界,家庭伦理道德丧失,和梅子纠缠在了一起;而梅子作为农村女孩,进城后面对物质金钱的诱惑,既想要尊严和真爱(在大龙身上寻找),又想要身份地位和金钱物质(在机关干部何浩天身上寻找);而赵岚则代表着传统农村妇女的价值观,本分、老实、守家。结果这两位女性在进城后虽然价值观和生活目的不同,但在城市这个现代化的场所,这个让人产生疏离与焦虑、追求与堕落的地方,一个死亡一个坐牢。梅子的死让人深思,赵岚的遭遇更让人同情。我关注现代化的进程中的农村人,他们进城后思想和性格的变化、在城市中的命运、被金钱物质异化的生活,尤其是人性中那些本来美好的东西面对物质金钱的诱惑所产生的裂变,是我对当今农民工进城务工最深层次问题的关注。

曹斌：《天堂邂逅》讲述的是城管和商贩发生暴力冲突的一场悲剧，您以他们在天堂自述的方式来展示故事走向和人物内心世界。在您的写作中呈现出了不同的思考，您是如何看待创作形式上的创新的？

刘平勇：形式上的创新，对于一个作家来说，肯定是终身追求的目标之一。一篇优秀的文章，一定是内容和形式完美结合的产物。但要创新，何其艰难。古今中外浩若烟海的文学作品，可以说，什么样的形式、什么样的内容都被作家们表现过了。有时我们认为找到了一种新的形式，其实只是我们认识的局限而导致的自以为是，只是一种相对的不常见而已。多年的阅读中，常常发现一些现代作家的作品，被许多人追捧，认为形式如何新颖、内容如何独特，但只要你多翻一些远远近近的外国作品，就会惊奇地发现那些作品是从什么地方脱胎而来的。我个人认为，形式和内容的关系，是文学最本质的关系，就像鞋子和脚的关系，如果能寻找到既美观大方，又新颖独特的鞋子，让脚穿进去既妥帖又舒适，那就是最完美的了。但鞋子无论什么花样，它内在的空间本质上还得是脚的样式。

曹斌：在写《天堂邂逅》的时候，您想通过这篇小说告诉读者什么？或者说想通过这篇小说来解决现实存在的什么问题？

刘平勇：通过这部作品能让读者感到愉悦或者说能让人受到教育，就已经让人很欣慰了。我觉得文学作品是不能直接解决现实问题的，但它能解决人的灵魂问题。人的灵魂问题解决了，人是能够直接解决现实问题的。就像我们伟大的作家鲁迅先生，他的作品也是通过对人心、人性、社会入木三分的呈现，唤醒麻木的灵魂，让灵魂苏醒了的人们，直接拯救病魔缠身的现实。我现在乃至将来的文学创作目标就是以文学的方式有力地呈现，最后抵达有力的唤醒。让苏醒的灵魂，找到解决现实病症的药方。我始终相信，真诚健康的灵魂，必定自带亮光。这种亮光，足以穿透人心和现实的黑暗，抵达更深层次的美好。

曹斌：走进您的作品，感觉总是悲剧，这和现实生活中幽默风趣、乐观豁达的您存在着极大的反差，您是如何看的？

刘平勇：其实我不觉得我的作品总是悲剧，只是我的作品结局走向死亡的多一些。死亡并不都是悲剧，有时还是人生的正剧和喜剧。在生命长河中来审视人生，人的一生其实就是从美好走向衰败和死亡的过程，从这个意义上说，人生就是悲剧。只是在这个悲剧过程中，我们依然爱过、恨过、悲过、喜过。我的人生哲学是，看破红尘，迷恋红尘。所谓看破红尘，就是我们知道人生苦短，生命无常，犹如白纸，正面是生，反面是死，轻轻一捅，生死相连。既然如此，在短暂的生命中，还有什么能让我们执着不化揪心疼痛呢？从这个意义上讲，我是悲观主义者。所谓迷恋红尘，就是我们来到这个世界上，注定肩负着多重角色，既是父母又是儿女，我们上有老下有小。我们不能我行我素只为自己着想，我们还得为我们的亲人、爱人、朋友活出个样子来，让他们开心快乐。于是我们在红尘世界里积极乐观、阳光坦荡地做好每一件我们该做能做的事情。从这个意义上讲，我又是乐观主义者。

曹斌：您的小说《牲口》一开篇"我曾经问过父亲，为什么村子里的人都叫他牲口？"很吸引人。起名"牲口"，有何讲究？写作的初衷是什么？想表达什么？

刘平勇：在我们老家，"牲口"主要是指用来犁田耙地的牛和用来拉车驮重物的马。对那些只会做事，不求回报，不会思想不会说话的老实人，人们也会善意地叫"牲口"。

我十天半月就会回一次老家。有一次回家，我看见村子里的人都叫他"牲口"的那个人家门口人头攒动，显得很热闹。回去一问父亲，才知道"牲口"家那天竖了五座石碑，正办酒席招待村人和亲朋好友。跟父亲一聊，就知道了许多我小说里写的那些事件，我的心五味俱全，有感动，有疼痛，有同情，有怨恨。"牲口"一生，真的没有过过一天好日子，但却把一生挣来的钱全部用来打了五座冰冷的石碑。回到城里，我就认真思索，最后决定写一个短篇小说，因为这么一个人的一生，隐藏了许多于人生、人性、情感、伦理、道德、社会方方面面值得思考的东西。

至于想表达什么这个问题，借用《小说选刊》2013 年第 1 期"佳作搜索"推介的话语，小说竭力塑造一个个好人形象，"牲口"勤劳，善良，能干，孝顺，乐于助人；刘婉婉做事麻利，嘴甜，热情，乐于助人；高中生自信幽默，帅气潇洒，人缘好，热情大方。但小说结局却是一个悲剧。探究其根源，在于文化。作品思考了文化与人性之间的关系，人性再美，如果丧失文化价值，在社会进步的洪流中，也将沉沦。《牲口》就是表现改革开放以来，农村在旧的价值观在新的思想冲击下，美好人性成为文化缺失的牺牲品的主题。《牲口》是一篇深思文化需求伤痛的深刻小说。

**曹斌**：您的很多作品的故事背景都是破败的，作品中的主人公生存都很艰难，但是这些小人物却从未放弃追求幸福的权利。您创作的时候，是怎样想的？

**刘平勇**：追求幸福，是人的天性。也许是因为写作的缘故，我常常会产生恍惚感。看着影视作品里或者城市里那些光鲜亮丽的人们，我脑海里就会浮现我的家乡的那些男男女女老老少少。他们也曾经青春年少，鲜活生动，只是愚昧贫穷的风沙把他们打磨得粗粝坚硬，灰头土脸。尽管如此，他们依然拥有追求幸福的权利，那种追求包含了太多的悲剧意蕴。

随着现代化进程的推进，农村也呈现出特有的丰富性、立体性。曾经凋零的村庄，也必然受到现代文明的浸润和冲击。尽管物质条件有了改进，生活环境也有了巨大的变化，但生活在这块土地上的人们的人心、人性、精神诉求跟社会的发展变化，依然不对等、不匹配、不融合，他们对幸福的追求，对爱的坚守就必然生出了难以调和的悲剧因素。在创作这些作品的时候，我的心充满了疼痛，充满了悲悯，同时也深深感到自己的卑微和无可奈何。

曹斌：您的中篇小说《一脸阳光》中的农村妇女巧莲用非常规的方式来洗雪自己挨打的屈辱，作品中美与丑、善与恶的较量，充分体现了巧莲的柔弱与坚韧、无赖与扭曲的内心世界。您是如何来构建小说中人物的精神世界的？

刘平勇：讨个说法的故事很常见，前面几部作品的主人公们是以一种虽然柔弱但却执着坚韧的精神，对不合理的强大坚硬的外部世界发起血肉横飞的漫长悲壮的进攻。而《一脸阳光》中的巧莲，是利用一种出人意料的方式，用以卵击石的方式对抗强大的外部世界，结果当然是失败。最后，巧莲以近乎扭曲的内心自救，从别人的温暖里获取一丝并不可靠的虚幻的阳光来平衡自己的内心，让自己有理由活下去。主人公巧莲取得的"胜利"，让我们哀其不幸的同时，却没有任何理由怒其不争。因为，我们知道，巧莲所要面对的势力是巨大的，巧莲们只能是被侮辱与被损害的人们，她们并不比当年的祥林嫂更多几分自由和幸福。巧莲万般无奈，不得不采取这种多少带有阿Q"精神胜利法"特色的方式。巧莲在艰难地寻找阳光的过程中，心理和行为变得荒诞不经，但这又恰恰是农村特别是边远乡村农民生活的真实写照。我觉得这种貌似虚弱的结局，更能透视落后于现代文明进程的乡村生活的无奈与悲凉、沉重和忧伤，在我看来，比那种正面讨回一个说法的表达更具有震撼力。

曹斌：您是一个比较善于描写女性的作家，而且您笔下的女性总给人留下深刻的印象，您是如何塑造您笔下的女性形象的？

刘平勇：这个问题不能一概而论，我笔下的女性形象众多，每个女人都有她各自独特的个性。但我作品中的女性，大都是农村女性，当然也有一部分是小城市里的知识女性。除其个性之外，她们拥有的共性是勤劳、善良、聪慧、敏感、执拗，每个人都不安分，都在以不同的方式追求自己的幸福。但结局大都令人慨叹，这牵涉着太多人心、人性、欲望、社会等诸多复杂的因素。当然，这种复杂的人世幽微，正是我们的文学作品必须观照探析的。

曹斌：在您的作品中，对情感的书写占有较大的比重，但在您的作品中爱情似乎没有了纯粹和圣洁，这是现实生活的写照吗？

刘平勇：纯粹圣洁的爱情肯定是有的，只是在特定的时间和空间里。世界是变化的，爱情也不例外。世界上最微妙最丰富的，就是人的内心。感情生活是人的内心活动的表现，因此，人的感情生活，也是最微妙最复杂的。一个作家穷其一生，也难把变化中的人的感情生活写得精准、到位、入木三分。

曹斌：从最初散文的诗意语言到后来原生态、朴实、直抵人心的小说语言，这样的变化让您感受最深的是什么？

刘平勇：我觉得好的小说语言就像打铁，每一锤子都要落到实处，甚至能看见火星四溅。一部好的作品，就像一架性能优质的飞机，那么语言就是飞机上的每一个部件，每一个部件都是那么的得体妥帖，精致而富有质感，让飞机看上去沉稳敦厚，但却能飞翔，遨游长空。

过去谈论的诗意和现在谈论的诗意相比，可能有了新的更丰富的内涵。我对诗意的理解是，准确生动，给人以想象空间，能让人的思维跳跃飞翔的、使人的心智得到启迪的语言。因此，原生态的、接地气的，甚至是未经过打磨的语言，也可以是诗意的语言。

曹斌：云南评论家宋家宏老师在《文艺报》对您在 2017 年第 7 期《中国作家》"新实力"栏目重点推出的中篇小说《欲说还休》发表评论提到，"我带着疑惑翻开小说，没看几段文字却被吸引住了，我几乎是一口气读完这部中篇小说的，其间也没有跳跃着读，顺序而下，感到非常流畅。说实话，今天许多中篇小说已经很难让我一口气读完，往往是因了一些特殊的需要，反复几次才能读完，或者跳跃着读，有的一目十行浏览，甚至都懒得浏览，成段地直接跳过去。从这个角度说，《欲说还休》的叙事是成功的，对读者有吸引力。"您自己是怎样评价这部小说的？

刘平勇：《欲说还休》这部作品，应该是我 2012 年写的。作品采用了平实、朴素的叙事语言，讲述凡俗人生的故事。小说的叙事者"我"——英子，正和丈夫闹离婚，突然接到母亲的电话，说父亲病重，话都说不清楚了，含混中却念叨着另一个女人的名字。父亲母亲平素相亲相爱，是人们仰望的情感楷模，父亲对母亲无微不至，关爱有加，他们的感情从未让人怀疑过。为什么父亲在生命垂危之际，却暴露出内心隐藏着另一个女人的秘密？那个父亲至死不忘的黄水仙是个什么样的女人？她与父亲究竟是怎样的关系？她为什么能占据了父亲一辈子的心灵与感情？我在小说开篇即构成了一个有吸引力的悬念，接下来并未直奔主题，解开迷惑，而是展开了父女两代的婚姻与爱情的书写。这个悬念一直吸引着读者的阅读欲望，不时穿插进来，引而不发，直到小说结束才解开扣子。我认为这种构思是小说成功的重要原因。

小说展开的内容包含着两条线索，一是解谜线索，父亲心中的黄水仙究竟是谁？父亲与母亲的人生经历、感情追忆，以及寻找黄水仙。这一线索构成了小说的显性结构,而着墨并不多,许多内容是回忆与侧面描写完成的。二是英子自己的家庭生活变迁,英子自己面对艰难生活的拼搏与努力,丈夫的无能与堕落,欲离婚而不得,与女儿的冲突。两条线索共同展示了社会变迁中,一个小县城生活层面的丰富景观,写得鲜活、生动,有浓郁的生活气息。尽管没有刻意描写,但一个小县城的气氛与景观却自然地呈现出来,笼罩着所有的人物与故事。两条线索的交织也自然流畅,不露痕迹。

读小说当然不仅仅是读故事,构思再精巧,情节再诱人,若人物只有一些影子在作品中游荡,成为故事的牵线木偶,并不能满足小说读者的审美需求。一部现实主义的中篇小说,能写活一两个人物,让他有鲜明生动的个性特征,从他的身上能看出某些人物的影子,能让读者去琢磨,才能达到小说写作的部分目的。《欲说还休》中涉及的几个人物都有生动准确的刻画,给人留下鲜明的印象。

我尽管写小说20余年,但我所创作的作品,一直在路上。我就觉得到如今,我也还没有写出一篇特别成熟特别优秀的作品来。这个中篇,我写得特别绵密细微,努力照见人性幽微的奥秘。情节起伏不大,但人物内心的纠结推动着情节的发展。两代人的爱情、生存,相互纠结映照,产生了一种欲说还休的沧桑疼痛和无奈之感。引人深思的东西还是很丰富的。当然,有一千个读者就有一千个哈姆雷特,交给不同的读者去解读吧!

**曹斌:**您小说的人物个个十分鲜活,让人过目不忘。《欲说还休》中的父亲如此,女儿亦如此。即使是配角儿,也栩栩如生,这和您的想象力是否有着直接的关系?

**刘平勇:**文学来源于生活,又高于生活。来源于生活,就是生活中就有着这样的素材库;高于生活,其实就是在现实生活的基础上,增添一对想象的翅膀,让文学抵达有别于现实生活的另一种生活。我觉得我不是一个想象力特别好的作家,我习惯于收集素材。我经常把我看到的听到的,适合于小说创作的素材分类收集起来,用提纲挈领的话记下来。什么时候酝酿成熟了,有了创作的冲动了,我就开始写了。这样写出的作品,就有独特的个性。

曹斌:据我了解,您主要写中短篇小说和散文,很少写长篇小说,但《中国作家》2018年上半年长篇小说专号刊登了您18万字的长篇小说《如尘》。《中国作家》编辑部主任、当代青年作家俞胜认为,《如尘》以饱含深情的笔法写出了一个农村孩子在异乡挣扎的奋斗史,刻画了现代都市的芸芸众生相,是一部充满正能量的、关注当下的现实主义力作。第三届鲁迅文学奖中篇小说奖得主夏天敏认为,《如尘》对人的生存、精神、人性的异化等命题,作了较为深入有益的探索。作者一直秉承现实主义精神的书写,以杨三斤一生的心路历程展开对社会的沉思,通过杨三斤自语式的叙述表现其被异化的人性。更重要的是,作者更为关注异化人性的社会要素,他将批判的笔触指向不合理的社会现象,用丰满的人物众生相,丰富了作品的主题内涵,增强了批判的力度。云南省作协主席、当代小说家范稳认为,作家刘平勇具有高原人的质朴、厚道、执着和坚韧,他的创作如生长在昭通苦寒山区的苹果树,熬霜斗寒,硕果累累。在时代巨变的浪潮中,他关注弱者的生存状态,叩问生命的意义和尊严,直面现实苦难,描绘人生百态。他是一个有勇气的作家,写最接地气的作品。云南省作家协会副主席、《边疆文学》主编、当代小说家潘灵认为,刘平勇的语言是感性的、细腻的、简洁的、微妙的,同时也富有野性的诱惑和质感。作为一名男作家,他对人性幽微的痴迷和探察能力让人惊奇。他对杨三斤和他的六个女人眼花缭乱、支离破碎的生命往事,作了纤毫毕现的描摹,对扭曲灵魂和压抑人性的某些社会现实,作了庖丁解牛似的尖锐的解剖和批判。面对这些名家的肯定和认可,作为作者的您,是怎样看待这部小说的?

刘平勇:这几位老师,都是我最崇敬的老师,首先感谢他们对我多年来的栽培和鼓励。二十多年来,我在各级公开刊物上发表中短篇小说及散文200余万字,只写了一部长篇,就是《如尘》。2007年开始写,断断续续写了十年,反反复复修改删减,从当初的30万字改到现在的18万字。尽管我特别用心,但我对写长篇还是不够自信。总体来说,还是相对满意。尽管结构略显单薄,但我最大限度深入到人物的内心世界,探析生命的律动和人性的幽微。《如尘》以主人公杨三斤的魂灵为叙事角度回顾和反思了自己的一生。准确地说,应该是被欺凌的前半生和迷失在权贵里的后半生,"异化"主题贯穿了整部小说的始终,试图将社会批判和人性批判相结合,以杨三斤的生命历程来剖析人性,批判社会。

杨三斤从小家庭贫困,上学期间总被同学欺负排斥,大学毕业后,被分配到偏远的乡村小学教书,由于写作能力较强,开始受到关注。之后层层突围进入官场,最终当上县长,却迷失在权贵之中,在一次冲突中误杀情妇肖玉米,所涉经济案件也被曝光,之后在监狱里自杀身亡。《如尘》把杨三斤一路走来的心路历程,写得摇曳多姿,绚烂迷离。

杨三斤的生命历程以当上乡文化站长为界可划分为前半生和后半生,前半生是在底层挣扎,饱受欺凌的杨三斤,后半生是情场得意、官运亨通的杨鹏羽。虽然在初中时,他就将自己的名字改为杨鹏羽,但直到当上乡文化站长,他才真正得以大鹏展翅。杨三斤的魂灵在絮叨自己的一生时,语调淡然,没有愤慨的控诉,也没有痛彻心扉的悔恨,他睥睨着这个充满乱象的社会,这个将人"异化"的社会。作品无意对杨三斤进行审判,只是借杨三斤这个被异化的人对社会发出一声唁叹。

作品通过主人公杨三斤与莲、林霞、苏叶等6位女性的情感纠葛，将杨三斤被异化的人性昭示出来，这几段情感经历都具有一定的隐喻性。莲是出现在杨三斤生命中最早的女伴，在懵懂的年龄，他们便有了身体接触，此后，莲便成为杨三斤性幻想的对象。一次在野外与莲拥抱被莲的父亲撞见，莲父亲一句"一家子的穷鬼"在杨三斤的心里埋下了仇恨的种子，"十三岁的我在心里发誓，总有一天，我会让您老工人……知道我的厉害。"莲在某种程度上代表着家庭贫困带给杨三斤的童年创伤，对莲的占有意味着对儿时贫困经历的战胜，故而每一次收到稿费单时，杨三斤便会和莲"大刀阔斧"地做一次爱，这显然已经超乎庆祝的意味了，而是杨三斤彰显自我价值的一种仪式。

如果说莲代表着杨三斤的童年创伤，那么林霞则意味着杨三斤被欺凌和侮辱的青年时期，林霞是杨三斤的中学同学，在杨三斤被同学欺负时，林霞勇敢地保护过他，甚至曾省三个月的生活费送给他一双白色球鞋，这是杨三斤灰暗中学时期一抹难得的暖色。可上大学后，林霞这个带着天使般光芒的女孩也坠入人间的苦海，由于家庭变故，林霞失去经济来源，被逼无奈只能到云霞歌舞厅去任人摸捏，以此维系自己和妹妹的生活。杨三斤和林霞，两个在贫困中挣扎的人惺惺相惜，对于他们而言，小树林里的"翻滚"并非完全是情感的升华，更像是互相用身体安慰彼此，以此获得对痛苦现实的短暂逃避，"我们的身子就飞了起来，缓缓地飞向蓝天，风轻轻地吹着，暖暖的、甜甜的、香香的，让人惬意……飞得那样自由，飞得那样潇洒"。毕业之后，杨三斤只能回到偏僻的沟底子小学教书，而林霞为了丰厚的工资跟随一位山东老板去做办公室主任，分手之夜，两人在小旅馆拼命做爱，大哭大笑，其中既有告别之意，但更多的是发泄和控诉，两人之间鲜有告别之语。具有反讽意味的是退房时，老板娘看到乱成一团的被褥，罚了杨三斤十块钱，杨三斤把十块钱扔在地上，两眼中的怒火无从发泄，一个被生存挤压到边缘的青年人连愤怒都找不到出口。除了莲和林霞外，杨三斤的姐姐也是影响他人生经历的重要因素。杨三斤从同学杨小军的口中知道自己的姐姐被杨小军的朋友花了300块让杨小军"开苞"，这种被羞辱却又无从反抗的感觉深深地刺伤了杨三斤的内心。深夜，他梦到姐姐和林霞被杨小军等人用绳索捆住进行轮奸，而自己却被绑在树上无法保护她们，最终用力将绳索磨断后，杨三斤用铁锤将这些施害者敲得脑浆迸裂，而后被警察带走。这个梦其实就是对他人生的一种隐喻，绳索象征那些压抑他人性的因素，如经济窘困、地位卑下等，他要"磨断"这些束缚，绝地反抗，可在这个充满种种乱象的社会里，他的反抗注定是苍白无力的。

　　莲代表童年时期被压抑的自然本性，林霞象征青年时期无法把握的命运，姐姐的寓意则是被侵犯的尊严，这三者的缺失导致杨三斤在此后的情爱经历和事业追求中急需获得满足和补偿。和莲结婚后，莲"身子便胖了，没有了过去的婀娜"，"身上好像常年都散发着一股剪不断理还乱的尿骚味，还有烟熏火燎油盐醋混合而成的古怪味道"，表面上看，杨三斤是厌恶平庸的莲，但其实他厌恶的是自己停留在本性满足层面的生活，他需要有更深层次的追求——精神层面的交流，爱好文学的苏叶开始走入杨三斤的生活。其实，在某种意义上，苏叶是林霞的替代者，两人感情的深入是在歌厅，之后便在小树林里"缠绵"，这样的情感发展和与林霞的情感发展极为相似，杨三斤在苏叶的身上满足了自己曾经缺失的征服感和控制感。第四位情人叶晓娟则在某种程度上代表着姐姐，杨三斤初次见叶晓娟时，叶晓娟梳着长长的麻花辫，而这正是记忆中姐姐的样子，叶晓娟像淙淙流淌的溪水，清澈、透明、纯洁、典雅，杨三斤对叶晓娟不是占有，而是怜惜和欣赏，两人像亲人一样在家做饭，叶晓娟激发起杨三斤的保护欲，他对叶晓娟千般温柔万般疼惜，发现叶晓娟是非"处女"后，叶晓娟才从姐姐的影子里独立出来成为情人，杨三斤不再对她温柔，而是像杀手和勇士一样征服她。和柳小秋相识时，杨三斤已是文体局长，纯洁透明的柳小秋激起他逐渐枯萎的激情，杨三斤变得文采飞扬，口若悬河，尽显一个成熟男人的魅力，在柳小秋崇拜的眼神里，他找到自尊感和价值感。柳小秋的移情别恋曾一度时期打击了杨三斤，但这种失落感很快便在肖玉米的身上得到了弥补。肖玉米和柳小秋一样，是涉世未深的农村中学教师，漂亮、清纯，杨三斤此时已官至县长，他再次以成熟男人的魅力赢得肖玉米的芳心。面对肖玉米的前男友肖飞的威胁，杨三斤恼羞成怒，他无法容忍自己的生活失控，在向肖玉米当面质询时，一改往日成熟男人的稳重，变得残酷和歇斯底里，绝望的肖玉米挥刀乱舞，在混乱中误杀了自己，杨三斤的人生也从此被改写，从呼风唤雨的人上人变为备受欺辱的阶下囚，生命的虚无和幻灭感让他决绝地咬断自己的手腕动脉，摆脱沉重的肉身。

　　童年和青年时期的创伤经验导致杨三斤形成病态的人格，他需要不断地证明自己的价值感，于他而言，他的情人们不仅仅是满足他生理的需要，更大程度上是满足他心理的缺失。按照马斯洛的需要层次理论，在杨三斤的前半生里，生理需要、安全需要、情感与归属的需要、尊重的需要均严重缺失，因而后半生他疯狂地弥补，以一个个娇艳的情人来证明自己，陶醉在对女性征服的快感之中。对权力的渴求是异化杨三斤人性的另一只推手，在中心学校任教时，杨副书记一句话就让原本要被"贬"回单小的杨三斤变成张校长的"座上宾"；在文体局工作时，面对前来求助的乡亲，杨三斤无能为力，心如刀绞，意识到只有做官才是唯一的出路，于是下定决心，敲碎自己的骨头，铺平一条通往官场的小路，学会如何在官场察言观色，如何在不同的利益主体面前周旋，甚至为朱书记的父亲尝药。在尝到权力的甜头后，杨三斤在这条路上越走越远，收受开发商送的房产，受贿200万，以市场价的一半购买两套房产等，最终，将自己推向无法回头的深渊。

《如尘》试图以隐秘的性心理表现杨三斤扭曲的人性，杨三斤费尽心力挤入官场的底层，他经历了太多的无法诉说的辛酸和无奈。对人性的关怀是我一直坚守的叙事立场，因而我并未站在道德制高点去斥责杨三斤的"堕落"，而是思考那些将杨三斤的人性挤压得变形的社会因素。杨三斤代表着从底层夹缝中成长起来的某一人物，他们外表光鲜，内心却隐藏着不为人所知的精神重负，这些精神苦痛将他们的人性挤压得变形。从这一点来看，这篇小说的立意仍是侧重对某些社会现实的批判，尤其是金钱和权力对人性的异化。

借用评论家艾自由总结的话语，这是一部寒门学子的初心背叛记，这是一部基层贪官的情史堕落记，这是一部惜墨如金的语言探索记。我觉得很能概括这部书的主旨。

曹斌：写作在您人生中占据了怎样的位置？

刘平勇：于我来说，写作已融入了我的生命，它已是我生命中的一个重要部分。阅读、写作，不断矫正我的灵魂，它让我的灵魂更温润、更立体，让我看到比现实世界更美好的另一个世界，使我并不完美的生活更完美。

曹斌：您觉得自己在创作中最大的问题是什么？

刘平勇：还是视野和境界的问题。一个写作者到最后，拼的就是思想。

曹斌：作为基层作家，您创作的优势和弊端在哪里？最想要得到怎样的帮助？

刘平勇：对于一个在基层的作者，底层生活资源丰富，创作的优势就是原汁原味接地气。弊端是眼界不够开阔，跟外部世界不容易接轨。埋头拉车的时候多，抬头看路的时候少。即便看了，由于所处位置的局限，也看得不够远。作为一个基层写作者，最需要得到开阔眼界、拓宽视野的机会和条件，最渴望得到名家的指点、批评和关注。

曹斌：写了多年的小说，您认为您最擅长的是长篇还是中篇？

刘平勇：有人说长篇小说写的是命运，中篇小说写的是故事，而短篇小说写的则是结构。当然，这只是相对而言。事实是，三种体裁所写的，常常交叉相融，都含有对方的一些元素。我对鸿篇巨制的驾驭能力不够自信。短篇因为短，故而对精致程度的要求就更高，要写得精致剔透有新意，很难。于我来说，写中篇写故事相对顺手一些，往往一写，就是中篇的架构和样式。但要把中篇写好，也非易事。继续努力。

曹斌：您现在处于怎样的一个创作状态？

刘平勇：写作是体力智力的支出。目前已值中年的我，写作的积累、体力智力，都应该是状态较好的时候。写作的进程是螺旋式发展的，绝不是匀速直线运动。迷茫、困惑、突破，是写作者一生所直面的问题。总体进步是满意的。

曹斌：谈谈您的阅读，您读得较多的是哪类书籍？

刘平勇：我的阅读比较泛一些。除了文学书籍外，还涉猎政治、经济、文化、哲学、宗教之类的书。尤喜古代的一些经书。我会经常用小楷抄写《心经》《道德经》《金刚经》，感受博大精深的教义。当然阅读得最多的还是文学类的书籍，从中外作家的经典之作中获取营养。近二十年来，我每年都订阅《小说月报》和《小说选刊》，当然也间杂订阅许多优秀的文学期刊，以此了解国内中短篇小说的创作发展情况。很喜欢福楼拜的《包法利夫人》,还有犹太作家辛格的作品集。

曹斌:哪些作家对您的创作影响较大?

刘平勇:最初对我影响较大的国内作家是史铁生和贾平凹,后来对我影响较多的国内作家还有陈忠实、苏童、余华、毕飞宇、迟子建、夏天敏等。国外作家对我有影响的作品有福楼拜的《包法利夫人》、马尔克斯的《一桩事先张扬的凶杀案》、萨特的《墙》、辛格的《傻瓜吉姆佩尔》、巴西作家若昂·吉马朗埃斯·罗萨的《河的第三条岸》、冰岛作家拉克司奈斯的《青鱼》等。

曹斌:您心目中的好作家是什么样的?您希望成为一个怎样的作家?

刘平勇:我心目中的好作家一定是一个对世界、对人生有独特见解,才华横溢、心地纯正善良、与人为善的人。我希望做一个灵魂真诚健康、自带亮光的作家。

曹斌:您是如何处理地域与写作的关系的?

刘平勇:在我们老家,许多山上都会生长菌子。一些山上主要生长大把菌,一些山上主要生长黄丝菌,一些山上主要生长罗锅菌,一些山上主要生长牛肝菌或者鸡枞菌,当然一些山上还生长多种不同种类的菌子。这些都是由不同的气候、温度、湿度、土壤等因素决定的。如果把山比作地域,作品比作菌子,地域和写作的关系大抵如此。地域性对写作的关系是极大的,独特的地域会产生带着地域气息的独特的作品。

曹斌：据了解，您至今出版了五本小说集，一本散文集，每年发表3~5篇中短篇小说，您对这种状况满意吗？

刘平勇：是的，我这些年出版了散文集《行走的草垛》，小说集《香味》《另一种悬崖》《一脸阳光》《因为有爱》《天堂邂逅》，每年也在国家级、省级刊物发表中短篇小说3~5篇。我对这种状况，十分不满意。倒不是作品发表的少，关键是缺少有分量的、能引起关注的作品，自己依然在文学边缘踽踽独行。但我明白，这是因为自身能量不够，所以光芒黯淡。我唯一能做的，就是努力努力再努力，不断完善自己，积蓄能量。至于光芒嘛，该亮的，自然会亮。

曹斌：您现在的创作计划是什么？近期还有没有作品出版？

刘平勇：过去是随心随意写作，现在有所规划。最近五年，继续读书、思考、继续抄经书。每年打算写3~5个中短篇小说，其间写完一个有关变革时期乡村权力对人性影响的长篇小说《底线》，以及一部10万余字左右的写给我的父辈们的长散文《萤》。今年会出版两本书，一本是散文集《疼痛与抚摸》，一本是长篇小说《如尘》。

曹斌：在工作生活之余，您一直在练书法，据说，您用小楷抄写《心经》，都抄写了两三百本了；据我了解，《道德经》《金刚经》都有四五千字，您都各自抄写了四五遍。是什么动力支撑着您这样做的？

刘平勇：是的，我喜欢用楷书抄写。楷书抄写，你必须平心静气，严谨认真，中规中矩，这有利于炼心炼气。我自幼喜欢书法，初习颜柳欧，后习"二王"，尤喜唐楷。对张旭、怀素、孙过庭、米芾、赵孟頫等古代书家和作品有所涉猎，从中汲取营养。平时也喜好书理，喜欢读帖、临帖，学古人教养、风骨、耐心和趣味。以此求新意,书吾心,养心性,冶情操,藉心灵。

　　世间事,只要喜欢,你就会心甘情愿去付出,也许别人觉得累的,于你来说却是一种享受。至于抄经的事,那也是因为兴趣所致。我觉得《心经》《道德经》《金刚经》,它们是深奥的哲学,通过抄写,能够获得宁静,扫除心中的杂念,弱化人心的贪婪和物欲。这于写作、于生活,都是很有益的。譬如说《心经》,260字中出现最多的是两个字,无和空,20个无,6个空。它就是一部深奥的哲学书,同时也是一部修心的浅显的教科书。说它深奥,是因为谁都难以把它解析得透彻清楚;说它浅显,是因为人人都可以念诵,从中得到感悟。以我个人肤浅的理解,这20个"无"字,6个"空"字,其实就是教人学会放下、看透、释怀。知道许多尘世繁华,只不过是空相而已,无须去贪念。做到心无挂碍,就会远离颠倒梦想,才能涅槃新生。难道不是吗?天下熙攘,皆为名利所累。于我而言,在工作生活之余,经常抄经习经,能修心养生,在尘世的喧嚣中,寻到安身立命的一方宁静。

# 刘平勇创作年谱

## 一、出版著作

### (一) 独立著述

1. 中短篇小说集《另一种悬崖》,作家出版社,2003年。
2. 散文集《行走的草垛》,中国文联出版社,2005年。
3. 中短篇小说集《一脸阳光》,云南人民出版社,2008年。
4. 中篇小说集《因为有爱》,云南人民出版社,2009年。
5. 中篇小说集《天堂邂逅》,光明日报出版社,2015年。
6. 短篇小说集《香味》,中国文化出版社,2016年。
7. 中篇小说集《天堂邂逅》,光明日报出版社再版,2018年。
8. 散文集《疼痛与抚摸》,四川民族出版社,2019年。

### (二) 合 著

1. 报告文学《穿越历史》,云南人民出版社,2007年。
2. 散文《神韵昭阳》,云南人民出版社,2016年。

## 二、作品发表

1. 中篇小说《贫血的太阳》，载《边疆文学》2001 年第 4 期。
2. 中篇小说《飞翔的火鸟》，载《边疆文学》2004 年第 1 期。
3. 短篇小说《失语的父亲》，载《边疆文学》2005 年第 11 期。
4. 中篇小说《我和我的亲人们》，载《边疆文学》2007 年第 1 期。
5. 中篇小说《一脸阳光》，载《边疆文学》2006 年第 10 期。（《中篇小说选刊》2007 年第 1 期、《小说月报·中篇小说》2007 年第 1 期转载。）
6. 中篇小说《梦中奔跑》，载《鸭绿江》2010 年第 1 期。
7. 中篇小说《流浪在洒满阳光的大地上》，载《星火》2010 年第 4 期。
8. 短篇小说《晚歌》，载《绿洲》2010 年第 4 期。
9. 短篇小说《王老歪不想成为杀人犯》，载《四川文学》2010 年第 11 期。
10. 短篇小说《夜色》，载《四川文学》2010 年第 6 期。
11. 散文《田埂的尽头没有声音》，载《散文》2003 年第 9 期。
12. 散文《一个人在路上》，载《散文》2005 年第 9 期。
13. 散文《茧》《马甲》《青草》，载《散文百家》2007 年第 5 期。
14. 散文《母亲在梦中奔跑》，载《散文百家》2009 年第 4 期。
15. 短篇小说《天堂里的日子》，载《广州文艺》2007 年第 5 期。
16. 短篇小说《雪落无声》，载《广州文艺》2009 年第 7 期。
17. 散文《一个乡下孩子的城市》，载《山花》2010 年第 8 期。
18. 中篇小说《今夕是何年》，载《滇池》2010 年第 11 期。
19. 散文《茧是老死的肉》，载《现代文阅读八年级》2009 年第 9 期。

20. 散文《车窗外的月亮》，载《安徽文学》2008 年第 8 期。

21. 短篇小说《左脚上的皮鞋和右脚上的皮鞋》，载《边疆文学》2001 年第 2 期。

22. 散文《与一棵树对视》，载《华夏散文》2009 年第 3 期。

23. 中篇小说《因为有爱》，载《边疆文学》2009 年第 5 期。

24. 中篇小说《恰到好处地活着》，载《安徽文学》2008 年第 6 期。

25. 诗歌《疼痛》，载《文艺报》2008 – 6 – 12。

26. 短篇小说《磕头》，载《青年作家》2005 年第 7 期。

27. 短篇小说《有声无声都很静》，载《青年作家》2006 年第 2 期。

28. 短篇小说《柱子》，载《青年作家》2011 年第 10 期。

29. 散文《茧》《青草》《马甲》，载《散文百家十年精选》2011 年第 8 期。

30. 散文《一个人在路上》，载《散文三十年精选》2011 年第 1 期。

31. 散文《路是村庄的目光》，载《读者·十年精选》2011 年第 1 期。

32. 中篇小说《一脸阳光》，载《五个人的天堂》选本 2011 年第 5 期。

33. 短篇小说《麦子的神树》，载《西部》2012 年第 1 期。

34. 报告文学《乌蒙高原满眼新》，载《中国作家》2012 年第 5 期。

35. 短篇小说《彭三儿》，载《边疆文学》2012 年第 5 期。

36. 中篇小说《天堂邂逅》，载《边疆文学》2012 年第 9 期。

37. 短篇小说《牲口》，载《山花 B》2012 年第 12 期。

38. 散文《我眼中的夏天敏》，载《文艺报》2013 – 1。

39. 中篇小说《潜流》，载《百家》2013 年第 1 期。

40. 短篇小说《像风》，载《红河文学》2013 年第 1 期。

41. 短篇小说《潜流》，载《滇池》2013 年第 2 期。

42. 散文《风无尘》，载《延河》2013 年第 3 期。

43. 中篇小说《茶花的月亮》，载《边疆文学》2013 年第 6 期。

44. 短篇小说《消失》，载《当代小说》2013 年第 6 期。

45. 散文诗《岸上独行》，载《散文诗》2013 年第 10 期。

46. 中篇小说《让你看看我的脸》，载《当代小说》2013 年第 11 期。

47. 《短篇小说二题》，载《四川文学》2014 年第 4 期。

48. 短篇小说《一切都会唱歌》，载《北京文学》2014 年第 7 期。

49. 诗歌《没有什么比生命更高贵》，载《边疆文学》2014 年第 10 期。

50. 中篇小说《恐惧》，载《边疆文学》2014 年第 11 期。

51. 短篇小说《香味》，载《滇池》2014 年第 11 期。

52. 小小说《车里车外》，载《贵阳都市报》2014 年第 11 期。

53. 评论《昭通本土作家散文评述》，载《文学界》特刊，2014 年第 10 期。

54. 诗歌《没有什么比生命更高贵》，载《国土资源报》2014 - 9。

55. 中篇小说《找啊找》，载《中国作家》2015 年第 2 期。

56. 短篇小说《牲口》，载《百家》2015 年第 2 期。

57. 短篇小说《燃面》，载《安徽文学》2015 年第 8 期。

58. 短篇小说《齐平安回家》，载《边疆文学》2015 年第 11 期。

59. 中篇小说《晒太阳的女人》，载《绿洲》2017 年第 7 期。

60. 中篇小说《流水的人》，载《边疆文学》2017 年第 4 期。

61. 中篇小说《欲说还休》，载《中国作家》2017 年第 7 期。

62. 中篇小说《晒太阳的女人》，载《小说月报》（大字版）2017年第8期。

63. 中篇小说《替活》，载《边疆文学》2018年第1期。

64. 短篇小说《扳腰》，载《厦门文学》2018年第1期。

65. 短篇小说《沙滩上的鱼》，载《小说月报》（原创版）2018年第5期。

66. 中篇小说《醉花阴》，载《边疆文学》2018年第10期。

67. 中篇小说《等待天亮》，载《边疆文学》2019年第5期。

68. 短篇小说《黄毛》，载《大家》2019年第2期。

69. 散文《在大街上看儿女们回家》，载《厦门文学》2019年第10期。

70. 长篇小说《如尘》，载《中国作家》2018年（上半年）长篇小说专号。

## 三、作品获奖

1. 短篇小说《少年三德的目光》，获2004年度《滇池》文学奖，《滇池》文学杂志社。

2. 短篇小说《失语的父亲》，获2005年度《边疆文学》奖，《边疆文学》杂志社。

3. 中篇小说《一脸阳光》，获2006年度《边疆文学》奖，《边疆文学》杂志社。

4. 短篇小说《随风飞舞》，获首届鲲鹏文学奖，共青团中央，2007年。

5. 短篇小说《循着香味回来》，获全国国土征文大赛铜奖，《小说选刊》《大地文学》杂志社。